개인기도와 중보기도문

두돌비

기도, 이럴 땐 이렇게 하세요

개인기도와 중보기도문

기도하고 싶은데 이럴 땐...

　스코틀랜드의 종교개혁자 존 낙스(John Knox)는 기도의 중요성에 대하여 "기도하는 한 사람이 기도 없는 한 민족보다 강하다"고 표현 했습니다.
　감리교 창시자 요한 웨슬레(John Wesley)도 "하나님은 기도로 모든 것을 하시며 기도를 떠나서는 아무것도 하지 않으십니다. 라고 표현 했습니다.
　장로교 창시자인 요한 칼빈(John Calvin)선생도 "모든 좋은 것을 아시는 하나님이 왜 우리에게 기도를 원하시는가? 그것은 모든좋은 것이 하나님께로부터 온다는 믿음을 강화시키기 위해서입니다"라고 표현했습니다.
　능력 있는 죠지 뮬러(George Muller)의 생애를 쓴 A.T. 피얼슨 박사는 "일반적으로 기도는 모든 삶에 있어서 영원한 성장의 요소인 출발점과 목적 그 자체가 된다"고 말했습니다.

　기도가 가장 중요하기에 저는 이 한 권의 책이 하나님의 마음을 기쁘게 해 드리는 귀한 도구로 쓰여 지게 될 것을 확신합니다. 그리스도인과 기도생활, 이 관계는 참으로 끊을 수 없는 생명적 관계라고 생각합니다.
　아직은 짧은 목회 생활이지만 어쩔 수 없는 상황과 형편에 놓여서 괴로워하고 있는 교우들을 보면서 참으로 가슴이 저며 올 때가 많았습니다. 교우들의 손을 붙잡고 같이 울어주고, 같이 기도의 무릎을 끓으면서 하나님의 도우심을 구했던 그 시간들이 제게는 더없이 소중한 시간이었습니다.
　그리고 그 때마다 가슴을 파고들었던 기도의 내용들을 글로 옮겨서 교우들의 기도생활에 조금이라도 도움을 주었으면 좋겠다는 간절한 마음이 제 생각에서 지워지질 않았습니다.

　이 책은 그와 같은 동기에서 집필 된 것입니다. 저는 교우들 중에 기도를 해야겠는데 어떻게 해야 할지를 몰라 안타까워하는 그 마음이 또 하나의 아픔이 되고 절망이 되는 것을 보았습니다. 이 개인 기도문이 기도생활을 꾸준히 하고 있는 그리스도인들에게는 하찮고, 휴지조각 같은 것이 될지 모르겠습니다.

그러나 하나님의 은혜의 보좌 앞으로 나아가기 위하여 기도의 자리를 찾을 때마다 "이럴 땐 무엇을 어떻게 기도해야 하나?" 막연하기만 하고 기도의 문이 열리지 않는 분들에게는 조금은 희망을 줄 수 있으리라고 확신합니다.

이 책은 구하는 방법을 알지 못하는 분들에게 구하는 정답을 알려주기 위해서 만든 책이 결코 아닙니다. 왠지 기도의 자리가 망설여지고 쉽게 기도의 자리로 나아가지 못하는 분들에게 하나님을 만날 수 있는 길을 열어 드리고, 그분과의 교제를 도와드리기 위해서 만든 기도 글입니다.

아무쪼록 하나님의 은혜의 보좌 앞으로 나아가기를 두려워하는 분들이 용기와 자신감을 얻게 되었으면 하는 바람이고 기도의 영에 사로잡혀 하나님의 은혜의 보좌를 움직일 수 있는 능력의 기도자가 되시기를 바랍니다.

끝으로 이 책이 한 맺힌 인생을 살고 있는 분들과 고독한 인생길에서 고통받고 있는 분들에게 많은 도움이 되었으면 합니다. 절망의 끝자락에서 낙망을 극복하고 하나님이 주시는 꿈과 희망을 붙잡으려는 분들에게도 많은 도움이 되었으면 합니다. 그리고 수많은 인생의 위기를 기회로 삼으며 연약해진 무릎이 강해지기를 소원하는 분들에게 많은 도움이 되었으면 합니다. 더욱이 이 책을 손에 쥐고 있는 분에게 많은 도움이 되었으면 합니다.

"그가 사모하는 영혼에게 만족을 주시며 주린 영혼에게 좋은 것으로 채워 주심이로다"(시 107:9)

반달 마을에서 노진향

목 차

머리말 / 4

❀ 기도, 이럴 땐 이렇게 하세요

1. 기도만 있다면 / 14
2. 개인기도와 중보기도 / 15
3. 기도의 중요성 / 19
4. 기도의 방법 / 20
5. 기도의 때와 장소 / 22
6. 기도를 할 때의 마음가짐 / 23
7. 기도를 잘 할 수 있는 비결 / 25
8. 기도의 축복 / 28
9. 개인 기도와 응답 / 31
10. 기도의 예문에 대하여 / 33

❀ 일상, 계절에 대한 기도문

(1) 하루를 시작하기 전에 / 38
(2) 하루를 마무리하며 / 40
(3) 잠자리에 들기 전에 / 42
(4) 식사를 하기 전에 / 44
(5) 운전을 하기 전에 / 46
(6) 새해를 맞이했을 때 / 48
(7) 연말을 맞이했을 때 / 50
(8) 봄을 맞이하여 / 52
(9) 여름을 맞이하여 / 54
(10) 가을을 맞이하여 / 56
(11) 겨울을 맞이하여 / 58

❀ 회개, 고난, 고통을 당할 때의 기도문

(1) 죄를 지었을 때 / 62
(2) 회개하고 싶을 때 / 64
(3) 고난을 당했을 때 / 66
(4) 고난이 깊어질 때 / 68
(5) 시험을 당했을 때 / 70
(6) 시험이 깊어질 때 / 72
(7) 환난을 당했을 때 / 74
(8) 재난을 당했을 때 / 76
(9) 힘들고 지쳤을 때 / 78
(10) 고독할 때 / 80
(11) 억울한 일을 당했을 때 / 82
(12) 배신당했을 때 / 84
(13) 물질의 손해를 당했을 때 / 86
(14) 물질의 어려움을 당할 때 / 88

(15) 가난 중에 있을 때 / 90
　　(16) 용서가 필요할 때 / 92
　　(17) 어려운 일만 일어날 때 / 94
　　(18) 불안과 초조가 엄습 할 때 / 96
　　(19) 죽고 싶은 충동을 느낄 때 / 98
　　(20) 인내가 필요할 때 / 100

❀ 가정, 구원, 핍박을 받을 때의 기도문

　　(1) 가정 예배를 드릴 때 ① / 104
　　(2) 가정 예배를 드릴 때 ② / 106
　　(3) 가정의 행복을 위하여 / 108
　　(4) 가정의 화목과 믿음을 위하여 / 110
　　(5) 좋은 남편이 되기 위하여 / 112
　　(6) 좋은 아내가 되기 위하여 / 114
　　(7) 늦게까지 일하는 남편을 위하여 / 116
　　(8) 가정 살림을 꾸려가는 아내를 위하여 / 118
　　(9) 불협화음이 발생할 때 / 120
　　(10) 믿음이 연약한 남편을 위하여 / 122
　　(11) 믿지 않는 남편을 위하여 / 124
　　(12) 식구가 믿지 않을 때 / 126
　　(13) 혈육이 믿지 않을 때 / 128
　　(14) 신앙의 핍박을 받을 때 / 130
　　(15) 남편의 반대가 심할 때 / 132

❀ 장애, 질병, 이별이 찾아 왔을 때의 기도문

　　(1) 건강할 때 / 136　　　　(2) 장애를 갖고 있을 때 / 138
　　(3) 장애인이 되었을 때 / 140　　(4) 가족이 아플 때 / 142
　　(5) 질병이 찾아왔을 때 / 144　　(6) 질병이 깊어질 때 / 146

(7) 불치병을 앓고 있을 때 / 148

　(8) 수술을 앞두고 /150

　(9) 병원에 입원하고 있을 때 / 152

　(10) 아픈 몸이 회복 되었을 때 / 154

　(11) 남편을 먼저 하늘나라로 보냈을 때 / 156

　(12) 아내를 먼저 하늘 나라로 보냈을 때 / 158

　(13) 사랑하는 사람을 갑작스런 사고로 잃었을 때 / 160

　(14) 남편(아내)이 속을 썩일 때 / 162

　(15) 남편(아내)과 결별한 상태에 있을 때 / 164

　(16) 이혼 했을 때 / 166

❀ 부모님을 위한 기도문

　(1) 부모님을 위하여 / 170

　(2) 고부간의 갈등이 있을 때 / 172

　(3) 떨어져 사는 부모님을 위하여 / 174

　(4) 부모님이 생신을 맞이했을 때 / 176

　(5) 부모님 병환 중일 때 / 178

　(6) 부모님이 임종을 맞이했을 때 / 180

❀ 자녀를 위한 기도문

　(1) 좋은 부모가 되기 위하여 / 184

　(2) 자녀를 위하여 / 186

　(3) 자녀가 유치원에 입학했을 때 / 188

　(4) 자녀가 학교에 입학했을 때 / 190

　(5) 자녀가 홀로 있는 시간이 많을 때 / 192

　(6) 자녀가 아플 때 / 194

　(7) 자녀가 수술할 때 / 196

　(8) 자녀를 잃었을 때 / 198

(9) 자녀가 방황할 때 / 200
(10) 자녀가 군에 있을 때 / 202
(11) 자녀가 시험을 앞두고 있을 때 / 204
(12) 자녀가 시험에 합격했을 때 / 206
(13) 자녀가 졸업을 했을 때 / 208
(14) 자녀가 생일을 맞이했을 때 / 210
(15) 믿음이 약한 자녀를 위하여 / 212
(16) 자녀가 장애를 갖고 있을 때 / 214
(17) 자녀의 생명이 위태로울 때 / 216
(18) 자녀가 해외에 있을 때 / 218
(19) 자녀가 결혼을 앞두고 있을 때 / 220

❀ 결혼, 수태, 해산했을 때의 기도문

(1) 배우자를 위하여 / 224
(2) 결혼을 앞두고 있을 때 / 226
(3) 신혼 가정을 꾸미게 되었을 때 / 228
(4) 자식을 원할 때 / 230
(5) 태중의 아이가 위태로울 때 / 232
(6) 해산을 앞두고 있을 때 / 234
(7) 해산을 했을 때 / 236

❀ 사업, 실직, 취직, 승진할 때의 기도문

(1) 사업의 축복을 위하여 / 240
(2) 사업이 잘 될 때 / 242
(3) 사업에 실패했을 때 / 244
(4) 사업 실패의 어려움이 있을 때 / 246
(5) 실직을 당했을 때 / 248
(6) 취직을 했을 때 / 250

(7) 승진을 했을 때 / 252

　　　(8) 모든 것이 잘 된다고 생각될 때 / 254

❀ 이사, 믿음의 성장을 위한 기도문

　　　(1) 새집으로 이사하게 되었을 때 / 258

　　　(2) 이사를 하게 되었을 때 / 260

　　　(3) 셋방살이를 하게 되었을 때 / 262

　　　(4) 이사 했을 때 / 264

　　　(5) 믿음이 약해질 때 / 266

　　　(6) 믿음의 성장을 위하여 / 268

　　　(7) 열심히 식어졌을 때 / 270

　　　(8) 새벽기도 참여를 위하여 / 272

　　　(9) 날마다 새벽기도를 위하여 / 274

　　　(10) 특별 새벽기도회 참여를 위하여 / 276

　　　(11) 기도원에 가고 싶을 때 / 278

❀ 기도, 은혜, 신앙의 열정을 위한 기도문

　　　(1) 기도의 문이 열리지 않을 때 / 282

　　　(2) 기도가 힘들어질 때 / 284

　　　(3) 대표기도를 처음 할 때 / 286

　　　(4) 깊은 기도를 처음 할 때 / 288

　　　(5) 금식기도를 하고 싶을 때 / 290

　　　(6) 세례를 받게 되었을 때 / 292

　　　(7) 감사를 위하여 / 294

　　　(8) 은사를 위하여 / 296

　　　(9) 은사를 깨닫기 위하여 / 298

　　　(10) 은혜를 깨닫기 위하여 / 300

　　　(11) 헌신을 위하여 / 302

(12) 직분감당을 위하여 / 304
(13) 충성을 위하여 / 306
(14) 순종을 위하여 / 308
(15) 축복을 위하여 / 310
(16) 성령의 충만을 위하여 / 312
(17) 십일조 생활을 위하여 / 314
(18) 헌금 생활을 위하여 / 316

❀ 성경, 말씀, 신앙의 의무를 위한 기도문

(1) 성경공부를 위하여 / 320
(2) 성경을 읽기 전에 / 322
(3) 말씀을 묵상하는 생활을 위하여 / 324
(4) 마귀를 대적하기 위하여 / 326
(5) 이단에 미혹되지 않기 위하여 / 328
(6) 바른 언어생활을 위하여 / 330
(7) 예배가 힘겨워질 때 / 332
(8) 유혹이 밀려 올 때 / 334
(9) 금연과 금주를 위하여 / 336
(10) 좋지 않은 습관을 끊고 싶을 때 / 338
(11) 설교시간에 졸음이 쏟아질 때 / 340
(12) 전도하기 위하여 / 342
(13) 전도의 열심을 위하여 / 344
(14) 전도가 힘들어 질 때 / 346
(15) 성찬식 참여를 앞두고 / 348
(16) 교회에 나가기 싫어질 때 / 350
(17) 미움이 들어올 때 / 352
(18) 교회가 멀리 있을 때 / 354

❀ 교회, 나라와 민족, 이웃을 위한 기도문

(1) 교회 부흥을 위하여 / 358

(2) 교회의 성장을 위하여 / 360

(3) 목사님을 위하여 / 362

(4) 초신자를 위하여 / 364

(5) 주일학교 교사를 위하여 / 366

(6) 교회의 각 기관과 부서를 위하여 / 368

(7) 교회의 직분자들을 위하여 / 370

(8) 구역 모임을 위하여 / 372

(9) 다른 교우와 불화할 때 / 374

(10) 핍박받는 교우를 위하여 / 376

(11) 질병으로 고통당하는 교우를 위하여 / 378

(12) 경제적으로 어려운 교우를 위하여 / 380

(13) 낙심한 교우를 위하여 / 382

(14) 믿음이 흔들리는 교우를 위하여 / 384

(15) 믿음이 식어진 교우를 위하여 / 386

(16) 나라와 민족을 위하여 / 388

(17) 남북통일을 위하여 / 390

(18) 민족 복음화를 위하여 / 392

(19) 근로자들을 위하여 / 394

(20) 불신 이웃을 위하여 / 396

(21) 부모 없는 아이들을 위하여 / 398

기도, 이럴 땐 이렇게 하세요

1. 기도만 있다면
2. 개인기도와 중보기도
3. 기도의 중요성
4. 기도의 방법
5. 기도의 때와 장소
6. 기도를 할 때의 마음가짐
7. 기도를 잘 할 수 있는 비결
8. 기도의 축복
9. 기도의 응답
10. 기도의 예문에 대하여

기도, 이럴 땐 이렇게 하세요.

무릎으로 인생의 싸움을 싸우는 것을 배우지 못한
사람은 아직도 기독교 신앙의 ABC를 모르는 사람이다.

-죠지뮬러-

1. 기도만 있다면

신앙생활이란 믿음으로 시작해서 믿음으로 살다가 믿음으로 내 삶을 완성하는 끊임없는 믿음의 행진입니다. 이 행진을 하는 동안 우리는 우리를 둘러싼 여러 가지 인생의 문제들에 부딪칩니다. 살을 도려내는 듯한 아픔이 있기도 하고, 가슴을 후벼파는 고통이 발생하기도 합니다. 때로는 생을 접고 싶은 좌절을 맛볼 때도 있습니다. 그리고 백방으로 노력해도 안되는 것이 있습니다. 따라서 그리스도인의 삶이 아름다운 것만은 아닙니다. 또한 우리는 인생을 이따금씩 그저 그런 것이라고 생각하기도 합니다.

그러나 우리는 하나님과의 깊은 교제를 통해서 그저 그런 이 삶의 불모지를 위대한 약속의 삶으로, 희망의 삶으로, 창조의 삶으로 변화시켜야 합니다. 우리의 눈이 열려 나와 함께 하시는 주님을 바라보고, 우리의 귀가 열려 지금도 나에게 말씀하시는 그 음성을 들을 수 있다면, 그리고 그분의 뜻을 따라 살 수만 있다면 우리의 인생은 더 이상 황무지가 아닐 것입니다. 험준한 인생 계곡에 젖과 꿀이 흘러내리는 기적을 창조하는 삶을 살 수 있습니다.

그러기 위해선 우리가 우리의 초점을 하나님께 맞추고 그분의 음성을 들으며, 그분의 뜻을 따르는 기도 훈련을 게을리하지 말아야 하겠습니다.

2. 개인기도와 중보기도

　기도의 종류와 형태는 여러 가지로 분류됩니다. 그러나 하나님께 드려지는 모든 기도는 개인기도와 특별히 분리할 수 없습니다. 어떤 기도의 종류와 형태이든지 개인기도의 연장 선상에 놓이는 기도입니다. 하나님과의 개인적이고도 친밀한 교제로서의 개인기도를 소홀히 한다면 우리는 보다 넓은 영역의 세계로 기도의 범위를 넓힐 수 없다는 것입니다. 요즈음 중보기도가 그리스도인들에게 많은 관심을 불러일으키고 있습니다.

　중보기도란 우리가 그리스도의 중보기도에 동참함으로써 그리스도의 사역을 이 땅에 이루는 기도를 말하는 것인데 엄밀히 말하면 중재적 기도(intercessional prayer)라고 해야 옳을 것입니다. 그 뜻은 다른 사람을 위한 기도, 즉 자기의 기도가 아니라 하나님과 다른 사람 사이에 자기를 위치해 놓고 그 가운데 자리에서 중재적 역할을 하면서 하나님께 기도하는 것을 말합니다.

　우리는 중재적 기도를 통해 보다 넓은 영역인 주변과 이웃, 교회와 국가, 세계로 기도의 범위를 넓혀 갈 수 있습니다. 그러나 이 기도 역시 개인기도의 연장선상에 놓이는 기도하는 것을 간과해서는 안 될 것입니다.

　개인기도는 모든 기도의 모체요, 탯줄입니다. 개인기도가 중단되고 무력해지면 다른 기도는 그 생명력을 상실하고 맙니다. 우리가 주님을 영접하고 교회를 통하여 신앙생활을 하다 보면 특별한 경우 내 의사와는 상관없이 회중을 대표하여 기도할 수 있는 공중 기도의 기회도 주어집니다.

　그 기도 역시 중재적기도의 한 형태이기 때문에 개인적으로 하나님을 가까이 하고, 무릎 꿇기를 원했던 사람만이 다른 사람 앞에서 바른 기도자로 설 수 있습니다.

　우리에게서 개인의 신앙의 성숙은 물론 모든 기도의 행위를 가능케 하려면 하나님과 개인적으로 자주 대면하여 영적인 교제를 나누는데 마음을 쏟아야만 할 것입니다. 그러면 개인적인 기도에 대한 정의를 짤막하게 생각해 보기로 하겠습니다.

첫째로, 하나님과 교제하는 것입니다.
하나님은 우리가 언제나 기도를 통하여 살아계신 하나님과 개별적으로 만나고, 깊은 영적인 교제를 가질 수 있도록 은혜의 방편을 허락하셨습니다. 우리는 기도가 선택이 아니라 주님의 명령이라는 것을 주목해야 합니다. 성경에 기도에 관한 말씀을 살펴보면 한결 같이 명령형으로 되어있다는 것을 발견할 수 있습니다. 왜 성경은 기도에 대하여 명령형으로 기록하고 있는 것일까요? 그것은 구원 받은 하나님의 백성이 그분을 만나고, 교제할 수 있는 유일한 통로가 기도이기 때문입니다.
우리는 하나님과의 교제가 이루어 져야만 변화를 체험할 수 있고, 그분의 뜻을 분별할 수 있습니다. 그리고 그분의 뜻을 내 삶속에 주장하도록 할 수 있습니다. 부모의 뜻을 모르는 자녀가 그 뜻을 자신의 삶 속에 반영하는 삶을 사는 것이 매우 어렵듯이, 하나님의 뜻을 깨닫지 못하면서 그분의 뜻대로 산다는 것은 있을 수 없는 일입니다.

둘째로, 하나님을 바라보는 것입니다.
우리는 흔히 기도란 "하나님께 무엇을 요구해서 얻어내는 것"으로 생각합니다. 그러나 기도의 본질은 하나님의 자녀로서 우리의 시선을 아버지 되시는 하나님을 향해서 돌리는 것입니다. 우리는 우리의 연약함 때문에, 아픔 때문에, 우리의 부족함 때문에 하나님께 뛰어갑니다. 바로 이러한 우리의 부족함, 아픔, 연약함을 통해서 하나님은 우리가 그분을 바라보기를 원하십니다. 주님을 바라보는 것, 하나님을 쳐다보는 것, 이것이 기도의 본질입니다.

셋째로, 그리스도인에게 따르는 마땅한 의무입니다.

사람들은 은혜가 떨어지면 기도생활을 안 할 수 있다고 생각합니다. 성경은 우리에게 "하나님이 은혜를 주시면 기도하라"고 말하고 있지 않습니다. "하나님께서 성령으로 너희 마음을 감동시키면 그때 기도하라"고도 말하지도 않습니다. 앞에서 말했듯이 기도는 아주 단순한 하나님의 명령입니다. 우리가 복음을 받고 그리스도인이 되면 하나님의 백성으로서 행해야 할 당연한 의무에 대해서도 이미 서명한 것입니다. 따라서 우리는 자신의 마음에 원하든 원하지 않든, 우리의 상태와는 관계없이 의무가 있음을 명심하고 기도의 자리에 서야 합니다. 하나님의 백성으로서 신앙생활의 의무를 저버리는 것은 곧 하나님을 저버리는 것이요, 하나님을 우습게 보는 행동을 하는 것이나 다름없습니다.

넷째로, 하나님의 은혜를 아는 구체적인 표현입니다.

하나님의 은혜를 아는 그리스도인 이라면 그분의 은혜가 없이는 한 순간도 살 수 없음을 깨닫습니다. 하나님의 흘러 넘치는 은혜 속에 자신을 발견하기 위하여, 또 그분의 은혜를 먹고 사는 존재임을 자각하기 위하여 그분 앞에 무릎 꿇어야만 하는 것입니다.

성경을 보면 하나님의 은혜를 깨달은 인물들은 언제나 기도의 제물이 되기를 주저하지 않았습니다.

아브라함(창18:32), 야곱(창32:26), 모세(신9:18), 여호수아(출33:11), 기드온(삿6:39), 다윗(삼하7:18), 이사야(왕하20:11), 바울(행9:11), 베드로(행10:9)등 이들 모두는 하나님의 은혜 앞에 철저히 무릎 꿇는 삶을 살았습니다. 그리고 그와 같은 깊은 기도를 통하여 하나님의 음성을 들으며 하나님의 큰일을 해냈습니다. 기도의 자리가 없는 사람은 아직도 하나님의 은혜를 모르는 사람이며, 주님을 위해서 아무것도 드릴 수 없고, 아무 일도 할 수 없습니다.

다섯째로, 하나님을 사랑하는 구체적인 표현입니다.

사랑하는 사람과는 늘 가까이 있고 싶고, 그와 대화하며 그의 음성 듣기를 즐겨 한다는 것입니다. 서로의 비밀을 털어놓고 위로를 받기도 하고 격려를 받기도 합니다. 사랑하는 사람과 함께 할 수 없다는 것은 그에게 엄청난 고통이 아닐 수 없습니다. 그와 같이 우리가 하나님을 사랑한다면, 하나님과의 교제를 사모하고 그 시간을 즐거워할 수밖에 없습니다. 그리고 하나님과 교제하지 못한다는 것에 대하여 엄청난 고통으로 받아들입니다.

여섯째로, 주님과의 동거입니다.

'동거'란 말은 헤어지지 않고 같이 산다는 뜻입니다. 부부가 항상 인격적이고 영적인 결합을 유지하면서 살아가지 아니하면 시험에 빠지고 말듯이 우리가 신랑 되신 주님과 동거하는 가운데 견고한 인격적 결합이 유지되지 않고는 건강한 영적 생활은 있을 수 없습니다. 개인적으로 드리는 기도는 신랑 되신 주님과 신부인 우리가 거룩한 사랑의 터치(touch)를 하며, 촉촉한 사랑의 대화를 나누며 신비적인 연합을 이루는 가운데 그분과 인격적, 영적 결합을 이루는 행위입니다.

끝으로,

개인적으로 드리는 기도가 없으면 우리의 영혼이 둔해지고 강퍅해 질수밖에 없습니다. 그래서 감리교 창시자 존 웨슬레(Jon Wesley)는 "무력해지며 둔해지는 영혼을 고칠 수 있는 방법은 끊임없이 기도하는 것뿐이다"라고 했습니다. 건강한 믿음과 건강한 신앙생활은 개인기도 생활이 뒷받침 되지 아니하고는 있을 수 없습니다. 기도가 그 사람의 영적 수준이라는 말이 있습니다. 혹시 지금 당신이 영혼이 둔해지고, 강퍅해 지고 있는 것을 느끼고 있다면 개인적으로 드리는 기도의 자리를 비워두고 있거나 잃어버린 것인지도 모릅니다.

3. 기도의 중요성

그리스도인에게 있어서 기도가 왜 중요한지에 대하여 반론과 이의를 제기할 사람은 없을 것입니다. 기도는 그리스도인에게는 호흡과 같은 것입니다. 그래서 실존주의 철학자 키에르케골(Kierkegaard)은 "기도란 호흡이다. 나는 왜 호흡하는가? 하지 않으면 죽기 때문이다"라고 했습니다. 또한 신학자 메튜 헨리(Matthew Henrys)는 "기도는 신앙의 모유이다"라고 했습니다. 그리스도인에게 있어서 기도와의 단절은 그 영혼이 죽은 것이나 다름 없습니다. 기도의 자리가 없다는 것은 하나님의 사랑과 은혜의 젖줄이 끊긴 것이나 마찬가지입니다.

오늘날 많은 그리스도인 들이 그토록 오랫동안 교회의 문턱을 밟으면서도 여전히 구원의 감격과 영적인 만족을 누리지 못하고 힘든 삶을 사는 이유가 무엇입니까? 그것은 하나님과의 영적 교제의 부재와 빈곤에서 비롯된 것입니다. 기도를 통해서 영이신 하나님과의 만남을 체험한 행위가 뒷받침 되지 않았기 때문에 그토록 많은 신앙의 연수를 쌓아가면서도 신앙의 허기와 갈증을 느끼고 있는 것입니다.

동물들 중에 지능지수가 높은 동물들이 있습니다. 돌고래 같은 동물은 물속에서 글자와 도형까지 구별해 내는 능력을 보여 주기도 합니다. 이처럼 경우에 따라서는 말도 못하는 짐승이라도 뛰어난 지능을 소유하고 있는 경우가 있습니다.

어떤 경우에는 이러한 짐승들이 비정상적이고 무능한 인간 보다 훨씬 뛰어난 능력을 보일 수도 있습니다. 그럼에도 그들은 하나님과 교통 할 수 없다는 것입니다. 그들에게는 영혼이 없기 때문입니다. 인간이 모든 피조물과 하나님의 창조 사역에서 동창생이면서도 그 모든 존재들과 구분 되는 것, 그것은 하나님께로부터 부여 받은 영혼을 소유한 점입니다. 영이신 하나님께서 당신 자신이 영을 부여한 인간과 교제하십니다.

그리고 그러한 영적 교제는 기도에 아주 구체적으로 집약되어 집니다. 18세기의 전설적인 설교가 윗필드도 매일 밤 자신의 삶을 엄격하게 점검하였는데 그 중에 "개인기도에 열렬하였는가? 작정해 놓은 기도시간에 기도하였는가? 매 시간 부르짖었는가?"를 최우선에 두었습니다. 구원은 주님의 은혜로 값없이 거저 받았지만 구원의 감격과 은혜를 누릴 수 있는 것은 우리의 신앙적 행위와 노력이 필요합니다. 먼 훗날 예수 그리스도께서 우리를 참된 신자와 거짓 신자들로 나누시고 구원 받은 자와 멸망 받은 자를 가르실 때 그 표징은 이 땅에서 단지 교회를 오래 다니거나 예배를 드린다거나 헌금을 많이 드린 것이 아닐 것입니다. 그가 진정으로 하나님을 만났고, 얼마나 하나님과의 깊은 교제가 이루어 졌으며, 얼마나 거듭났고, 얼마나 참회하고 거룩한 삶을 살았는가 하는 것이 표징이 될 것입니다.

4. 기도의 방법

개인의 기도는 개개인이 하나님께 개인적으로 드리는 기도이지만, 자유롭게 하나님과 교제하는 것이므로 공중 기도와 같은 형식에 묶일 필요는 없습니다. 공중 기도의 경우 정해진 순서가 있는데. 하나님께 대한 찬양과 감사, 고백과 회개, 간구, 예수님의 이름 등으로 수순을 밟으며 하나님께 기도를 드립니다. 그러나 개인적으로 드리는 기도는 굳이 이와 같은 수순을 밟으며 기도의 형식에 얽매일 필요는 없습니다. 형식과 격식에 얽매이다 보면 본질을 놓치기 쉽습니다.

개인의 기도는 자신의 삶 속에서 부딪치는 여러 문제들과 마음속에 늘 부담으로 느껴지는 것들을 포장 시키지 않고 여과되지 않은 그대로 하나님께 아뢰고, 하나님의 만져주심을 소망하는 것입니다. 답답한 마음 그대로를 아뢸 수 있고, 간절한 마음 그대로를 아뢸 수 있습니다. 속상한 감정 그대로를 아뢸 수 있고, 지치고 힘든 상태에 놓여 있는 자신의 마음을 있는 그대로 표현할 수 있습니다. 때에 따라서는 통곡하며 울며 기도할 수 있고, 소리를 높여가며 기도 할 수 있습니다. 때로는 어깨를 들썩이며 속으로 은밀히 기도할 수도 있고, 하나님의 이름만 실컷 부르다가 기도를 마무리 할 수도 있습니다. 억울함을 하소연 할 수도 있고, 불가피한 소원을 아뢸 수도 있습니다. 아무 말도 하지 못하고 울기만 하다가 기도의 자리를 떠날 수도 있고, 아이가 부모에게 투정 부리듯이 하나님께 떼쓰고, 투정 부리고, 심지어 반항하다가 기도를 마무리 할 수도 있습니다.

개인적으로 드리는 기도는 정해진 규칙이나 정답이 정해져 있는 것이 아닙니다. 꾸미지 않고, 포장되어 있지 않은 내 모습 그대로를 하나님 앞에 그대로 보이는 것입니다. 하나님은 우리가 그분 앞으로 나아감에 있어서 어떤 모양이나 형식에 얽매이지 않기를 원하십니다. 다듬어지지 않은 그대로 받기를 원하시고, 울퉁불퉁한 우리의 모습을 그분과의 교제를 통하여 다듬고 조각하기를 원하십니다. 개인의 기도는 다른 어떤 기도의 형태보다 하나님을 만나고, 교제하는 것에 가장 큰 비중을 두고 있고, 내 삶의 주인 되시는 하나님을 느끼고 체험하는 것입니다.

그러나 어떤 모습으로 기도하든지 한 가지 잊지 말아야 할 것이 있는데 기도의 끝 맺음은 하나님의 뜻을 구하는 기도로 마무리 지어야 한다는 것입니다. 기도는 그 무엇을 내 자신이 유리한 방향으로 전개시키기 위하여 하나님께 도움을 요청하는 것이 아니라, 또는 기계적으로 구하고 얻는 거래가 아니라 하나님 자신의 뜻이 우리에게서 온전히 주장되도록 하시기 위해서 내 자신을 하나님 앞에서 철저히 깨뜨리는 행위입니다.

어떤 모양과 형태로 개인기도의 자리를 메우든지 기도의 결론은 하나님의 음성에 귀를 기울이는 것으로 마무리를 지어야 합니다. 예수님이 겟세마네 동산에서 기도하실 때 자신에게서 십자가의 고난의 쓴 잔이 옮겨지기를 위하여 영혼과 마음을 쏟으며 간절히 간구 하였지만 기도의 끝부분은 하나님의 영광과 뜻을 구하는 기도로 마무리 지으셨습니다.

오늘 우리가 기도할 때 예수님이 보여주신 이 기도 방법을 놓치거나 무시한다면 우리의 기도는 세상 사람들이 단지 자기의 소원을 이루기 위하여 자기가 믿는 신이나 귀신의 힘을 빌리려는 행위나 별반 다를 바가 없다는 것을 알아야 합니다. 우리가 하나님께 드리는 기도는 그분의 뜻에 내가 안기는 행위입니다.

5. 기도의 때와 장소

개인의 기도는 하나님과 나만의 친밀한 교제와 경배의 시간이므로 우리가 하나님 앞에 나아가 교제하기를 원하는 마음이 있으면 언제든지 드려질 수 있습니다. 곧 '언제든지' 마음이 준비되는 때라면 가능한 것입니다. 이것은 바꿔 말해 우리가 개인적인 기도를 위해 기꺼이 시간을 드릴 결심과 각오가 있어야 한다는 것입니다. 언제든지 하나님께 나아가되 새벽 또는 정오, 또는 모든 일과를 마치고 잠자리에 들기 전 정규적으로 하나님께 나아가는 시간을 가질 수 있습니다. 그러나 굳이 이러한 결심과 각오가 아니더라도 내 자신이 하나님 앞에 나아가 기도하지 않으면 안 된다는 견딜 수 없는 영적인 부담이 밀려 올 때 수시로 하나님께 나아가 기도 할 수 있습니다.

예수 그리스도께서 지상에서 구속 사역을 감당하실 때 다른 모든 사명보다 기도를 중요히 하셨는데 특별한 곳을 정하여 기도의 장소로 사용하지 않으셨다는 것입니다. 수시로 기도하고자 하실 때 조용한 곳 어디든지 마음을 쏟고 영혼을 쏟는 기도의 장소로 활용하셨습니다.

따라서 오늘 우리도 하나님께 기도해야 한다는 영적인 부담이 밀려올 때 직장이나 학교에서, 그리고 가사일을 하는 중에도 그 자리에서 무릎 꿇고 기도할 수 있으며, 이것이 불가피 할 경우 일을 하면서도 주님과 대화할 수 있습니다. 그러나 특별한 경우를 제외하고 가능하면 다른 어떤 장소 보다는 교회를 기도의 장소로 선택하여 꾸준한 기도 생활을 갖는 것이 좋습니다.

물론 주님은 어디에나 아니 계신 곳이 없으시지만 특별히 교회에 임재해 계시기를 원하십니다. 왜냐하면 교회는 예수님께서 승천하시면서 이 땅에 유일하게 남기신 당신의 몸이기 때문입니다.

6. 기도를 할 때의 마음가짐

1) 기도의 중심을 잃지 말아야 합니다.

개인적으로 기도를 하다 보면 때에 따라서 자기감정에 휩싸일 때가 적지 않습니다. 그렇게 되면 기도의 흐름이 자기 위주로 흘러가기 쉽고, 감정 폭발이나 푸념만 잔뜩 늘어 놓고 마는 경우가 발생합니다. 경우에 따라서 억제할 수 없는 괴로움을 쏟아낼 수 있습니다. 그러나 지나치게 감정의 지배를 받는 쪽으로 흘러가지 않도록 성령의 도우심을 구해야 합니다.

2) 의심하지 말아야 합니다.

의심이란 곧 불신입니다. 우리는 지독한 불신앙 때문에 얼마나 많은 기도의 방해를 받아 왔습니까? 의심은 말씀을 말씀 아닌 것으로 믿고 있는 빗나간 편견입니다. 그 말씀을 의심하는 것은 곧 하나님을 거짓말하는 자로 만드는 것입니다. 하나님의 약속의 말씀을 성취하는 말씀의 실행자가 되고 싶으십니까? 의심을 없애버리셔야 합니다.

3) 믿음을 가져야 합니다.

성경은 "믿음의 주요 온전케 하시는 이인 예수를 바라보자"(히12:2)고 권면하고 있습니다. 예수 그리스도를 바라보지 않고 나의 연약을 바라보면 더 이상 기도는 나오지 않고 기도할 수 있는 용기를 잃어버립니다. 많은 그리스도인들이 기도의 자리에서 조차도 하나님과의 온전한 교제를 이루지 못하고 자신의 생각에 사로잡혀서 자기 연민이나 자학에 빠집니다.

그리고 기도의 자리를 포기합니다. 따라서 나는 연약할지라도 주님은 나를 강하게 하실 수 있다는 믿음을 가져야 합니다.

4) 성급한 태도를 버려야 합니다.
하나님은 자기 자신보다 우리를 더욱 사랑하시기 때문에 꼭 필요한 하나님의 때에 우리의 기도에 능력이 깃들게 하십니다. 때로는 느린 것 같고 때로는 응답이 없으므로 불안 초조 가운데 있으나 하나님께서는 가장 좋은 때에, 가장 좋은 방법으로 우리의 기도에 능력이 깃들게 하십니다. 그러므로 성급함의 유혹으로부터 자신을 지킬 수 있다면 이보다 더 훌륭한 기도의 태도는 없습니다.

5) 마음의 우상을 버려야 합니다.
우상이란 하나님 외에 우리가 사랑하는 것을 말합니다. 하나님은 홀로 우리의 마음속에서 주가 되길 원하시며 주인으로서 주장하시길 원하십니다. 우리가 능력 있는 기도를 하려면 꼭 결단할일이 있는데 그것은"주님께서 절대적으로 내게 첫째인가?"하는 점입니다.

6) 용서가 있어야 합니다.
기도란 우리의 죄가 용서함을 받았다는 근거에서 응답되는 것입니다. 타인에게 원한이나 분노심을 품고 있는 사람은 하나님의 귀를 막아 자기의 간구를 못 듣게 하는 것이나 마찬가지입니다. 저주의 마음은 기도의 가장 무서운 적입니다.

7) 상한 심령이 되어야 합니다.
하나님은 거만한 자를 비웃으시되 겸손한 자에게는 은혜를 베푸시고 그리고 상하고 통회하는 자를 멸시치 아니하신다고 하셨습니다.(시51:17)

8) 끈기가 있어야 합니다.

보통 언제까지 기도해야 하느냐고 묻는 사람들이 많습니다. 우리가 분명히 기억해야 할 것은 기도는 시간으로 잴 수 있는 것이 아닙니다. 시간과 기간은 내가 정한 것이지 하나님이 정하신 것이 아닙니다. 마음에 확신이 올 때까지 하는 것이 기도입니다.

9) 기도보다 앞서지 말아야 합니다.

"앞서지 말자. 하나님 보다 앞서지 말자. 성령님 보다 앞서지 말자. 기도보다 앞서지 말자" 이것이 평생 동안 5만번 응답 받은 기도의 성자 조지뮬러의 좌우명입니다. 준비 없이 뛰어든다거나 감정적인 서두름이 없어야 한다는 말입니다.

7. 기도를 잘할 수 있는 비결

1) 가면을 벗어야 합니다.

우리는 인생의 상당 부분을 가면을 쓴 채 살아갑니다. 슬퍼도 슬프지 않은 척, 문제가 있어도 아무런 어려움도 없는 척하면서 삽니다. 사람은 자신의 모습을 정직하게 인정하고 드러내기를 싫어합니다. 그러나 예수님은 "마음이 청결한 자는 복이 있나니 그들이 하나님을 볼 것임이요"(마5:8)라고 말씀하셨습니다. 마음이 청결하다는 것은 하나님 앞에서 있는 그대로 정직한 모습으로 선다는 것입니다. 사실과 직면하는 것을 의미합니다. 우리가 이런 모습을 잃지 않고 하나님과 대면 한다면 깊은 기도를 할 수 있고, 그분을 만날 수 있을 것입니다.

2) 관계를 늘려나가야 합니다.

개인적인 기도를 잘할 수 있는 비결은 하나님과의 관계를 늘려 나가는 방법 밖에는 없습니다. 장사를 잘하는 사람은 '물건'을 팔지 않고 '관계'를 판다는 말이 있습니다. 이것은 관계가 무엇인지 가르쳐 주는 지혜가 담긴 말입니다. 관계가 깨지면 대화부터 사라집니다. 일단 관계가 깨지면 만나도 할 이야기가 없습니다. 이것은 하나님과 우리와의 관계도 마찬가지입니다. 하나님과의 관계가 어정쩡하면 교제의 풍성함도 가물어질 것입니다.

3) 들을 수 있어야 합니다.

대부분 우리의 기도 습관을 보면 말을 많이 하려고 하는데 중점을 두고 있습니다. 말만 많이 하는 것이 기도가 아니라 말을 적게 하더라도 하나님의 뜻을 깨닫는 것이 기도입니다. 하나님께 아뢰어야 할 기도의 내용이 많으면 말을 많이 할 수도 있겠지만 말을 많이 하는 기도는 그만큼 하나님의 음성을 들을 수 있는 기회가 축소되고 놓치게 될 수 있다는 것입니다.

따라서 말을 많이 하려고 하기 보다는 자기의 형편과 처지를 아뢰면서 동시에 하나님의 뜻을 묻고 그분의 음성을 듣는데 기도의 초점을 맞춘다면 기도의 깊은 세계를 경험할 수 있을 뿐만 아니라 풍성한 기도 응답을 체험할 수 있습니다.

4) 성령을 의지해야 합니다.

왜냐하면 성령은 가장 능력 있는 기도자이기 때문입니다. 또한 성령과 기도생활은 밀접한 관계를 가집니다. 성령은 우리의 기도를 도우시는 분입니다. 성령은 주님이 다시 오실 때까지 우리를 진리 가운데로 인도하시고 모든 것을 알게 해 주시며, 불안전한 우리의 기도와 미숙한 기도를 도우시므로 하나님의 뜻에 맞는 기도를 드릴 수 있도록 도우시기 때문에 성령을 의지해야만 바른 기도생활을 할 수 있습니다.

5) 삶이 묻어 있어야 합니다.

신앙 중에 가장 나쁜 신앙이 기복신앙이 듯이 기도 중에 가장 나쁜 기도는 삶이 배제된 기도입니다. 우리는 매일 기도하는 사람으로 살아야 하지만 동시에 기도의 실행자로서 살 수 있어야 합니다. 목사도 설교는 강단에서 하지만 설교의 결론은 삶 속에서 내릴 수 있어야 그 설교가 하나님 앞에서 부끄럼 없는 정직한 설교가 될 수 있고, 성도의 심령을 변화시킬 수 있는 능력의 설교가 될 수 있습니다.

하나님은 말 만 잘하는 그럴싸한 기도나 목소리로 큰 사람의 기도에 주목하시는 것이 아니라 의롭고 거룩한 삶을 사는 사람의 기도에 귀를 기울이십니다. 삶이 동반되지 않은 기도는 무정란과 같아서 어떤 하나님의 능력도 기대할 수 없습니다. 기도의 생활화, 생활의 기도화가 이루어진다면 당신의 짧은 기도에도 하나님의 능력은 반드시 깃들게 될 것입니다.

6) 꾸미려고 하지 말아야 합니다.

기도를 할 때 온갖 미사여구를 동원하여 근사한 기도가 되도록 안간힘을 쓰는 사람이 있습니다. 아름다운 말로 기도를 꾸미려고 하는 사람은 기도를 들으시는 분이 누구신지를 확실히 모르고 있는 것이고, 시간이 지날수록 기도가 멍에로 느껴지게 될 것입니다. 하나님은 말을 잘한다고 해서 그 기도를 들으시는 분이 아니라 솔직한 기도, 정직한 언어에 귀를 기울이시는 분입니다. 따라서 듣기 좋고 화려한 말솜씨를 구사하려고 마음을 쏟기 보다는 정직한 기도를 드리는데 마음을 쏟는다면 당신의 기도에 힘이 붙게 될 것입니다.

7) 말씀을 묵상해야 합니다.

성경에 기록된 하나님의 말씀은 오늘 우리에게 주신 계시의 말씀이요, 음성이요, 약속이요, 응답의 보고입니다. 분명한 것은 성경은 전적으로 우리를 위한 하나님의 음성이라는 것입니다. 그러므로 우리는 성경을 읽으며 하나님의 음성을 들을 수 있고, 그분의 뜻을 읽을 수 있으며, 내게 주실 기도의 응답을 미리 만날 수 있기 때문입니다. 성경을 묵상하며 기도한다면 정답이 기록된 답안지를 옆에 놓고 기도의 답안지를 작성하는 것이나 다름없습니다. 또한 기도의 응답을 미리 받고 하나님과 교제하는 것이나 다름없습니다.

8. 기도의 축복

1) 하나님께 시선을 고정하는 삶을 살게 됩니다.

기도가 무엇입니까? 기도란 단순히 어떤 것을 구하여 얻는 것만이 아닙니다. 기도의 보다 중요한 의미는 우리의 시선을 하나님께 돌리고 우리의 인생 채널을 하나님께 고정시키는 것입니다. 개인 기도를 습관화 하게 되면 우리의 인생 채널이 하나님께 고정되는 것이고, 연약한 인생들을 도우시고 이끄시는 하나님의 능력의 손길을 체험할 수 있습니다.

2) 모든 것이 해결됩니다.

왜 기도하면 모든 것이 해결되는 것입니까? 이것을 기복신앙으로 오해하면 안됩니다. 하나님께서는 기도로 일하시기 때문입니다. 그래서 앤드류 머레이는 "하나님은 성도의 기도로 세상을 다스리신다"고 말했습니다.

하나님은 기도 없이는 일하시지 않습니다. 그러나 당신이 기도한다면 기도하는 것만큼 이룰 수 있습니다. 사람은 결단코 기도 이상이 될 수 없습니다.

3) 축복의 사람이 됩니다.

하나님은 우리에게 축복을 약속하셨고, 우리가 축복을 누리며 살기를 원하십니다. 그리고 우리에게 축복을 베푸시는 것을 기뻐하십니다.

그런데 한 가지 조건이 있습니다. 기도를 통해 그 축복을 받으라는 것입니다. 기도를 통해 그 축복을 현실로 만들라는 것입니다. 따라서 아무리 좋은 약속이 주어졌다 할지라도 그 약속이 현실이 되려면 기도가 꼭 필요합니다. 하나님은 아무리 약속된 것이라 할지라도 구하고, 부르짖는 자에게 주신다고 말씀하셨습니다.(겔36:36-37), 따라서 기도의 사람이 되면 축복의 사람이 됩니다.

4) 영적인 성숙이 이루어집니다.
개인적인 기도를 통하여 하나님과 친밀한 사귐을 가지면 성령을 통하여 날마다 하나님을 아는 신령한 지혜로 자라가게 하시고, 마귀의 궤계와 세상을 이기는 능력 있는 신앙인으로 자라게 하십니다.

5) 기도가 달라집니다.
개인적인 기도를 생활화하면 내 사정만 일방적으로 아뢰는 기도에서 하나님의 뜻을 읽을 수 있는 기도로 나아갈 수 있게 되고, 더 나아가 하나님의 음성을 듣는 기도로 변화 받게 됩니다.

6) 깊은 기도를 할 수 있습니다.
개인적인 기도를 생활화 하면 기도를 시작한지 불과 몇 분도 안되어 자리에서 일어날 수밖에 없는 기도가 놀라운 기도의 세계로 나아갈 수 있게 되고, 하나님의 영광을 볼 수 있습니다.

7) 기도가 넓어집니다.
개인적인 기도를 생활화하면 자기 자신에게만 국한되어 있던 좁은 기도에서 자기 주변으로 기도 대상의 범위를 점점 더 넓힐 수 있는 파상형 기도(Ripple Prayer)를 드릴 수 있게 됩니다.

8) 받은 은사를 활용할 줄 알게 됩니다.

　개인적인 기도를 생활화 하는 사람치고 심령의 부흥을 경험하지 않은 사람이 없습니다. 또한 심령의 부흥을 경험한 사람은 하나님이 자신에게 어떤 은사를 주셨는지를 깨닫게 되고, 그 은사를 주님을 위하여 반드시 사용하게 됩니다.

9) 누리는 신앙생활을 하게 됩니다.

　신앙생활을 하면서도 눌리는 신앙생활을 하는 사람이 있는가 하면 누리는 신앙생활을 하는 사람이 있습니다. 누리는 신앙생활은 신앙의 연수가 길어진다거나 교회에서 직분을 맡았다고 해서 주어지는 것이 아니라 개인적으로 기도 생활을 꾸준히 한 사람만이 얻을 수 있는 것입니다.

10) 온전한 감사를 하게 됩니다.

　기도 생활이 없는 사람은 감사생활도 없습니다. 기도와 감사는 새의 두 날개와도 같습니다. 한 날개로 나는 새가 없듯이 기도가 없는 사람은 그에게서 온전한 감사가 나올 수 없습니다.

11) 성령 충만 함을 받습니다.

　개인적인 기도를 생활화한 사람치고 성령 충만하지 않은 사람이 없고, 성령의 열매를 맺지 못하는 사람이 없습니다. 왜냐하면 성령은 기도의 영이기 때문입니다.

12) 마귀를 이깁니다.

　그리스도인들에게 성경 다음으로 많이 읽힌 천로역정을 쓴 존 번연은 "기도는 내 영혼의 방패요, 기도는 하나님께 드리는 제물이요, 기도는 사탄을 휘두르는 채찍이다"라고 했습니다.

종교 개혁가 마틴 루터는 "두 시간 기도하면 내가 사탄에게 지고 세 시간 기도하면 내가 사탄을 이긴다"고 했습니다. 사탄이 가장 무서워하는 사람은 기도의 사람입니다.

13) 형통함을 누립니다.
개인적인 기도를 통하여 하나님과 꾸준히 교제가 이루어진 사람은 하나님의 뜻을 읽을 수 있게 되고, 합력하여 선을 이루시는 하나님의 섭리를 느낄 수 있기 때문에 자신의 삶이 하나님 안에서 형통 하다는 것을 깨닫게 됩니다.

14) 용서하고, 사랑하는 것을 구체적으로 실천할 수 있게 됩니다.
왜냐하면 개인 기도를 생활화 하면 하나님의 은혜와 사랑이 뼈속 깊숙이 느껴지기 때문입니다. 하나님의 은혜와 그 사람을 용서와 사랑의 사람으로 만들어 놓습니다.

9. 개인 기도와 응답

1) 솔직하게 기도해야 합니다.
하나님은 멋진 기도와 세련된 기도보다는 솔직한 기도에 귀를 기울이고 계십니다. 왜냐하면 우리가 기도의 자리로 나아가기 전에 이미 우리를 감찰하고 계시는 분이시고, 우리의 중심을 읽고 계시기 때문입니다. 하나님을 속이지 않고 얼마나 솔직하게 내 마음을 내어 놓을 수 있느냐가 하나님의 보좌를 움직이는 응답의 열쇠입니다.

2) 구체적으로 기도해야 합니다.
기도는 구체적으로 하는 것입니다. 막연한 기도는 막연한 응답을 얻고 구체적인 기도는 구체적인 응답을 얻습니다. 여기서 구체적이란 말은 목적이 명확한 것을 말하는 것이고, 나의 연약함을 있는 그대로 드러낸다는 것을 의미합니다.

3) 오래도록 매달려야 합니다.

성급한 마음으로 기도실을 들락 날락 하는 것은 자기를 속이는 것이요, 인내하는 마음으로 힘을 쏟지 않는 기도는 마음을 바치지 않는 기도입니다. 이런 기도는 거룩하신 하나님께 합당한 처사가 아닙니다. 은밀한 곳에서 하나님과 대면하여 끈기 있게 오래도록 기도에 자신을 바침으로써 기도가 무엇인지를 배우게 되고 기도 속에서 맛볼 수 있는 하늘의 특권을 누릴 수 있습니다.

4) 간절하게 기도해야 합니다.

중얼거리고 중언 부언하는 기도로 힘을 소진하며 하나님과의 교제의 시간을 때워 보려는 우리의 안일한 기도 태도들이 우리를 능력 있는 기도로 멀어지게 하고 있습니다. 마음으로 간절히 기도한다는 것은 곧 우리 육신의 노고를 동반합니다.

겟세마네 동산에서 주님처럼 간절히, 온 힘을 다하여 부르짖는다면 그와 같은 기도에 하나님의 능력이 깃들게 되어있습니다.(사38:14, 눅22:44)

성경에 나오는 기도의 인물들은 한결 같이 하나님께 간청하는 기도를 드렸고 하늘로부터 귀한 응답을 받아 누렸습니다. 건성으로 대충 대충하는 기도나 의미 없이 단어를 나열하는 식의 기계적인 기도는 하나님이 듣지 않으십니다.

5) 십자가의 정신이 있어야 합니다.

기도처럼 십자가의 정신이 잘 반영되는 섬김도 없습니다. 희생이 없이는 진정한 기도가 있을 수 없습니다. 기도의 희생이 없이 어떻게 섬김을 다 할 수 있겠으며, 마음으로 하나님 앞에 섬기는 일에 자신을 드리지 않고 어떻게 열렬한 기도의 영을 유지할 수 있겠습니까?

십자가는 즐거움이 아니라 부끄러움이며 고통입니다. 그러므로 기도의 의무를 다하기 위해 고통스러운 대가를 지불하지 않으려는 사람은 결코 하나님이 기뻐하시는 삶의 원동력을 얻을 수 없습니다.

6) 기도의 응답을 확신해야만 합니다.

구하는 믿음도 중요하지만 응답을 확신하는 믿음은 더 중요합니다. 우리는 많은 난제들 앞에서 기도합니다. 그러나 응답에 대한 확신은 없습니다. 만약 확신이 없다면 확신을 얻을 때까지 기도하십시오. 확신 없이는 기도의 자리를 떠나지 않겠다는 각오만 있으면 반드시 하늘 문이 열리는 응답의 기적이 체험하게 될 것입니다.

10. 기도의 예문에 대하여

스스로 믿음 좋다고 자부하는 그리스도인들 가운데 기도의 예문에 대하여 안 좋은 선입견을 가지고 있는 경우가 있습니다. 기도의 예문은 기도자로 하여금 하나님 앞에 솔직하고 진실하게 설 수 있는 자리를 빼앗아 버린다는 것입니다.

뿐만 아니라 기도자로 하여금 기도의 영역에 대하여 가볍게 생각하도록 만들 수 있으며, 기도자의 깊은 기도의 세계와 그에 따른 기도의 성숙을 차단시켜 버릴 수 있다는 것입니다. 그러나 그것은 자신의 이기적인 믿음을 앞세운 오만일 수도 있습니다.

절대자의 도우심이 없이는 한 순간도 버티기가 어렵다고 생각되어 질 때 우리는 하나님의 만져주심과 그분의 인도하심을 받기 위하여 기도의 자리로 나아갑니다. 그러나 막상 무릎을 꿇었을 때 우리는 또 다른 큰 개울이 있음을 절감합니다.

그것은 "이럴 땐 어떻게 기도해야만 하는가?"입니다. 매우 능숙하고 숙달된 기도자는 이런 고민이 별로 문제가 되지 않고, 굳이 고민할 필요성도 느끼지 않겠지만 기도의 자리가 낯설고, 그 세계에 몰입하지 않았던 이들에게는 커다란 문제임에는 분명합니다.

하나님과 대면하는 그 중요한 기도의 자리에서 입술이 떨어지지 않아 어려움을 겪어 보신적은 없으신지요?

무릎은 꿇었지만 마음속에 담아두고 있는 갈급한 기도의 내용을 어떻게 표현해야 할지를 몰라 하염없이 눈물만 흘리다 공허한 마음으로 기도의 자리를 일어선 적은 없으신지요?

중심을 보시는 하나님께서는 기도자가 무릎 꿇을 때 이미 그 마음을 살피시고 받으셨겠지만 "하나님께 내사정과 형편을 좀 더 바로 아뢸 수 있었다면"하는 아쉬움이 남은 적은 없으신지요?

이 책은 바로 그런 분들에게 징검다리가 되어드리고자 각종 예문을 수록한 것입니다. 개울을 건너야 하는데 징검다리가 없다면 얼마나 불편합니까? 더욱이 물살이 빠르고 깊은 개울이라면 아예 옷을 걷고 건널 용기조차도 갖지 못할 것입니다. 그러나 이런 그에게 징검다리가 놓여져 있다면 건널 수 있는 용기정도는 낼 수 있지 않겠습니까? 비록 건너다 실수로 미끄러져 빠질지언정 말입니다.

이 책에 수록된 많은 기도의 예문은 하나님의 보좌 앞으로 나아가는 징검다리로 보시면 됩니다. 그리고 우리는 삶 속에서 수많은 문제와 사건들과 부딪치며 삽니다. 내가 원치 않는 것들이라고 해서 내 삶속에서 발생하지 않는 것은 아니기에 그 때마다 우리가 하나님께 아뢰어야 할 기도의 내용에 대하여 얼마나 목말라 합니까?

이럴 때 막연한 기도 보다는 구체적인 기도를 드릴 수 있다면 하나님께로부터 구체적인 기도의 응답을 얻을 수 있을 것입니다. 그리고 스스로 기도를 잘한다고 자부하는 이들도 이 책에 수록된 기도의 예문을 읽어본다면 형제와 이웃의 아픔과 그 고통의 깊이를 헤아릴 수 있는 또 다른 기도의 등불을 가지고 하나님의 은혜의 보좌 앞으로 나아가게 될 것입니다.

주님 없이는

-미켈란 젤로-

나가는 곳마다 주님을 만날 수 있게 하소서.
아름다움이 불길 속의 내 혼에 있다 할지라도

주님의 가장 가까이에 서 있게 하옵소서.
오직 주와 함께 있을 때의 기쁨을 알게 하소서.

주 여호와여,

나는 이 곤고함에서 주의 도우심을 구하옵니다.
이 순간 내 영혼이 피곤하나이다.

오직 새 힘과 은혜를 내리소서.

내 영혼의 신령함을 주신 주님이여
육신의 연약함과 실수를 없게 하옵시고
포로같이 슬프게만 살지 않게 하옵소서!

나는 어떻게 해야 자신을 지킬 수 있사오리까?

주님 없이는 나의 모든 선함도 실패가 되고 맙니다.

운명의 제단에서 하나님 은총만을 의지 하옵니다.

일상, 계절에 대한 기도문

　(1)　하루를 시작하기 전에
　(2)　하루를 마무리 하며
　(3)　잠자리에 들기 전에
　(4)　식사를 하기 전에
　(5)　운전을 하기 전에
　(6)　새해를 맞이했을 때
　(7)　연말을 맞이했을 때
　(8)　봄을 맞이하여
　(9)　여름을 맞이하여
　(10)　가을을 맞이하여
　(11)　겨울을 맞이하여

하루를 시작하기 전에

(시 121:5~6)

"여호와는 너를 지키시는 이시라 여호와께서 네 오른쪽에서 네 그늘이 되시나니 낮의 해가 너를 상하게 하지 아니하며 밤의 달도 너를 해치지 아니하리로다."

선한 목자이신 하나님 아버지!

이 아침에 주님의 자비하심과 인자하심을 찬양 드리고 감사를 드립니다.

오늘 하루도 저의 생각을 주장하시고 저의 발걸음을 인도하여 주시어서 이 하루의 삶을 통하여 주님의 자비와 인자를 체험케 하여 주시옵소서.

제 뜻과 제 힘을 의지하는 인본주의적인 삶을 살지 말게 하여 주시옵고, 주님의 양으로서 주님의 인도하심에 온전히 순종하며 따르는 하루가 되게 하여 주시옵소서.

가는 곳마다 주님을 나타내고 주님께 영광 돌리는 삶이 되기를 원합니다. 만나는 사람마다 주님의 은혜를 끼칠 수 있게 하여주시고, 주님의 사랑으로 최선을 다하는 하루가 되게 하여 주시옵소서.

제 스스로가 성도라는 신분을 잊지 않게 하여 주시고, 천국시민다운 생활을 하게 하시며 그리스도의 향기를 나타내는 삶이 되게 하여 주시옵소서.

오늘도 제 자신만을 위한 삶이 아니라 이웃을 헤아리는 삶이 있기를 원합니다. 위로가 필요한 자에게 위로를 주고, 용기가 필요한

| 참고 성구 |
욥 34:21; 시23:1, 56:17, 88:13, 140:4; 엡 5:16; 히 4:14

자에게 용기와 도움을 주며, 인생의 무거운 짐을 지고 허덕이는 이웃에게는 구원과 안식을 주시는 주님께로 인도할 수 있는 하루가 되게 하여 주시옵소서.

주님, 예수 그리스도를 믿는 믿음으로 세상과 마귀를 이기고 믿음의 선한 싸움에서 승리하는 하루가 되기를 원합니다. 세상의 그 어떤 유혹에도 미혹됨이 없게 하시고, 믿음의 도리를 굳게 지키며 승리하는 하루가 되게 하여 주시옵소서.

한치 앞을 예측할 수 없는 위험이 곳곳에 도사리고 있다 할지라도 방패 되시는 주님이 모든 위험에서 막아주시고, 주님의 날개 아래 안전하게 품어주실 것을 믿습니다.

오늘 저의 모든 삶의 현장에서 그곳이 가정이든 직장이든지 임마누엘의 하나님께서 동행하여 주실 것을 믿사옵나이다.

예수 그리스도의 이름으로 기도합니다. 아멘.

❧ 하루를 마무리하며

(시 141:2)

"나의 기도가 주의 앞에 분향함과 같이 되며 나의 손 드는 것이 저녁 제사 같이 되게 하소서."

인간의 발걸음을 세시며 감찰하시는 하나님 아버지!
잠자리에 들기 전 오늘 하루의 생활을 정리해 봅니다.
주님께 영광 돌리는 삶이 되기 위하여 제 나름대로 노력하였지만 마음을 지키지 못하고 흔들리거나 실족하였던 일이 많았음을 고백하지 않을 수 없습니다. 세상의 그 어떤 유혹에도 미혹됨이 없이 살아야 했는데 뒤를 돌아보니 믿음의 도리를 굳게 지키지 못했습니다.
감정을 억제하지 못하고 화를 낸 일도 여러 번 있었고, 저의 지나친 주장으로 상대방의 마음을 속상하게 만든 일도 있었습니다.
상대방을 무시한 일도 있었고, 속이는 일까지 있었습니다. 사랑의 친절이 없었습니다. 최선을 다하지 못했습니다.
주님 앞에 참으로 부끄럽습니다. 매일 주님의 뜻대로 살겠노라고 다짐하지만 결과는 성도답게 살지 못하여 주님의 영광을 가리우고 주님을 욕되게 한 것 들 뿐입니다.
그러나 믿음이 연약하여 육체에 늘 넘어지는 이 미련한 종을 외면치 않으시고 위험으로부터 보호하여 주시고, 세상에 완전히 동화되지 않도록 제 마음을 붙들어 주심을 감사하지 않을 수 없나이다.

| 참고 성구 |
시 55:17; 전 11:6; 롬 12:2; 히 3:13

　이 못난 죄인의 삶을 순풍으로 인도하심을 감사 드립니다. 오늘도 주님은 제게 임마누엘의 하나님이셨습니다.
　주님!
　오늘도 주님을 높이지 못한 생활을 한 이 죄인의 허물을 용서하여 주시옵소서, 저의 인격이 온전히 변화되기를 원합니다. 주님을 닮기 원합니다. 주님의 겸손과 온유가 제게 있기를 원하고, 주님의 형상을 나타내기를 원합니다. 저의 만족을 위한 삶이 아니라 주님께 만족을 드릴 수 있는 삶이되기를 원합니다. 주님의 필요를 채울 수 있는 삶이 되게 하여주시옵소서.
　이밤에 하루의 일을 돌아보며 회개하게 하시고, 주님의 은혜를 고백할 수 있는 종이 되게 하심을 감사합니다.
　이밤도 함께 하시고, 내일은 믿음의 선한 싸움에서 승리하는 하루가 되게 하여 주시옵소서.
　예수 그리스도의 이름으로 기도합니다. 아멘.

잠자리에 들기 전에

(시 121:4)

"이스라엘을 지키시는 이는 졸지도 아니하시고 주무시지도 아니하시리로다."

자비로우신 하나님 아버지!

오늘 하루도 주님의 보호하심과 동행하심 가운데 무사히 지낼 수 있게 해 주시고, 이렇게 편안한 잠자리에 들 수 있게 하심을 감사드립니다.

이 시간 먼저 하루 동안에 잘못했던 일들을 회개하기를 원합니다. 저의 말이나 행동 가운데 주님의 뜻에 어긋난 것이 있었다면 이 시간 깨닫게 하시옵소서.

상대방에게 불친절했거나 사소한 일에 혈기를 부린 적은 없었습니까? 말의 실수로 인하여 상대방의 마음에 상처를 주지는 않았습니까?

제 자신만을 내세우며 교만한 행동을 한 적은 없었습니까?

상대방에게 손해를 주었거나 괴롭힌 일은 없었습니까?

누구에게 더러운 이익을 탐한 적은 없었습니까? 이러한 잘못된 것들이 있었다면 회개하오니 긍휼을 베푸셔서 용서하여 주시옵소서. 악은 모양이라도 버리라고 하신 주의 말씀을 따라 나날이 저의 삶이 성화되어지게 하시고, 주님의 모습을 닮아가게 하시옵소서.

기나긴 밤을 지새우는 동안 졸지도 아니하시고 주무시지도 아

| 참고 성구 |
시 121:5-8; 잠 6:9-11; 사 41:10

니하시는 하나님께서 지켜주시고 보호하여 주심으로 천재지변 같은 불미스러운 일이 발생하지 않게 하여 주실 것을 믿습니다.

혹 꿈속에서라도 범죄 치 않도록 저의 영혼을 지켜 주시고, 악몽에 시달리는 일이 없도록 평안한 안식으로 인도하시옵소서.

모든 피곤을 잊고 부활의 아침을 기대하는 마음으로 잠이 들게 하여 주셔서 내일 아침에는 기쁜 마음으로 하루를 시작할 수 있도록 인도하실 것을 믿습니다.

또한 새벽에 주님을 만날 수 있도록 새벽잠을 깨워 주시고, 새벽에 교회에 나가 예배하고 주님의 말씀을 듣고 기도함으로 하루를 시작할 수 있게 하여 주시옵소서.

예수 그리스도의 이름으로 기도합니다. 아멘.

☞ 식사를 하기 전에

(마 6:26)

"공중의 새를 보라 심지도 않고 거두지도 않고 창고에 모아들이지도 아니하되 너희 하늘 아버지께서 기르시나니 너희는 이것들보다 귀하지 아니하냐."

공중에 나는 새를 먹이시며 들에 핀 백합화를 입히시는 하나님 아버지!

오늘도 일용할 양식을 허락하여 주셔서 온 식구가 식탁을 마주하고 한자리에 모일 수 있게 하시니 감사합니다.

오늘 식탁에 어떤 음식이 차려져 있든지 주님이 베풀어주신 양식임을 깨달아 즐거운 마음으로 맛있게 먹을 수 있는 저희들 되게 하시고, 이 양식으로 인하여 필요한 영양을 공급받을 수 있게 하시옵소서.

음식을 정성스럽게 준비한 손길 위에도 함께 하여 주셔서 가족들의 건강이 내 손에 달려 있다는 사명의식을 가지고 음식을 하나하나 준비할 수 있게 하시고, 주님이 보시기에 아름답고 복 있는 손길이 되게 하여 주시옵소서.

오늘 하루도 주님이 베푸신 양식에 부끄럼 없는 삶이 되기를 원합니다. 먹이시고 입히시는 주님의 은혜를 깨달아 주님의 나라와 그 의를 구하는 삶을 살 수 있는 하루의 생활이 되게 하여 주시고 썩을 양식을 위해 일하지 않고 영생하도록 있는 양식을 위하여 일할 수 있는 복된 하루가 되게 하여 주시옵소서.

| 참고 성구 |
출 16:2; 시 111:5; 사 22:13, 55:2

  여호와를 경외하는 자에게 양식을 주시며 그 언약을 영원히 기억하신다고 하신 하나님!
  무슨 일을 하든지 저희 몸을 불의의 병기로 드리지 않도록 지켜 주시고, 주님의 영광을 위하여 의의 병기로 드릴 수 있는 복된 하루가 되게 하시옵소서.
  식사 때마다 보이지 않는 손님이시요, 모든 대화에 말없이 듣고 계시며 늘 함께 하여 주시는 예수 그리스도의 이름으로 기도합니다.
  아멘.

운전을 하기 전에

(시 23:4)

"내가 사망의 음침한 골짜기로 다닐지라도 해를 두려워하지 않을 것은 주께서 나와 함께 하심이라 주의 지팡이와 막대기가 나를 안위하시나이다."

전능하신 하나님 아버지!

오늘도 하나님께 영광 돌릴 수 있는 복된 날을 허락하여 주심을 감사 드립니다. 오늘도 주님의 인도하심에 순종하며 따르는 하루가 되게 하여 주시옵소서.

주님!

운전대를 잡기 전 주님께 기도합니다. 제가 운전을 하는 것이지만 제 손과 발을 움직이시는 분은 주님이심을 믿습니다. 한치 앞을 내다 볼 수 없을 만치 곳곳에 위험이 도사리고 있습니다. 하루에도 수백 건의 교통사고가 일어나고 있고, 그로 인하여 심하게 다치거나 생명을 잃은 사람도 있습니다.

주님의 말씀처럼 제 앞에 무슨 일이 일어날지는 전혀 알 수 없사오니(약 4:14) 주님이 지켜주지 않으시고 보호하여 주지 않으시면 어떻게 제 생명이 안전하다 할 수 있겠으며 어떻게 한 날의 생활을 보장받을 수 있겠습니까?

시편 기자가 주님 앞에서 "여호와는 너를 지키시는 이시라 여호와께서 네 오른쪽에서 네 그늘이 되시나니 낮의 해가 너를 상하게 하지 아니하며 밤의 달도 너를 해치지 아니하리로다"(시 121:5,6)

| 참고 성구 |
욥 34:21; 시 18:1-2, 23:1, 121:1; 사 43:2-3

라고 노래했던 이 아름다운 찬양이 저의 신앙고백이 되기를 원합니다. 무서운 살인 기계로 돌변할 수 있는 이 차에서 이 몸을 지키시고, 보호하여 주실 줄 믿습니다.

혹 운전 중에 원치 않는 돌발사고가 발생한다 할지라도 차분하게 대처할 수 있게 하여 주시고, 운전의 방해를 받는 일이 발생한다 할지라도 참을 수 있는 인내력을 주시옵소서.

운전 중에 조는 일이 없도록 머리를 맑게 하여 주시고, 교통신호를 잘지키며 모범운전을 할 수 있도록 연약한 제 손을 잡아주시옵소서.

모든 운전자들에게도 함께 하셔서 감정의 지배를 받지 않게 하여 주시고, 졸지 않게 하여 주시고, 교통 법규를 잘 지키게 하여 주시며, 차분하고 안정된 마음으로 운전할 수 있도록 마음을 다스려 주시옵소서.

오늘도 제 발걸음을 주장하여 주시고 가는 곳마다 주님께 영광 돌리는 삶이 되게 하여 주실 것을 믿사옵고 예수 그리스도의 이름으로 기도합니다. 아멘.

☙ 새해를 맞이 했을 때

(사 43:19)

"보라 내가 새 일을 행하리니 이제 나타낼 것이라."

　우주만물을 주관하시고 인간의 생사화복을 주장하시는 하나님 아버지!
　이제 다사다난했던 한해를 보내고 다시금 희망찬 새해를 맞게 하시니 감사합니다.
　올해는 그 어떤 환경과 여건을 만난다 할지라도 믿음으로 살기 위해서 힘쓰는 모습이 있게 하시옵고, 빛이신 주님을 좇아갈 수 있는 발걸음이 되게 하여 주시옵소서. 어둠 속에서 서성이는 일이 없게 하여 주시고, 성령의 인도함을 받는 복 있는 삶이 되게 하여 주시옵소서.
　삶의 위기를 만났을 때 언제나 주님의 뜻 안에서 바른 결단이 있게 하여 주시고, 주님의 나라와 그 의를 구하는 한해가 되게 하여 주시옵소서.
　섭리하시고 인도하시는 하나님 아버지!
　새해를 맞이하여 계획하고 소망하는 일들이 있습니다. 제 생각을 주장하셔서 주님의 영광을 위한 계획이 되게 하여주시고, 주님의 뜻을 이루어갈 수 있는 계획이 되게 하여 주시옵소서.
　혹여, 계획하고 소망하는 일들이 마음대로 되지 않는다고 하여

| 참고 성구 |
수 1:5,8; 시 51:10, 103:5; 잠 16:3, 19:21; 사 48:6

 감정을 앞세우지 않게 하여 주시고, 자기 동정이나 자기 연민에 빠지지 않게 하시며, 합력하여 선을 이루시는 주님을 끝까지 바라보며 달려가게 하여 주시옵소서.
 저의 입술에서 언제나 온전한 감사가 넘치게 하여주시고 시련이 와도 기뻐하고, 병들어도 주님을 찬양할 수 있는 한해가 되게 하여 주시옵소서.
 오직 주님의 주님 되시는 것으로만 만족하여 살아갈 수 있는 한해가 되게 하여 주시옵소서.
 교회도 주님의 뜻 안에서 더욱 부흥하는 한해가 되게 하여 주시고, 가정도 주님의 평안이 늘 함께 하시는 한해가 되게 하여 주시옵소서.
 자녀들도 주님의 말씀대로 성장하게 하여 주시고, 생업에도 땀을 심고 정직을 심은 대로 복되고 선한 열매를 풍성히 맺게 하여 주시옵소서.
 주님의 은혜가 넘치는 한해가 되게 하여 주실 것을 믿사옵고 예수 그리스도의 이름으로 기도합니다. 아멘.

연말을 맞이 했을 때

(롬 8:28)

"우리가 알거니와 하나님을 사랑하는 자 곧 그의 뜻대로 부르심을 입은 자들에게는 모든 것이 합력하여 선을 이루느니라."

영원토록 찬양을 받으실 하나님 아버지! 지난 한 해 동안도 주님의 크신 은총으로 함께 하여 주시고, 크신 은혜로 인도하여 주심을 감사합니다.

이제 이해도 얼마 남지 않았습니다. 경제적인 어려움 속에서 정신없이 달려온 한해였습니다.

새해를 맞이하면서 다짐하고 결심한 것들이 세월의 흐름 속에서 희석되어버리고, 지금은 아련한 기억 속에서조차 떠오르지 않는 장미빛 같은 것들이 되어버렸습니다.

결심과 결단력이 약하여 감사드릴 결실을 마련치 못한 제 자신을 볼 때 주님께 심히 부끄럽기만 합니다. 더욱이 이런 저를 책망치 않으시고 용납하여 주시는 주님의 은혜와 사랑을 생각할 때 주님께 고개를 들지 못하겠나이다.

앞으로 남은 기간만큼이라도 감사의 결실을 맺기 위하여 힘을 쏟고 마음을 쏟게 하여 주시옵소서. 연말을 보내며 몸과 마음이 흐트러질까 염려스럽습니다. 언제나 동일한 마음으로 주님을 바라보게 하여 주시고, 신앙인으로서 해야 할 본분이 무엇인지를 더욱 깨닫게 하여 주시옵소서.

| 참고 성구 |
마 8:26; 눅 13:6-9; 갈 2:20; 빌 4:7; 계 2:10

    추운 겨울이 시작되었습니다. 육신적으로도 준비 없는 겨울은 추울 수밖에 없듯이 겨울을 준비하듯 믿음을 굳게 하여 감사와 기쁨을 잃지 않는 복된 삶이 되게 하여 주시옵소서.

    연말이 되면 더욱 고통 받는 이웃이 있습니다. 그들의 고통을 조금이라도 헤아릴 수 있는 제 자신이 되게 하여 주시고, 따뜻하고 훈훈한 이웃이 곁에 있음을 보여줄 수 있게 하여 주시옵소서.

    연말이 되면 안팎으로 여러 가지 행사들이 많습니다. 죄짓는 자리는 은혜롭게 피할 수 있는 지혜를 주시고, 주님의 자녀 된 본분을 망각하지 않게 하여 주시옵소서.

    예수 그리스도의 이름으로 기도합니다. 아멘.

봄을 맞이하여

(시 126:5-6)

"눈물을 흘리며 씨를 뿌리는 자는 기쁨으로 거두리로다 울며 씨를 뿌리러 나가는 자는 반드시 기쁨으로 그 곡식 단을 가지고 돌아오리로다."

사랑의 주님!

엄동설한이 지나고 봄이 왔습니다. 바싹 마른 고목에 따사로운 햇살이 내리는 봄입니다. 마른나무 가지에 연두 빛 고운 새싹이 손을 내밀 듯 고목 같은 제 심령에도 주님의 따뜻한 꽃바람이 일어나게 하여 주시옵소서.

미움으로 응어리진 마음이 사랑으로 꽃피게 하여 주시고, 골짜기처럼 어둡고 협소한 마음들이 바다같이 넓고 꽃밭에 내리는 햇살처럼 밝고 찬란하게 하여 주시옵소서.

주님께서 창조하신 이 아름다운 봄날을 보며 저도 신앙의 새 봄을 가꾸는 믿음이 되게 하시고, 모든 사람들을 주님의 사랑으로 따뜻하게 대할 수 있는 믿음이 되게 하여 주시옵소서.

이 봄을 맞이하여 씨앗을 뿌리고 파종하는 농부들을 위하여 기도합니다. 씨를 심는 농부들에게 축복하셔서 그들의 수고가 가을에 많은 열매를 맺게 하여 주시옵소서.

이 봄날에 복음의 씨앗을 뿌리는 주님의 일꾼 된 저도 복음의 씨앗을 힘써 뿌릴 수 있게 하여 주시고, 영적인 열매의 풍성함을 맺을 수 있게 하여 주시옵소서.

| 참고 성구 |
사 53:2-6; 요 15:12-18; 롬 5:8; 요일 4:10

　봄날이 되면 주님의 고난 받으심과 부활을 생각지 않을 수 없나이다. 말없이 홀로 고난의 길을 가신 주님을 생각하며 그 고난에 조금이라도 동참할 수 있는 신앙적인 행위가 있게 하여 주시고, 주님의 부활하심을 진정으로 기뻐하며 부활의 주님을 힘써서 알릴 수 있는 부활의 증인이 되게 하여 주시옵소서.
　오직 십자가의 사랑을 이루시기 위해서 모진 고통과 멸시를 감내하셨던 예수 그리스도의 이름으로 기도합니다. 아멘.

여름을 맞이하여

(살전 5:16~18)

"항상 기뻐하라 쉬지 말고 기도하라 범사에 감사하라 이것이 그리스도 예수 안에서 너희를 향하신 하나님의 뜻이니라."

은혜로우신 하나님 아버지!

여름을 주심을 감사합니다. 들녘에는 곡식들이 푸르름을 자랑하며 왕성하게 자라고 있고, 산천에는 신록이 우거져 마치 성장을 경쟁하는 듯 비쳐지고 있습니다.

농부들의 땀방울이 풍요로운 가을을 약속하는 듯 하오며 단비를 촉촉이 받아먹는 대지는 더욱 신록을 우거지도록 하기에, 이러한 자연의 푸르름이 하나님의 은혜를 연상케 하오니 감사하지 않을 수 없나이다.

사랑의 주님!

하오나 여름에는 신앙의 적색 신호등이 켜지기 쉬운 때입니다. 계절적으로 무더운 날씨이기에 육신이 지치고 피곤하여 신앙생활이 게을러지기 쉽사오니 게을러지지 아니하고 오히려 더욱 열심 있는 신앙생활이 이루어 질 수 있도록 이끌어 주시옵소서.

생명 있는 모든 것들이 향기를 발하고, 성숙을 향하여 왕성하게 발돋움하고 있듯이 주님을 위하여 헌신할 수 있는 왕성한 믿음이 있게 하여 주시고, 작렬하는 태양처럼 뜨겁게 타오르는 믿음이 되어서 주님을 더욱 기쁘시게 할 수 있는 믿음의 행위가 있게 하여

| 참고 성구 |
살전 5:6; 히 12:1; 약 1:3-4; 벧후 3:10

주시옵소서.

긍휼의 주님!

올해도 어김없이 홍수가 찾아왔고 그로 인하여 피해를 본 이웃들이 많습니다. 해마다 거듭되는 안타깝고 가슴 아픈 일이지만 비통함에 젖어있는 수재민들에게 위로와 평안을 더하여 주시고, 빨리 아픔을 딛고 일어설 수 있도록 도와주시옵소서.

교회는 주일학교 기관이 여름행사를 진행 중에 있습니다. 이번 행사를 통하여 영원한 가치와 비전이 주님께 있음을 분명히 깨닫는 계기가 되게 하여 주시옵소서.

예수 그리스도의 이름으로 기도합니다. 아멘.

가을을 맞이하여

(시 100:4)

"감사함으로 그의 문에 들어가며 찬송함으로 그의 궁정에 들어가서 그에게 감사하며 그의 이름을 송축할지어다."

풍성한 결실의 계절인 가을을 허락하신 하나님!

하나님께서 창조하신 이 땅을 보면 얼마나 광대하며 오묘하고 신비로운지 감격할 뿐입니다.

지금까지 지내온 모든 것이 주님의 은혜임을 깨닫습니다. 앞으로 나아갈 길도 주님이 지키실 줄 확신하오니 제 믿음의 발걸음을 쉬지 않게 이끌어 주시옵소서.

사랑의 하나님!

이 가을에 사랑의 열매를 더욱 많이 맺게 하여 주시옵소서. 저희를 잠잠히 사랑하시고, 조건 없이 사랑하시며, 끝이 없는 사랑으로 대하시는 그 깊은 사랑을 생각하며 주님께서 관심 가지신 모든 것을 사랑할 수 있게 하시옵소서.

한 영혼을 더욱 사랑하시는 주님의 사랑을 생각하며 영혼 사랑의 열매를 맺는 이 가을이 되게 하여 주시옵소서.

이 가을에 더욱 감사의 열매를 많이 맺기를 원합니다. 환난으로 인하여 감사할 수 있게 하시옵소서. 환난이 저를 주님께로 나아갈 수 있도록 떠밀어 주고 있으니 얼마나 감사한 일이옵니까?

험한 가시밭길을 가면서도 감사할 수 있게 하시옵소서. 모든시

| 참고 성구 |
시 50:14, 69:30, 107:1-9, 136:1-12;
렘 33:11; 고후 9:15; 빌 4:6; 살후 1:3

 련을 감사할 수 있게 하시옵소서. 한 걸음 한 걸을 저를 세밀히 인도하시는 주님의 손길을 가까이서 느낄 수 있으니 얼마나 감사한 일이옵니까?

 지극히 궁핍하고 가진 것이 없어도 감사하게 하시옵소서. 부족한 가운데서도 주님을 더욱 힘써서 섬길 수 있으니 얼마나 감사한 일이옵니까?

 이 가을에 감사의 열매를 더욱 풍성히 맺게 하여 주셔서 모든 것이 주님의 은혜였음을 고백할 수 있게 하여 주시옵소서.

 또한 이 가을에 성령의 열매가 있기를 원합니다. 성령의 열매를 맺음으로 인하여 영적인 풍성함을 귀중한 재산으로 삼을 수 있게 하시옵소서. 이 가을에 더욱 감사하게 하시옵소서.

 예수 그리스도의 이름으로 기도합니다. 아멘.

겨울을 맞이하여

 (엡 4:32)

"서로 친절하게 하며 불쌍히 여기며 서로 용서하기를 하나님이 그리스도 안에서 너희를 용서하심과 같이 하라."

변함없는 사랑으로 돌보시는 하나님 아버지!

이 추운 겨울에 주님이 어두운 이 땅에 친히 오심을 감사합니다. 주님의 사랑이 온 땅에 알려지는 계절이 되기를 원합니다. 주님의 오심이 병든 자와 외롭고 쓸쓸한 이들에게 기쁨의 소식이 되게 하시며, 새 소망 가운데 살아가는 계기가 되게 하시옵소서.

추운 겨울, 동장군이 기승을 부리고 있습니다. 모든 만물이 꽁꽁 얼어있는 이때에 제 신앙도 얼어붙을까 두렵사오니 성령의 불로 제 심령을 뜨겁게 지펴 주셔서 계절을 타지 않는 불붙는 신앙생활을 할 수 있도록 이끌어 주시옵소서.

동면을 취한 짐승들처럼 잠만 자는 신앙인이 되지 말게 하시옵고, 항상 깨어서 주님 맞을 준비를 잘하는 믿음이 되게 하여 주시옵소서.

추운 날씨에 추위와 싸워가는 가련한 이웃들도 있습니다. 돈이 없어서 냉방에서 지내야만 하는 이웃들, 먹을 것이 없어서 얼음물로 텅 빈 뱃속을 달래야만 하는 이웃들, 겨울옷이 없어서 여름옷을 그대로 입고 있어야 하는 이웃들, 일할 곳이 없어서 공원이나 길거리에서 서성거려야만 하는 이웃들이 있습니다.

| 참고 성구 |
마 7:24-27, 24:27; 히 3:14, 10:24-25; 벧전 3:8-9; 요일 2:24

주여!
가난한 이웃들을 긍휼히 여겨 주시옵고, 그들에게도 주님의 따뜻한 사랑이 전달되게 하여 주시옵소서.
저 자신부터 가련한 이웃들을 헤아릴 수 있는 마음을 허락하여 주시고, 주님의 사랑으로 저들의 얼은 발과 얼은 손, 얼은 마음까지도 녹일 수 있는 따뜻한 사랑의 사도가 되게 하여 주시옵소서.
주님!
새해를 맞이하여 새롭게 각오한 것들이 있습니다. 열과 성의를 다하여 이루어 나갈 수 있도록 새 힘을 부어 주시옵소서.
이 겨울에 주님께 더욱 충성하는 일꾼이 되기를 원합니다.
예수 그리스도의 이름으로 기도합니다. 아멘.

나의 기도는 응답되었네

나는 내가 성취할 수 있는 능력을 구했으나
주님은 내가 순종하도록 약함을 주셨네.

나는 내가 더 위대한 일을 할 수 있는 건강을 구했으나
주님은 내가 더 좋은 일을 할 수 있는 은혜를 주셨네.

나는 내가 행복해 질 수 있는 부귀를 구했으나
주님은 내가 지혜로운 사람이 되도록 가난을 주셨네.

나는 내가 찬양의 사람이 되도록 능력을 구했으나
주님은 내가 하나님의 필요를 느끼도록 약함을 주셨네.

나는 내가 삶을 즐길 수 있는 모든 것을 구했으나
주님은 내가 모든 것을 즐길 수 있는 영생을 주셨네.

나는 내가 구하며 소망한 모든 것을 하나도 받지 못했지만
나의 기도는 응답되었네.

회개, 고난, 고통을 당할 때의 기도문

(1) 죄를 지었을 때
(2) 회개하고 싶을 때
(3) 고난을 당했을 때
(4) 고난이 깊어질 때
(5) 시험을 당했을 때
(6) 시험이 깊어질 때
(7) 환난을 당했을 때
(8) 재난을 당했을 때
(9) 힘들고 지쳤을 때
(10) 고독할 때
(11) 억울한 일을 당했을 때
(12) 배신 당했을 때
(13) 물질의 손해를 당했을 때
(14) 물질의 어려움을 당할 때
(15) 가난 중에 있을 때
(16) 용서가 필요할 때
(17) 어려운 일만 일어날 때
(18) 불안과 초조가 엄습할 때
(19) 죽고 싶은 충동을 느낄 때
(20) 인내가 필요할 때

죄를 지었을 때

(시 32:5)

"내가 이르기를 내 허물을 여호와께 자복하리라 하고 주께 내 죄를 아뢰고 내 죄악을 숨기지 아니하였더니 곧 주께서 내 죄악을 사하셨나이다."

자비로우신 하나님 아버지!

상한 갈대를 꺾지 아니하시며, 꺼져가는 심지도 끄지 아니하시는 하나님이심을 믿습니다.

상하고 통회하는 심령을 멸시치 아니하시는 하나님이심을 믿습니다. 회개하는 자에게 용서의 은총을 베푸시는 하나님이심을 믿습니다.

주여! 저의 모든 죄 짐을 주님 앞에 내려놓습니다. 주님의 권고를 듣지 아니하고 육욕을 따라 세상이 원하는 대로 살았던 이 죄인을 용서하여 주시옵소서.

주님의 계명을 제대로 지키지도 아니하고, 주님의 말씀을 한 말씀이라도 순종하지 못했던 이 죄인을 용서하여 주시옵소서.

주님의 명령을 가볍게 여기고 충성하기를 게을리 했던 이 죄인을 용서하여 주시옵소서. 신앙생활은 열심히 하되 외식과 형식에만 치우쳐 있었던 이 죄인을 용서하여 주시옵소서.

남을 판단하고 정죄하기만 했지, 구체적인 사랑의 실천을 한 번도 해보지 못했던 이 죄인을 용서하여 주시옵소서. 여전히 제 자신의 명예나 체면을 중시하고 주님의 성품을 닮아가기를 게을리 했던

| 참고 성구 |
사 1:18; 렘 31:34; 요일 1:8-10

이 죄인을 용서하여 주시옵소서. 죄로 더렵혀진 이 죄인을 보혈의 공로로 깨끗하게 하시며 성령의 불로써 이 죄인의 죄악을 소멸하여 주시기를 원합니다.

교만과 고집이 깨지게 하여 주시며, 탐심과 욕망이 깨지게 하여 주시며, 허영과 사치가 깨지게 하여 주시며 음란과 정욕이 깨지게 하여 주시옵소서.

주님의 십자가 앞에 다시 나왔습니다. 이 시간 저의 부패한 성품에 성령의 세례가 있게 하여 주시고 영혼을 새롭게 하여 주시며 주님의 은혜를 회복시켜 주시옵소서.

오직 주님을 제 삶의 주님으로 모시고 말씀과 성령의 감화를 따라 하나님의 영광을 나타내는 삶을 살 수 있도록 변화시켜 주시옵소서. 주님께 제 모든 삶의 초점을 맞추고 주님의 뜻을 이루는 삶을 살게 하여 주시옵소서.

죄를 사하시는 예수 그리스도의 이름으로 기도합니다. 아멘.

✿ 회개하고 싶을 때

(시 51:17)

"하나님께서 구하시는 제사는 상한 심령이라 하나님이여 상하고 통회하는 마음을 주께서 멸시하지 아니하시리이다."

상하고 통회하는 심령을 멸시치 아니하시는 하나님 아버지!

주님께 지은 죄가 많아서 회개하기를 원합니다. 주님의 뜻대로 산다고는 했지만 사실상 위선적인 신앙생활을 할 때가 얼마나 많았는지 모릅니다.

겉으로는 사람에게 옳게 보이되 안으로는 외식과 불법이 가득했던 저의 모습이었습니다.

외식하는 서기관들과 바리새인들처럼 잔과 대접의 겉은 깨끗이 하되 그 안에는 탐욕과 방탕으로 가득했던 제 모습이었습니다. 율법적인 신앙생활은 열심히 했으되 실제적으로 주님의 성품을 닮아가지 못했고, 신앙을 갖기 전과 지금의 모습을 비교해 볼 때 특별히 변화 된 것이 없나이다.

말로만 사랑한다고 했으며, 기도는 했으되 구체적인 사랑의 실천은 하지 못했습니다. 사랑에 대해 잘못된 관념을 가지고 죄 짓는 것을 합리화 할 때도 있었습니다. 제가 잘못했음에도 불구하고 그것을 다른 사람에게 책임전가 할 때도 있었습니다.

이 시간 주님께 통회하며 자복하오니 저의 회개하는 심령을 긍휼히 여겨 주시기를 원합니다.

| 참고 성구 |
욥 42:49; 시 7:12, 32:5; 사 1:18; 렘 31:34;
눅 5:32, 15:7; 요일 1:9

　죄로 더럽혀진 이 못난 죄인의 심령을 보혈의 공로로 깨끗하게 씻어주시고, 성령의 불로 태워 주시옵소서. 악은 모양이라도 버릴 수 있도록 성령님이 온전히 제 마음을 지배하여 주시옵고, 간사함이나 사악함이 제 마음에 뿌리 내리지 않도록 성령의 검으로 지켜 주시기를 원합니다.
　주님의 겸손을 배우게 하여 주시고, 주님처럼 낮아지게 하여 주시옵소서. 주님의 십자가 희생의 사랑을 본받아 주님의 영광을 드러내고 주님의 뜻을 쫓아갈 수 있는 이 죄인이 되게 하여 주시옵소서. 앞으로는 좀 더 깨끗한 심령으로 주님을 대할 수 있는 이 죄인이 될 수 있도록 크신 은혜를 베풀어 주시옵소서.
　이 못난 죄인의 죄를 사하여 주시고 정결케 하여 주심을 믿사옵고 예수 그리스도의 이름으로 기도합니다. 아멘.

고난을 당했을 때

(빌 1:29)

"그리스도를 위하여 너희에게 은혜를 주신 것은 다만 그를 믿을 뿐 아니라 또한 그를 위하여 고난도 받게 하려 하심이라."

재앙을 내리기도 하시고 거두기도 하시는 주님!
한없이 부족한 저에게도 고난에 동참할 수 있는 은혜를 내려주시니 감사합니다.
주님의 그 크신 은혜를 생각하며 간구하옵기는 맹목적인 고난이 아닌 고난당하는 이유가 무엇인지 분명해 깨닫기를 원합니다.
무지한 죄인이 고난의 이유를 깨닫지 못하여 주님께 더 큰 죄를 짓는 불평과 원망의 자리로 나아가게 될까 두렵사오니 긍휼을 베푸사 고난을 깨닫는 지혜를 주시기를 원합니다.
고난당할 때 더욱 기도할 것을 권면하신 주님!
고난을 받을수록 더욱 더 주님을 의지하는 가운데 기도하게 하시옵소서.
고난 가운데서도 낙심치 아니하고 주님의 능력과 사랑을 체험하는 기회가 되게 하여 주시옵소서.
고난 중에 더욱 겸손하여지는 법을 배울 수 있게 하여 주시고 인내하는 인격이 더욱 성숙되게 하여 주시옵소서.
주님의 백성들에게는 합력하여 선을 이루시는 주님이신 것을 믿습니다. 제게 불필요한 고난을 주신 것이 아니라 유익을 더하시는

| 참고 성구 |

민 20:14; 욥 5:7, 36:6; 시 34:19; 사 49:13; 롬 8:17-18;
고후 1:7; 골 1:24; 딤후 1:8; 약 5:17; 벧전 3:14

고난을 허락하신 것을 믿습니다. 제가 겪는 고난이 오래 지속된다 할지라도 합력 하여 선을 이루시는 주님을 굳게 믿고 담대하게 나아가게 하여 주시고, 고난이 크면 클수록 주님과 더불어 받게 될 영광도 더욱 크다는 것을 생각하며 감사가 넘치는 믿음이 되게 하여 주시옵소서.

다윗이 사망의 음침한 골짜기로 다닐찌라도 결코 두려워하지 않았던 것은 주님이 함께 하셨기 때문입니다. 부족한 저에게도 동행하셔서 당면한 고난 앞에서 능히 이기게 하실 것을 믿습니다.

상한 심령을 위로하시고 부르짖는 자의 간구를 거절치 아니하시는 주님이심을 믿으며 예수 그리스도의 이름으로 기도합니다.

아멘.

고난이 깊어질 때

(시 42:1)

"하나님이여 사슴이 시냇물을 찾기에 갈급함 같이 내 영혼이 주를 찾기에 갈급하니이다."

고난당하는 자를 능히 도우시는 주님!

부족한 저도 극한 고난 속에서 간구하오니 구원하여 주시고 이 어려움을 능히 극복해 낼 수 있는 새 힘을 허락하여 주시기를 원합니다.

고난이 오래 지속되다 보니 하나님을 불신하고 실족하여 넘어질까 두렵습니다. 믿음의 자리에서 이탈하여 좌절의 깊은 늪으로 빠져버리는 것은 아닐까 심히 괴롭습니다.

시험 당할 즈음에 피할 길을 주사 능히 감당케 해 주시는 주님!

극한 고난 속에서 고통이 더해지는 연약한 저를 긍휼히 여기시고 주님의 크신 팔로 구원하여 주시기를 원합니다.

고난으로 인하여 심히 지쳐있사오니 건져주시옵소서. 평안을 잃은 제 마음에 평안을 주시고, 슬픔으로 가득찬 제 마음에 위로를 주시옵소서.

끝까지 기도할 수 있는 힘을 더하여 주시옵소서.

끝까지 주님만을 바라볼 수 있는 용기를 더하여 주시옵소서.

지친 영혼을 일으켜 주시사 고난 속에 숨겨진 주님의 크신 뜻을 깨닫게 하시옵소서.

| 참고 성구 |
욥기 23:10; 시편 42:1-11, 46:1-3, 57:1-3, 70:1-5, 71:1-24, 84:1-12;
렘 2:27; 마 24:13; 행 4:22, 9:3-19; 고후 4:8-11; 약 5:13

    혹 저의 교만이나 강퍅한 심령 때문에 고난이 지속되고 있는 것이라면 마음을 쏟고 영혼을 쏟아 회개할 수 있는 마음을 주시옵소서. 제게 주님 보다 다른 것을 더 의지하고 바라고 있는 위선이 있다면 성령의 불로 태워 주시기를 원합니다.

    주님만이 고난 속에 있는 저를 건지실 수 있는 진정한 구원자이심을 믿습니다. 피할 길도 열어 주시는 피난처이심을 믿습니다.

    오. 주여!

    사망의 음침한 골짜기를 헤매고 있는 이 영혼을 불쌍히 여겨 주시옵소서.

    구원자이신 예수 그리스도의 이름으로 기도합니다. 아멘.

시험을 당했을 때

(고전 10:13)

"사람이 감당할 시험 밖에는 너희가 당한 것이 없나니 오직 하나님은 미쁘사 너희가 감당하지 못할 시험 당함을 허락하지 아니하시고 시험 당할 즈음에 또한 피할 길을 내사 너희로 능히 감당하게 하시느니라."

자비하시고 거룩하신 주님!

주님께서는 하늘 위에 높이 계시지만 몸소 고난을 받으심으로 저희의 연약을 아시고 저희를 도우심을 감사 드립니다. 제게 원치 않은 시험이 찾아왔으나, 또한 시험이 찾아온 정확한 이유는 깨닫지 못하겠사오나 주님의 사랑의 손길인 것은 조금도 의심치 않습니다.

주님을 의지하는 자에게 유익을 더하시는 하나님이신 것을 확신합니다. 마음을 어지럽히는 모든 부정적이고 파괴적인 생각들을 버리고 믿음의 주요 온전케 하시는 이인 예수님만을 온전히 바라보게 (히12:2)하시옵소서.

이 연단의 기간이 짧은 것은 저의 간절한 바람이오나 주님이 작정하신 것이라면 길어진들 어떻겠습니까? 다만 끝까지 인내할 수 있는 강하고 담대한 마음을 주시기를 원합니다. 믿음 위에 굳게 서서 조금도 흔들리지 않게 하시기를 원합니다. 주님이 곁에 계심을 항상 느끼게 하여 주시옵소서.

눈에는 아무 증거 안보이고 귀에는 아무 소리 안 들려도, 손에는 아무것도 잡히는 것이 없어도.

| 참고 성구 |

창 22:1; 출 20:20; 신 8:2, 16, 13:3; 삿 2:22; 시 17:3, 26:2, 66:10, 139:23; 렘 20:12; 마 26:41; 롬 8:37; 고전 10:13; 고후 2:14; 딤전 6:9; 히 2:18, 11:17; 약 1:2; 벧후 2:9; 요일 2:13

"시험을 참는 자는 복이 있나니 이는 시련을 견디어 낸 자가 주께서 자기를 사랑하는 자들에게 약속하신 생명의 면류관을 얻을것이기 때문이라"(약 1:12)고 약속하신 주님의 말씀을 붙들고 이 어렵고 힘든 시기를 잘 인내하며 승리할 수 있도록 도와 주시옵소서.

주님이 사랑하시는 자에게 허락하신 시험은 전적으로 시험 당하는 자에게 엄청난 주님의 은혜를 체험케 하시기 위한 것임을 믿습니다.

욥이 엄청난 시험을 통과한 후에 비로서 귀로만 듣던 하나님을 눈으로 볼 수 있는 주님의 은총이 내려졌듯이(욥 42:5) 부족한 저에게도 그와 같은 주님의 은총이 있게 하여 주실 것을 확신합니다.

어렵고 힘든 때에 실족하지 아니하고 더욱 주님께 가까이 나아가 기도하게 하시니 감사합니다. 계신 곳 하늘에서 시험 당하는 자들을 능히 도우시고 하나님의 우편에서 도고하고 계시는 예수 그리스도의 이름으로 기도합니다. 아멘.

시험이 깊어 질 때

(약 5:11)

"보라 인내하는 자를 우리가 복되다 하나니 너희가 욥의 인내를 들었고 주께서 주신 결말을 보았거니와 주는 가장 자비하시고 긍휼히 여기시는 이시니라."

긍휼이 풍성하신 하나님 아버지!

연단이 지속되는 가운데서도 주님을 향하여 원망하지 않도록 생각과 마음을 지켜 주심을 감사합니다.

때로는 마음이 흔들릴 때도 있었사오나 그때마다 성령님의 도우심으로 이길 수 있었사옵니다. 이 연단을 통하여 먼저 저의 인격이 변화되는 것을 체험케 하시니 주님의 은혜에 감사하지 않을 수 없사옵니다.

그 동안 하나님을 잘못 섬긴 것은 아닌지 반성해 보았습니다.

주님의 뜻을 따라 바로 살지 못했던 것은 아닌지 반성해 보았습니다. 주님을 위하여 일한다고 하면서도 내 자신만을 앞세웠던 것은 아닌지 반성해 보았습니다.

열심을 다한다고 하면서도 외식과 형식에 치우쳤던 신앙의 모습은 아니었는지 반성해 보았습니다. 순종한다고 하면서도 온전한 순종을 드리지 못했던 제 자신은 아니었는지 반성해 보았습니다.

목사님, 교우들, 주변 사람의 마음을 아프게 하거나 실족하게 한 일은 없었는지 반성해 보았습니다.

오! 주님!

| 참고 성구 |
욥 1:21, 2:10, 23:10; 시 18:1-3, 고전 23:1-6, 50:23, 88:14, 89:26; 슥 13:9; 고전 10:13; 약 1:2; 계 3:10

주님 앞에 엎드려 기도할 때마다 제게는 온통 눈물로 회개할 것뿐이었습니다. 제게 이렇게 연단이 지속되게 하시는 것은 먼저 이 죄인을 온전히 변화시키시려는 주님의 관심과 사랑인 것을 깨닫고 확신합니다.

오! 주님,

이번 연단을 통하여 이 죄인을 철저히 깨뜨려 주시옵고 주님의 심장을 가진 사람으로 온전히 거듭나게 하시옵소서.

제 자신의 철저한 변화가 있게 하여 주시옵소서. 날마다 죽을 수 있는 인격의 변화가 있게 하여 주시옵소서. 그리하여 환경의 변화는 없을지라도 제 자신이 이 연단으로부터 승리하게 하여 주시옵소서. 언제나 새롭게 하시는 예수 그리스도의 이름으로 기도합니다. 아멘.

☙ 환난을 당했을 때

(시 50:15)

"환난 날에 나를 부르라 내가 너를 건지리니 네가 나를 영화롭게 하리로다."

사랑의 주님!
환난을 인하여 더욱 기도하게 하시니 감사합니다.
환난을 인하여 더욱 찬송하게 하시니 감사합니다.
환난을 인하여 더욱 주님을 의지할 수 있도록 인도 하시니 감사합니다.
더욱 감사한 것은 죄 많고 부족한 저에게도 환난을 겪을 수 있는 은혜를 주시니 주님의 그 사랑 말로다 형용할 길이 없나이다.
환난을 겪어야 할 것을 말씀하신 주님!
그러나 "너희가 환난을 당하나 담대하라 내가 세상을 이기었노라"(요16:33)고 말씀하신 주님,
환난을 인하여 더욱 믿음이 성숙되는 자리로 나아가게 하시고, 환난 중에도 믿음을 지켰던 신앙 선배들의 전천후 믿음을 닮아 가는 계기가 되게 하시옵소서. 환난 중에도 기쁨을 잃지 않기를 원합니다.
받는 괴로움과 고통을 인하여 넘어지지 않게 하여 주시고 사도 바울처럼 오히려 기뻐하고 즐거워 할 수 있는 은총을 더하여 주시옵소서.

| 참고 성구 |
창 35:3; 삼하 22:7; 시 18:6, 32:7, 46:1, 66:4, 121:7;
렘 15:11; 겔 1:20; 요16:33; 행 7:10; 롬 8:35, 12:12;
고후 1:4,6, 6:4, 8:2; 살전 3:4; 계 2:9

　환난 속에 숨겨진 주님의 섭리를 깨닫게 하여 주시고, 환난 속에 숨겨진 주님의 축복을 받아 누릴 수 있도록 하여 주시옵소서.
　환난이 오래도록 지속된다 할지라도 실족하지 않도록 도와주시고 믿음의 승리를 보여줄 수 있는 담대함을 주시옵소서.
　또한 환난 중에도 주님과 함께 하는 삶이 무엇인지를 보여줄 수 있는 증거자가 되게 하여 주시고, 부정적이거나 파괴적인 생각이 들지 않도록 주님의 지혜로 충만케 하여 주시옵소서.
　혹시라도 자만하거나 교만하게 될까 두렵사오니 부족한 제 마음을 주님의 말씀으로 다스려 주시옵고, 겸손의 본을 보이신 주님을 온전히 바라보게 하여 주시옵소서.
　환난 당하는 자를 능히 도우시고 승리케 하시는 예수 그리스도의 이름으로 기도합니다. 아멘.

재난을 당했을 때

(삼상 2:6)

"여호와는 죽이기도 하시고 살리기도 하시며 스올에 내리게도 하시고 거기에서 올리기도 하시는도다."

인간의 생사화복을 주관하시는 하나님 아버지!

뜻하지 않은 갑작스러운 재난을 당하여 받은 충격이 이루 말할 수 없사오나 그 가운데서도 주님을 향하여 기도할 수 있게 하시니 감사합니다.

금번의 일을 통하여 넘어지거나 실족함이 없도록 이 연약한 몸을 강하게 붙들어 주시옵고, 믿음으로 이겨낼 수 있도록 도와주시옵소서.

마음이 무너질 때가 많을 것입니다. 위로의 주님께서 그때마다 이 연약한 종의 상한 심령을 위로하여 주시옵고, 소망을 가지고 끝까지 주님만을 바라보게 하여 주시옵소서.

부자 욥이 하루아침에 거지같이 가난한 자가 되고 육체의 질병으로 말할 수 없이 고통을 당하면서도 주님을 원망하지 않았던 것처럼 이 연약한 종에게도 주님을 향한 원망이나 불평이 없도록 입술의 정결함을 더하여 주시옵소서.

욥이 "주신 이도 여호와시요 거두신 이도 여호와시오니 여호와의 이름이 찬송을 받으실지니이다"(욥 1:21)라고 주님을 찬양했던 것처럼 이 연약한 종도 주님을 더욱 찬송할 수 있도록 은총을 더하

| 참고 성구 |
욥 1:21; 시 12:1; 13:1-6, 17:1-15; 잠 27:1;
사 41:10, 43:1-3; 고후 4:8-9

여 주시옵소서. 사방을 우겨 쌈을 당하는 일이 더욱 발생한다 할지라도 두렵지않게 하여 주시고, 답답한 일이 더욱 마음을 무겁게 짓누른다 할지라도 결코 낙심치 않게 하여 주시옵소서.

우리 주님이 십자가에서 승리하심으로 말미암아 골고다 죽음의 언덕을 생명의 언덕으로 바꾸셨던 것처럼 이 연약한 종도 이번 재난을 통하여 주님의 십자가의 승리를 체험케 하여 주시옵소서.

승리의 주님이신 예수 그리스도의 이름으로 기도합니다. 아멘.

❧ 힘들고 지쳤을 때

(시 18:2)

"여호와는 나의 반석이시요 나의 요새시요 나를 건지시는 이시요 나의 하나님이시요 내가 그 안에 피할 나의 바위시요 나의 방패시요 나의 구원의 뿔이시요 나의 산성이시로다."

힘과 능력이신 하나님!

힘들고 지친 가운데서도 주님을 바라볼 수 있도록 은혜 주심을 감사합니다.

주님, 이 몸이 매우 지쳐 있습니다. 인간의 눈으로 볼 때 사방으로 길이 막혀 있고 제 힘으로는 도무지 길이 없습니다.

해결할 수 없는 처지에서, 가족도, 친구도 저를 도와 줄 수가 없으며 오히려 그들은 저를 낙담케 하는 말들만 하고 있습니다.

아무리 둘러보아도 제게 위로될만한 사람 없이 저는 홀로 광야의 길을 걷고 있는 것처럼 힘들고 외로운 처지에 놓여 있습니다.

소망의 하나님!

이 세상에서 제가 의지할 것이라고는 아무것도 없습니다.

주님이 "세상 끝 날까지 너희와 항상 함께 있으리라"(마 28:20) 약속하셨사오니 힘들고 지쳐 있는 저에게 오셔서 이 영혼을 새롭게 하여 주시옵소서.

주여!

세상 모든 사람들이 등을 돌리고 제 곁을 떠난다 할지라도 우리 주님은 저를 떠나지 아니하시고 끝까지 동행하여 주실 것을 믿습

| 참고 성구 |
시 9:10, 10:14, 25:2, 26:1, 28:7, 31:6, 40:3-4, 52:9;
잠 3:5-6,26, 29:25, 30:5; 사 50:10; 미 7:5

니다. 제가 당하는 고통에 주님도 함께 동참하고 계시는 줄 믿습니다. 고독이 깊어지고 외로움이 살갗을 파고든다 할지라도 그 때마다 주님과 더욱 깊은 만남이 이루어 질 수 있도록 인도하여 주시옵소서.

언제일지는 몰라도 이 먹구름이 물러가고 밝은 빛이 비치는 그 날이 올 것임을 믿습니다. 그때까지 인내할 수 있는 힘을 주시고 견딜 수 있는 힘을 주시고, 이길 수 있는 힘을 주시옵소서.

주여!

참으로 주님을 의지하는 것이 기쁘고, 주님의 사랑을 입고 살아가는 것이 진정으로 복된 것임을 깨닫습니다.

예수 그리스도의 이름으로 기도합니다. 아멘.

고독 할 때

(시 28:7)

"여호와는 나의 힘과 나의 방패이시니 내 마음이 그를 의지하여 도움을 얻었도다 그러므로 내 마음이 크게 기뻐하며 내 노래로 그를 찬송하리로다."

위로의 주님!

언제나 저와 함께 하시고 저를 붙들어 주시는 주님이신 것을 알면서도 지금 말할 수 없는 고독이 밀려오고 있습니다. 이 고독감을 이기지 못하여 괴로워하는 이 연약한 죄인을 긍휼이 여겨 주시옵소서.

우리 주님은 저의 처지와 절망, 제 눈물을 아시고 저에게 가장 합당한 방법으로 다가오시면서 저의 이름을 부르시는 주님이심을 믿습니다. 저를 치료하시고 고치실 수 있는 주님이심을 믿습니다.

주여!

저의 아픔을 아시지요? 저의 분노를 아시지요?

저의 속상함과 저의 고통을 아시지요?

저의 억울함을 아시고, 저의 방황을 아시지요?

저의 무기력함을 아시고 저의 어쩔 수 없는 좌절을 아시지요?

저의 부끄러움을 아시지요?

주여!

이 괴로움에서 건져주시옵소서. 매일 탄식뿐이고, 매일 고독을 식탁으로 마주 합니다. 주님의 음성을 들려주시옵소서.

| 참고 성구 |
시 9:10, 10:14, 25:2, 26:1, 28:7, 31:6; 사 50:10; 미 7:5

    어둠에 갇혀있는 이 죄인에게 밝은 빛을 비쳐 주시옵소서. 앞뒤로 꽉 막혀 있는 이 죄인의 길을 열어 주시옵소서.
    에바다!
    이 죄인에게 열리라는 주님의 구원이 있기를 원합니다. 이 상태로는 하루 하루를 견디어 나가는 것이 너무나 힘들고 어렵습니다. 새로운 삶을 열어 주시고 새로운 세상을 열어주시옵소서.
    살고 싶습니다. 일어나고 싶습니다. 이 고독의 자리에서 벗어나고 싶습니다. 우리 주님은 체휼하시는 주님이심을 믿습니다. 동정을 베푸시고, 함께 느끼시고, 공감하시는 주님이심을 믿습니다. 지금 제게로 다가오시는 주님의 모습을 느끼고 싶습니다. 저의 떨리는 손을 어루만지시고, 제 상처를 만지시고, 제 마음을 만지시는 주님을 만나고 싶습니다.
    주여! 이 죄인을 이 고독의 늪에서 건져 주시옵소서.
    예수그리스도의 이름으로 기도합니다. 아멘.

억울한 일을 당했을 때

(애 3:59)

"여호와여 나의 억울함을 보셨사오니 나를 위하여 원통함을 풀어주옵소서."

사랑의 주님!

어렵고 힘들 때 주님 앞에 나와 기도할 수 있게 하시니 감사합니다. 주님만이 저의 힘이시고 반석이심을 믿습니다. 억울함을 신원하시며, 위로와 평안을 주시는 주님이심을 믿습니다.

주여!

저는 지금 말할 수 없는 실망과 좌절을 안고 주님 앞에 나왔습니다. 너무나 억울한 일을 당했습니다. 열길 물속은 알아도 한 길 사람 속은 모른다고 하지만 이렇게 억울한 일을 당하고 보니 가슴이 터질 것만 같고 분노심에 잠을 이룰 수 없습니다.

그는 제게 물질의 피해를 안겨주었고, 누명까지 씌우고 있습니다. 그토록 믿었던 사람이었는데 그런 사람이 저렇게까지 돌변할 수 있다는 것이 믿겨지질 않습니다.

제게 이런 고통과 괴로움을 안겨 주리라고 상상치도 못했습니다. 너무나 어처구니없는 일을 당하고보니 심한 좌절감과 허무감마저 듭니다.

그 사람을 생각할 때마다 일이 손에 잡히지 않고, 밥도 제대로 먹을 수 없습니다.

| 참고 성구 |

창 16:13; 욥 36:5-6; 시 140:12-13; 잠 22:23;
애 3:33, 55-58; 미 7:9; 계 18:20

주여!

공평하고 자비하신 주님께 저의 억울함을 맡기오니 위로와 평안을 허락하여 주시옵소서. 분노심이 마음을 괴롭힙니다. 억울함에 피가 역류하는 것 같습니다. 그를 정죄하고픈 마음이 불일 듯 일어납니다.

주여!

주님의 마음을 품을 수 있도록 은혜를 부어 주시옵소서. 억울한 일을 당하고 보니 저는 아직도 성화 되지 못한 죄인임을 깨닫습니다. 이번 일로 인하여 이 죄인이 주님의 사람으로 온전히 거듭나게 하여 주시고, 주님의 용서를 배우게 하여 주시옵소서.

무엇을 하든지 지나치게 사람을 의지하는 일이 없게 하여 주시고, 언제나 성실하시고 신실하신 주님만을 의지하며 바라볼 수 있게 하여 주시옵소서.

제 마음을 아시는 예수 그리스도의 이름으로 기도합니다. 아멘.

배신 당했을 때

(골 3:13)

"누가 누구에게 불만이 있거든 서로 용납하여 피차 용서하되 주께서 너희를 용서하신 것 같이 너희도 그리하고."

길이 참으시는 하나님 아버지!

마음의 상처로 인하여 주님 앞에 나와 기도할 수 있게 하시니 감사합니다.

제 마음은 지금 말할 수 없는 실망으로 가득 차 있습니다. 믿고 사랑하여 일을 맡겼던 사람으로부터 심한 상처를 입었습니다.

원수가 아니라 믿고 사랑하였던 사람에게서 배신을 당했습니다. 그러기에 제 마음이 더욱 아프고 괴롭고 분노심을 감출 길 없습니다. 심한 좌절감과 함께 허탈감마저 듭니다.

그토록 믿고 사랑했던 그였는데 그가 왜 그래야만 했는지 도무지 이해가 안가고 납득이 가질 않습니다.

그를 생각하면 온 몸이 부들부들 떨립니다. 그에게로 당장 달려가서 험한 행동을 보이고 싶은 마음이 불일 듯 일어나고 있습니다. 그를 정죄하고 복수하고픈 마음이 파도처럼 일어나고 있습니다.

주여!

멍든 이 죄인의 마음을 다스려 주시고 치료하여 주시옵소서. 마음이 불안하고 초조하여 꼭 무슨 일을 저지르고 말 것만 같습니다. 쓰라린 배신을 경험하면서 주님께서도 따르던 무리들과 제자로 부

| 참고 성구 |
창 50:17; 시 119:86; 잠 11:13, 14:5, 19:11; 호 11:12;
마 6:14-15; 눅 6:36-37; 고후 2:10

터 배신 당하셨을 때 저처럼 괴로우셨을 것이라고 생각해 봅니다. 그러나 주님은 배신한 자들을 용서하시고 그들을 위하여 기도하셨습니다. 용서할 수만 있다면 그를 용서하고 싶습니다. 그러나 지금의 이 마음으로는 그를 용서 한다는 것이 매우 어렵습니다.

시간이 지나면 분노심으로 이글거렸던 제 마음도 안정을 찾게 되겠지요. 그를 품어줄 수 있는 관용도 제 마음에 찾아오겠지요.

하루 빨리 이 악몽을 벗어나고 싶습니다. 주님, 제 생각과 제 마음을 속히 다스려 주시어서 평안히 있게 하여 주시옵소서.

사랑과 용서에 모본을 보이신 주님을 본받아 어서 속히 용서로 악을 이길 수 있도록 인도하여 주시옵소서. 신실하신 주님을 의지합니다.

예수 그리스도의 이름으로 기도합니다. 아멘.

물질의 손해를 당했을 때

(마 6:24)

"한 사람이 두 주인을 섬기지 못할 것이니 혹 이를 미워하고 저를 사랑하거나 혹 이를 중히 여기고 저를 경히 여김이라 너희가 하나님과 재물을 겸하여 섬기지 못하느니라."

참으로 좋으신 하나님 아버지!

언제나 구하는 자에게 좋은 것으로 주시며, 또한 주시되 넘치도록 풍성히 주시는 하나님께 감사와 찬양을 드립니다.

주여!

최근에 저는 경제적인 큰 타격을 입었습니다. 영적인 일을 소홀히 하고 육신의 일에만 매달렸던 당연한 결과라고 생각합니다.

주님을 멀리하는 삶을 살고 있는 저를 어찌 그냥 내버려두시겠습니까?

물질적인 큰 손해를 본 것은 주님의 사랑의 징계라고 믿고 있습니다. 재물에 현혹되어 눈이 멀고 귀가 어두워져 주님의 음성을 듣지 못했던 지난날의 어리석은 삶을 진심으로 뉘우치며 주님의 도우심을 구합니다. 이 영혼을 불쌍히 여겨 주시옵소서.

이제 다시는 사라질 헛 된 재물에 마음을 두지 말게 하여 주시옵고 오직 영원하신 주님만 바라보며 하나님 나라의 신령한 것을 사모하게 하여 주시옵소서.

물질을 잃은 것 보다 더 안타까운 것은 물질로 인하여 영적인 리듬마저 잃어버렸사오니 이 죄인을 긍휼히 여겨 주셔서 영적인 회

| 참고 성구 |
대하 1:12, 21:14; 욥 20:15, 31:24-25; 시 49:6, 52:7;
잠 3:9, 8:18-21, 21:6, 23:5; 전 5:19; 렘 51:13;
마 6:24; 눅 12:20-21; 요일 3:17

복이 있게 하여 주시옵소서.

이번 일로 인하여 "많은 재물보다 명예를 택할 것이요 은이나 금보다 은총을 더욱 택할 것이니라"(잠22:1)라는 주님의 말씀을 깊이 깨달았습니다.

다시는 재물에 우선권을 두는 일이 없게 하여 주시고, 늘 주님께 우선권을 두고 사는 삶이 되게 하여 주시옵소서.

저로 인하여 가족도 어려움을 당하고 있습니다. 합력하여 선을 이루시는 주님을 의지하는 믿음을 주시고, 큰 위기를 큰 축복으로 바꾸시는 주님의 은총을 조금도 의심치 않게 하여 주시옵소서.

이제는 오직 주님께만 소망을 두고, 하나님의 선한 청지기로 살 것을 다짐합니다. 이 결심이 조금도 흔들리지 않도록 생각과 마음을 붙들어 주시옵소서.

예수 그리스도의 이름으로 기도합니다. 아멘.

 물질의 어려움을 당했을 때

(시 5:2)

"나의 왕, 나의 하나님이여 내가 부르짖는 소리를 들으소서 내가 주께 기도하나이다."

사랑이 많으시고 거룩하신 하나님 아버지!

저희 가정에 날마다 영육간의 필요를 공급해 주시고 하는 일마다 형통케 하시며 평안의 복을 더하여 주심을 감사드립니다.

선한 목자 되신 주님을 더욱 의지하는 저희 가정이 되게 하여 주시옵소서.

주님!

최근에 저희 가정이 물질의 어려움을 당하고 있습니다. 하나님의 선하신 손길을 의지하기에 믿음으로 잘 이겨 나가고 있사오나 때로는 마음의 평안을 찾지 못하고 불안해 할 때도 있습니다.

세상에서는 보잘 것 없고 하찮은 직업이지만 삶 속에서 주님의 영광을 나타내라고 주님이 제게 허락하신 사명으로 알고 최선을 다했는데 물질로 인한 어려움이 저희 가정을 괴롭히고 있습니다.

성실히 일하여 수고의 열매로 얻은 것을 세상 쾌락을 위해 낭비한적도 없고, 탐욕으로 허랑 방탕한 적은 더욱 없나이다. 혹 제가 주님을 온전히 의지하지 않고, 제 생각만으로 하려고 했던 자만과 방만함이 있었다면 회개하오니 용서하여 주시옵고 이 곤경에서 돌이키시고 회복시켜 주시기를 갈망합니다.

| 참고 성구 |
출 16:2; 시 111:5; 사 22:13, 55:2; 레 26:3-4; 마 6:24

　주님께서는 "환난 날에 나를 부르라 내가 너를 건지리니 네가 나를 영화롭게 하리로다"(시50:15)고 하셨사오니, 어려운 때에 불평하거나 원망하지 아니하고 주님께 도우심을 간구하오니 외면하지 마시옵소서.
　이 어려움에서 건져 주시고 구원하여 주시옵소서. 우리 주님은 선하시고 자비로우셔서 당신을 의지하는 자를 내치지 아니하시고 온갖 선한 것으로 채우시는 분이심을 믿습니다. 영혼이 잘되고 범사가 잘되고 강건하기를 원하시는 분이심을 믿습니다. 오늘은 어제보다 낫고 내일은 오늘보다 나은 복과 승리의 삶을 살게 하여 주시는 주님이심을 믿습니다.
　참으로 하나님을 의지하는 것이 진정 복된 길이요 하나님의 사랑을 입고 살아가는 것이 참된 삶임을 믿습니다. 저와 가족들이 물질로 인한 이 어려움의 시기를 결코 마음이 흔들리지 아니하고 믿음으로 승리할 수 있도록 이끌어 주실 것을 믿습니다.
　예수 그리스도의 이름으로 기노합니다. 아멘.

가난 중에 있을 때

(삼상 2:7)

"여호와는 가난하게도 하시고 부하게도 하시며 낮추기도 하시고 높이기도 하시는도다."

부하게도 하시고 가난하게도 하시는 하나님!
인간의 생사화복이 주님께 있음을 깨닫습니다.
합력하여 선을 이루시는 하나님이신것을 확신하고 있지만 오래도록 가난 가운데 놓여 있다 보니 가난한 생활이 싫증이 나고 짜증스러울때가 있습니다. 저도 세상의 가치관에 눈 먼 어쩔 수 없는 인간인가 봅니다.
제게 주어진 이 가난한 현실을 인정하며 믿음의 도리를 굳게 지키려고 힘을 썼지만 늘 무너지고 있습니다. 물질의 넉넉함을 누리며 사는 사람들을 보면 부러울 때가 많고, 그들 앞에 저의 초라한 삶이 한없이 부끄럽고 수치스럽게 느껴질 때가 있습니다.
가난함 때문에 전도하기도 두렵습니다. 봉사하는 것도 주제 넘게 느껴질 때가 많습니다. 매사에 자신감이 없어지고, 사람의 시선을 피하여 어디론가 숨어버리고 싶을 때도 있습니다.
주여!
아직도 저의 믿음이 온전치 못한 까닭이겠지요. 아직도 저의 신앙이 성숙되어있지 못한 까닭이겠지요. 하오나 이 가난으로부터 벗어나고 싶습니다.

| 참고 성구 |
삼상 2:8; 욥 5:16; 시 9:12, 72:4; 마 5:3;
막 12:42; 눅 6:20; 고후 6:10

　주님을 위하여 물질을 깨뜨릴 때 생활을 걱정하지 않으며 드리고 싶은 마음이 밀려올 때 원 없이 드려보고 싶습니다. 제 아이들에게도 하고 싶은 것을 할 수 있도록 물질로 도와 주고 싶고, 필요한 것을 제때에 사주고 싶습니다.
　돈이 필요할 때 물질에 찌든 부모의 눈치를 보고있는 아이들이 너무 측은하기만 합니다. 가난부터 배워야만 하는 아이들이 너무 불쌍하기만 합니다. 할 수만 있거든 이 가난에서 벗어나게 하여 주시옵소서.
　믿는 사람들은 소유의 가치로 사는 것이 아니라 존재의 가치로 사는 것임을 잘 알고 있지만, 소유한 것이 많다고 해서 잘사는 것이 아니라 믿음을 따라 사는 것이 잘사는 것임을 알고 있지만, 이제는 가난이 무섭게 느껴지고 두렵게 느껴지기까지 합니다.
　주여!
　가난 앞에 무너지는 이 죄인을 긍휼이 여겨 주시옵소서.
　예수 그리스도의 이름으로 기도합니다. 아멘.

용서가 필요할 때

(엡 4:32)

"서로 친절하게 하며 불쌍히 여기며 서로 용서하기를 하나님이 그리스도 안에서 너희를 용서하심과 같이 하라."

사랑의 주님!

마음이 온통 미움으로 가득 찼을 때 주님을 바라보며 기도할 수 있게 하시니 감사합니다.

주님은 십자가에 달리셨을 때에도 자신을 십자가에 못박은 사람들을 위하여 하나님께 용서를 구하셨는데 이 못난 죄인은 마음이 옹졸하여 상처를 준 사람을 용서하지 못하고 미워하기만 했습니다.

원수까지도 사랑하라고 말씀하신 주님의 계명을 지키지 못한 이 못난 죄인을 용서하여 주시옵소서.

주여!

제가 그 사람으로 인하여 너무나 큰 상처를 입었기에 도저히 이해할 수 없었고, 용납되지 않았습니다. 자신의 한 행동에 대하여 전혀 양심의 가책을 느끼지 못하고 아무것도 아닌 것처럼 태연하게 행동할 때 너무나 뻔뻔스러워 보였고 환멸을 느끼지 않을수 없었습니다. 지금도 그 사람만 생각하면 저의 마음이 온통 분노심으로 가득 넘칩니다.

하나님을 사랑하듯 그와 같이 이웃을 사랑하는 것이 주님의 가르침인데 말씀 앞에 한없이 연약함을 느끼지 않을 수 없습니다.

| 참고 성구 |
창 50:17; 잠 19:17; 사 55:7; 마 6:14; 막 11:25; 눅 6:37; 고후 2:10

주여!

먼저 저의 교만과 아량 없는 마음을 변화시켜 주시옵소서. 그를 용서하지 못함으로 이 죄인이 주님 앞에서 더 큰 죄를 짓게 될까 심히 두렵습니다. 이 못난 죄인의 심령에 용서할 수 있는 은혜를 부어 주시옵소서.

일곱 번씩 일흔 번이라도 용서할 것을 말씀하신 주님의 가르침을 실천할 수 있도록 도와 주시옵소서. 그를 용서할 수 있도록 이 죄인을 주의 은혜로 강하게 지배하여 주시기를 원합니다. 주님의 겸손과 온유와 인내와 자비의 마음을 부어 주시옵소서.

그 영혼을 위하여 더욱 기도할 수 있도록 이 죄인에게 기도의 영으로 충만케 하여 주시시고, 용서의 본을 보이신 주님을 온전히 닮아가게 하여 주시옵소서.

십자가로 용서의 모범을 보여주신 사랑 많으신 예수 그리스도의 이름으로 기도합니다. 아멘.

어려운 일만 일어날 때

(시 22:1)

"내 하나님이여 내 하나님이여 어찌 나를 버리셨나이까 어찌 나를 멀리 하여 돕지 아니하시오며 내 신음 소리를 듣지 아니하시나이까."

저의 힘이 되신 하나님 아버지!

주님을 알지 못하고 죄악 중에 방황하다가 영원히 죽을 수밖에 없는 죄인을 구원하사 영생을 주신 은혜와 사랑을 감사 드립니다. 그리스도를 믿는 믿음이 세상을 이기는 힘이요 능력이 됨을 믿습니다.

주여!

믿음의 길을 달려가고 있는 제게 믿음을 흔들어 놓는 일이 끊이질 않고 있습니다. 왜 이렇게 마음이 무너지는 속상한 일들이 거듭 일어나고 있는지 모르겠습니다. 한 가지를 해결하고 나면 숨 돌릴 틈도 없이 또 다른 문제가 발생하고, 또 한 가지를 해결하고 나면 기다렸다는 듯이 연이어 또 다른 문제가 발생하고 있습니다.

저주 받은 인생인 것처럼 제 생활이 너무나 처참합니다. 육신도 마음도 만신창이가 되었습니다. 이제는 주님을 향하여 두 손을 들 기력도 없습니다.

"왜 내게 하나님이 재앙만 더하실까?" 탄식이 저절로 나옵니다. 저의 죄 때문인 것은 아닐까 생각하여 수 없이 주님 앞에 참회하고 용서의 은총을 구했습니다.

| 참고 성구 |
욥 30:17,20; 시 6:2, 22:2, 31:24, 42:1-11; 요 14:1

　그러나 이제는 제 마음에 악만 가득 넘쳐나고 있고, 제 눈에는 독기가 흐르고 있습니다. 주님을 믿어야 하는 구원의 감격도 사라져 버렸고, 모든 것이 귀찮고 지긋 지긋하기만 합니다.
　주여!
　고달픈 삶에 지쳐 흐느적거리고 있는 이 몸을 불쌍히 여겨 주시옵소서. 모든 것을 체념한 듯이 넋 놓고 있는 이 영혼을 버리지 마시옵소서. 이 죄인에게 구원의 빛, 생명의 빛을 비추시옵소서. 저를 향하신 하나님의 선하신 뜻이 무엇인지를 깨닫게 하여 주시옵소서.
　저의 어두운 눈을 열어 주셔서 하늘 보좌 우편에서 영광중에 계신 주님을 보게 하옵소서.
　지금도 저를 위하여 도고 하시며, 제 고통에 함께 참여하고 계신 주님을 느낄 수 있게 하여 주시옵소서. 아브라함의 인내를 생각하게 하여 주시옵고, 욥의 인내의 결말을 보게 하시옵소서.
　저의 삶을 빚으시는 예수 그리스도의 이름으로 기도합니다.
　아멘.

불안과 초초가 엄습할 때

(시 9:10)

"여호와여 주의 이름을 아는 자는 주를 의지하오리니 이는 주를 찾는 자들을 버리지 아니하심이니이다."

전능하신 하나님 아버지!

하나님을 경외하는 자에게 힘과 피난처시요, 환난 중에 만날 큰 도움이심을 믿습니다.

오늘도 저에게 생명과 호흡을 주시며 주님을 의지하는 삶을 살게 하여 주심을 감사 드립니다. 하오나 요즘 원인모를 불안감에 휩싸여 괴로워하고 있나이다. 꼭 무슨 일이 일어 날것만 같은 초초함에 도무지 마음의 안정을 찾을 수 없나이다.

잠도 제대로 잘 수 없고, 어쩌다 잠이 든다 할지라도 바스락 거리는 소리에 소스라치게 놀라서 잠을 깹니다. 전화벨 소리만 울려도 가슴이 철렁하고, 누군가가 저를 지켜보고 있는 것 같고 감시당하고 있는 것 같은 느낌을 떨쳐버릴 수 없나이다.

이 불안한 마음 때문에 외출 하는 것도 겁이 나고, 운전대를 잡는 것도 겁이 납니다. 일하는 것도 겁이 나고, 사람을 만나는 것도 겁이 납니다. 모든 것이 두렵습니다. 이대로 가다간 제 스스로 꼭 무슨 일을 낼 것만 같습니다.

주여!

"여호와의 이름은 견고한 망대라 의인은 그리로 달려가서 안전

| 참고 성구 |
신 33:27; 시 9:9-10, 28:2, 37:18, 46:1, 91:14;
잠 18:10; 사 24:4, 41:13; 롬 8:31; 히 13:6

함을 얻느니라"(잠18:10)고 하셨사오니 극도의 불안감에 시달리고 있는 이 영혼을 불쌍히 여겨 주시고, 이 불안한 마음을 평안으로 다스려 주시옵소서.

지금 이 죄인이 불안감에 휩싸여 있는 것이 주님의 말씀을 거역한 불순종으로 인한 징계라면 참회하오니 용서하여 주시옵소서. 혹 육신의 욕심을 따르고 저의 교만과 어리석음과 탐욕에서 비롯된 것이라면 회개하오니 긍휼을 베풀어 주시옵소서.

다른 사람의 마음을 아프게 하고 상처를 준 일이 있다면 찾아가 용서를 구하겠사오니 깨달을 수 있는 지혜를 허락하여 주시옵소서.

이 불안에서 참된 평안을 주시고, 평강으로 인도하실 분은 주님밖에는 없나이다. 주님을 바라보고 주님을 의뢰하는 이 죄인을 외면치 마시고 이 불안의 늪에서 건져주시옵소서.

이 죄인을 짓누르고 있는 두려움을 물리쳐 주셔서 주님의 은총 가운데 참 된 안식을 누리게 하여 주시옵소서. 간곡히 애원하오니 들이 응답하여 주시옵소서. 평강의 왕이신 예수 그리스도의 이름으로 기도합니다. 아멘.

☙ 죽고 싶은 충동을 느낄 때

(시 5:2)

"내가 주를 기뻐하고 즐거워하며 지존하신 주의 이름을 찬송하리니."

생명을 주관하시는 하나님 아버지!

제 마음이 몹시 무겁고 슬픈 상태에서 주님께 머리를 숙이고 기도합니다. 이제껏 주님이 인도하시는 삶이라 확신하며 살아오고 있지만, 제 삶의 무게가 너무나 무겁고 감당하기가 힘들어 죽고 싶은 충동을 느낄 때가 많습니다.

"이러지 말아야지, 이러면 안되지" 다짐하고 또 다짐하고 있지만 저를 묶고 있는 것들이 너무 많아 소망이 사라진 지 이미 오래 되었습니다.

저주의 십자가를 온몸으로 받으신 주님의 고통에 비하며 제가 겪고 있는 고통과 아픔들이 아무것도 아니겠지만, 어쩔 수 없는 연약한 인간에 불과한 저로서는 죽기를 사모할 정도로 고달프고 버겁습니다.

지옥 가는 것인 줄 알면서도 차라리 죽는 것이 더 낫겠다는 생각을 떨쳐버릴 수 없는 이 못난 죄인의 삶을 아시지요? 이렇게 힘겹고 구차한 삶을 사니 정말이지 죽고 싶습니다. 운전을 하면서도 핸들을 꺾어 버리고 싶을 때가 한 두 번이 아니었습니다.

주여! 언제쯤 이 죄인은 모든 은혜에 풍성하시며, 사랑하시는

| 참고 성구 |
삼하 23:5; 시 11:4, 36:7, 40:1, 103:5, 116:1-16, 147:3;
사 51:12; 마 5:4; 요 14:18; 고후 1:3-4

자에게 좋은 것을 아낌없이 후히 주시는 좋으신 하나님을 찬양하며 살 수 있을까요?

다른 사람들은 저마다 하나님께로부터 받은 은혜를 고백하다가 자기 자랑으로 이어질 때도 있는데, 이 죄인도 주님께로부터 받은 은혜를 고백하다가 한번쯤 자기 자랑으로 이어지는 교만에 빠져들고 싶습니다. 마음이 강퍅해지고 은혜가 소멸된 이 죄인을 돌아보시옵소서.

삶의 의욕을 잃어버린 채 부정적이고 파괴적인 생각에 사로잡혀 있는 이 죄인을 돌아보시옵소서. 괴로워 견딜 수 없는 이 죄인의 삶에 은혜의 꽃이 만발하게 하여 주시옵소서.

상하고 그늘진 심령 속에서 소망의 가락이 울려 나 올 수 있게 하여 주시옵소서. 꼭 한번만이라도 평안과 믿음이 가득 넘치는 가운데 주님을 바라볼 수 있게 하여 주시옵소서.

영혼까지도 파괴시키고 있는 이 괴로움에서 벗어나고 싶습니다. 이 죄인을 영영히 버리시 마시옵소서. 불쌍히 여겨 주시옵소서.

예수 그리스도의 이름으로 기도합니다. 아멘.

인내가 필요할 때

(롬 5:4)

"인내는 연단을, 연단은 소망을 이루는 줄 앎이로다."

소망과 위로를 주시는 하나님 아버지!

주님의 흘리신 보혈로 죄 사함 얻고 영원한 천국의 소망을 가지고 살게 하여 주신 은혜를 감사드립니다. 세상의 모든 의지할 것이 다 끊어지고 모든 사람이 제게 등을 돌린다 해도 주님께서는 저와 함께 하시며 저의 피난처와 보호자가 되심을 믿습니다.

주여!

지금 저의 환경을 돌아보면 칠흑같이 어둡기만 합니다. 아무도 제게 동정하는 사람 없고 하늘과 땅 아래 제가 도움을 구하거나 의지할 것이라고는 아무것도 없습니다. 저의 영혼은 초조하고 하나님의 약속 또한 제게서 먼 것만 같습니다. 이 시간들이 제게는 길게만 느껴집니다. 그러나 주여! 주님은 오늘도 살아 계시며 구원을 베푸시는 전능하신 하나님이심을 믿습니다.

"환난 날에 나를 부르라 내가 너를 건지리니 네가 나를 영화롭게 하리로다"(시50:15)라고 하셨사오니, 이 음침한 사망의 골짜기와 같은 환경에서 건져 주시고, 굳세게 하여 주시옵소서.

하루에도 수없이 넘어지고 쓰러지고 있지만 "그는 넘어지나 아주 엎드러지지 아니함은 여호와께서 그의 손으로 붙드심이로다"

| 참고 성구 |
렘 10:19; 롬 8:25; 고전 13:7; 살후 3:5;
딤전 6:11; 딛 2:2; 히 10:36; 계 3:10

(시37:24)의 말씀대로 저를 아주 엎드러지지 아니하도록 권능의 팔로 붙들고 계심을 믿습니다.

매일 고통이 마음을 찌르고 있지만 항상 시선은 주님께로 향할 수 있도록 제 마음을 주장하여 주심을 감사드립니다. 언제가 될지 모르겠지만 이 때를 잘 참고 믿음으로 통과하여 정금보다 귀한 연단받은 그릇으로 주님께 쓰임 받게 하여 주시옵소서.

저를 향하신 하나님의 선한 뜻이 이루기까지 믿음의 주요 온전케 하시는 예수님만 바라보고 믿고 인내할 때 더욱 큰 하나님의 흘러넘치는 은혜를 체험하게 하여 주실 것을 믿습니다.

주님의 뜻을 앞서는 미련한 행동을 보이지 않도록 제 마음의 어리석은 생각들을 성령의 불로 태워 주시옵고, 굳센 믿음 가운데 흔들림 없이 하나님께 더 가까이 나아가는 믿음의 종이 되게 하시옵소서.

인내 가운데 승리하신 주님을 바라보며 예수 그리스도의 이름으로 기도힙니다. 아멘.

구원을 주옵소서

-존 웨슬레-

지극히 은혜롭고 자비하신 하나님이시여,
주님만이 상처 입은 전신을 치유하시고
번민하는 마음을 평정하게 하시오니
저는 구원을 바라고 주님께 외치옵나이다.

영육의 위대하신 치료자시여
저의 약하고 낙심하는 마음에
위안을 주시옵고 격려하여 주시옵소서.

주님만이 저의 구원이시옵니다.
그래서 구원을 바라며 주님께 외치옵니다.

저의 최고의 외침을,
이 타오르는 열렬한 기원을 들으시고,
저의 믿음을 주님께 두시며 안온하고 평정되며
유쾌한 정신을 소유하게 하시옵소서.

우리 주님의 구원하심을 조용하게 기다리고
바라는 것이 진실로 선한 일이옵니다.

주님의 안식처를 허락하시고
내 영혼이 더 이상 소란하지 않게 하시옵소서.

그리하여 내 영혼이 하나님 안에서
주님의 구원과 안식을 누리게 하여 주시옵소서.

가정, 구원, 핍박을 받을 때의 기도문

 (1) 가정 예배를 드릴 때 ①
 (2) 가정 예배를 드릴 때 ②
 (3) 가정의 행복을 위하여
 (4) 가정의 화목과 믿음을 위하여
 (5) 좋은 남편이 되기 위하여
 (6) 좋은 아내가 되기 위하여
 (7) 늦게까지 일하는 남편을 위하여
 (8) 가정 살림을 꾸려가는 아내를 위하여
 (9) 불협화음이 발생할 때
(10) 믿음이 약한 남편을 위하여
(11) 믿지 않는 남편을 위하여
(12) 식구가 믿지 않을 때
(13) 혈육이 믿지 않을 때
(14) 신앙의 핍박을 받을 때
(15) 남편의 반대가 심할 때

가정 예배를 드릴 때 (1)

(시 112:1~2)

"여호와를 경외하며 그의 계명을 크게 즐거워하는 자는 복이 있도다 그의 후손이 땅에서 강성함이여 정직한 자들의 후손에게 복이 있으리로다."

은혜로우신 하나님 아버지!

오늘도 이 가정에 목자가 되시어 험한 세상 가운데서 저희들을 지켜주시고 은혜주심을 감사드립니다.

날마다 이 가정에 일용할 양식을 주시고 평강의 복을 주심을 감사드립니다. 또한 저희 가족이 이렇게 한자리에 모여 웃음과 즐거움이 넘치는 가운데 가정 예배를 드리게 하심을 감사드립니다.

"마른 떡 한 조각만 있고도 화목하는 것이 제육이 집에 가득하고도 다투는 것보다 나으니라"(잠17:1)고 했습니다. 성령님이 저희 식구 각 심령마다 늘 함께하여 주셔서 주님의 사랑이 넘쳐 나게 하여 주시옵소서.

사랑이 한 없으신 하나님 아버지!

시대가 악하여 질수록 가정들도 불협화음이 생기고, 금이 가고 깨지는 가정들이 점차 늘어가고 있습니다. 하나님이 최초로 만들어 주신 가정이 무너지고 있는 이 때에 저희들은 사랑의 띠로 하나가 되어서 더욱 교제에 힘쓰고 화목을 이루는 가정이 되게 하시고, 주님이 주신 복된 가정을 잘 지키며, 주님의 뜻을 높이고, 그 뜻을 이루어 드리는 저희들 되게 하여 주시옵소서.

| 참고 성구 |

창 18:1-16; 신 15:4-6, 28:1-6; 왕상 17:8-18; 시 128:1-4, 144:12-14;
잠 4:20-27, 27:23-27; 요 12:1-3; 행 10:1-4; 딤전 3:4-5

　또한 저의 가정의 식구들이 주님을 위하여 일하는 일꾼, 이웃을 돌아보고, 헤아릴 수 있는 식구들이 되게 하시고, 이 나라와 사회를 위하여도 유익한 일을 감당하는 역군들이 되게 하여 주시옵소서.
　또한 겸손하고 온유한 태도로 남을 나보다 낫게 여기고 모든 사람과 더불어 화평을 이루며 사는 겸손의 종들이 되게 하시옵소서.
　맡은바 일에도 책임과 의무를 다하는 식구들이 되기를 원합니다. 무슨 일을 하든지 그 일이 주님이 주신 성직인줄 알아 그 일을 통하여 주님께 영광 돌릴 수 있는 복된 삶을 살게 하시고, 주님께 충성을 다하는 식구들이 되게 하여 주시옵소서.
　저희 식구들이 이 가정 안에서 작은 천국을 이루는 삶을 살게 하여 주실 것을 믿사옵고 예수 그리스도의 이름으로 기도 드립니다.
　아멘.

가정 예배를 드릴 때 (2)

(수 24:15)

"만일 여호와를 섬기는 것이 너희에게 좋지 않게 보이거든 너희 조상들이 강 저쪽에서 섬기던 신들이든지 또는 너희가 거주하는 땅에 있는 아모리 족속의 신들이든지 너희가 섬길 자를 오늘 택하라 오직 나와 내 집은 여호와를 섬기겠노라 하니."

저희 가정의 주인이 되시고 영원한 사랑으로 저희들을 지켜 주시며 바른길로 인도하시는 주님!

오늘도 저희들에게 새 날을 허락 하시고, 새로운 한날을 시작 할 수 있도록 은혜 베푸심을 감사 드립니다.

이 아침에 주님 앞에 예배드리며 간구하오니 오늘 하루도 주님께서 지켜 주시고 인도하여 주셔서 주님 안에서 승리하는 한 날의 생활이 되게 하여 주시옵소서.

특별히 하루의 일을 시작할 때 저희의 심령을 온전히 주장하셔서 내 힘과 수단과 방법으로 살지 않게 하여 주시고, 주님을 온전히 의지하며 내 지혜보다는 주님의 지혜를 의지하는 저희들 되게 하여 주시옵소서.

오늘도 주님의 영광을 나타내는 복된 한 날이 되기를 원합니다. 학교에서, 직장에서, 사업장에서 주님의 영광을 드러낼 수 있는 저희들 되게 하시옵고, 저희들의 행실로 주님을 보여주고 주님을 나타낼 수 있는 한 날이 되게 하여 주시옵소서. 또한 게으른 모습이 없기를 원합니다.

주님이 주신 귀한 하루를 방종하며 헛되이 보내는 저희들 되지

| 참고 성구 |
창 7:1; 신 4:10; 수 24:14-15; 삼하 7:29; 욥 8:6; 시 127:1;
잠 12:7, 17:1; 사 32:18; 막 7:24; 행 16:31

않게 하시옵고, 각자 맡은바 일에 최선을 다하며 성실히 감당할 수 있는 저희들 되게 하여 주시옵소서.

주님의 교회에 속한 모든 믿음의 식구들에게도 함께 하셔서 하루의 생활을 통하여 주님께 충성하며 영광을 나타내도록 하여주시고, 위험한 일이 발생하지 않도록 불꽃같은 눈동자로 지켜주시고 보호하여 주시옵소서.

복된 하루를 허락하신 예수 그리스도의 이름으로 기도합니다.

아멘.

가정의 행복을 위하여

(행 10:2)

"그가 경건하여 온 집안과 더불어 하나님을 경외하며 백성을 많이 구제하고 하나님께 항상 기도하더니."

은혜로우신 하나님! 이런 가정이 되게 하여 주시옵소서.

정다운 가정, 희망이 넘쳐 나는 가정이 되게 하시옵소서. 서로를 감싸주는 애정이 잔잔한 감동으로 늘 남아 있는 가정이 되게 하시고, 소박한 웃음소리가 그치지 않는 평안이 있는 가정이 되게 하시옵소서.

작은 아픔에도 따뜻한 위로로 세심한 배려를 아끼지 않는 가정이 되게 하시고, 격려와 칭찬으로 큰 용기를 심어줄 수 있는 가정이 되게 하시옵소서.

그 어떤 실수에도 용서를 보여주는 자비로움이 있는 가정이 되게 하시고, 보이는 허물을 감싸주고 덮어줄 수 있는 푸근함이 있는 가정이 되게 하시옵소서.

작은 말에도 귀를 기울이는 진지함이 있는 가정이 되게 하시고 정감 있는 대화로 응어리진 마음을 풀어줄 수 있는 온화한 가정이 되게 하시옵소서.

서로의 의견을 무시하지 않고 존중해 줄 수 있는 덕량 있는 가정이 되게 하시고, 화목을 위해서라면 인내의 미덕을 보여줄 수 있는 넉넉한 가정이 되게 하시옵소서.

| 참고 성구 |
시편 112:1-3

　각자 맡은 일에는 최선을 다하는 성실한 가정이 되게 하시고 무슨 일을 하든지 끝까지 책임을 다하는 성숙한 가정이 되게 하시옵소서. 절망이 찾아올 때 새로운 영감을 얻을 기회로 삼는 가정이 되게 하시고, 고난과 시련이 닥쳐와도 죽음같이 강한 사랑으로 이겨내는 가정이 되게 하시옵소서.
　서로의 꿈과 비전을 축복해 주고 기도해 줄 수 있는 가정이 되게 하시고, 서로 간에 깊은 신뢰와 의리로 감화를 주는 가정이 되게 하시옵소서.
　한끼의 식사를 놓고도 감사의 기도를 드릴 수 있는 가정이 되게 하시고, 불평 없는 식탁이 세상에서 가장 아름다운 그림으로 남는 가정이 되게 하시옵소서.
　넉넉함이 없을지라도 남을 돕고 베푸는 일에 적극적인 가정이 되게 하시고, 이웃과 주변에 있는 모든 사람들에게 복을 심어주는 복의 근원이 될 수 있는 가정이 되게 하시옵소서.
　예수 그리스도의 이름으로 기도합니다. 아멘.

가정의 화목과 믿음을 위하여

(고전 14:33)

"하나님은 무질서의 하나님이 아니시요 오직 화평의 하나님이시니라 모든 성도가 교회에서 함과 같이."

화평이신 주님!

저희를 위해 화목제물로 십자가에 못 박혀 죽으시므로 하나님과 원수가 되었던 저희를 하나님과 화목하게 하시고, 하나님의 자녀가 되어 영원한 구원을 얻게 하심을 감사 드립니다.

사랑의 주님!

가정의 화목을 위하여 간구합니다. 주님의 사랑 안에서 언제나 가족들이 서로 사랑하고 우애하며 화목을 이루어 갈 수 있도록 이끌어 주시기를 원합니다. 부부간에 서로 돕고 사랑함이 넘치게 하시고, 상대방의 아픔까지 내 아픔으로 느낄 수 있는 하나 됨이 있게 하여 주시옵소서.

부모님을 성실과 정성을 다하여 공경하게 하시고, 때로는 늙으신 부모님이 엉뚱한 일을 하신다 할지라도 낳으시고 기르신 부모님을 멸시하거나 무시하지 않게 하여 주시옵소서.

자녀들을 주님 앞에 바로 설 수 있는 자녀로 키우기 위해 말씀으로 잘 양육하고 훈계할 수 있도록 지혜를 주시고, 아이들에게 부모로서의 위치를 상실하지 않도록 믿음의 본을 보일 수 있는 부모가 되게 하여 주시옵소서.

| 참고 성구 |
수 24:14; 시 34:14; 잠 22:4; 마 5:24;
롬 14:19; 고후 5:18; 살전 5:13

오! 주님,

이 가정이 하나님 앞에서 바로 서고, 말씀 안에서 거룩하게 되어 모든 믿는 가정의 본이 되기를 원합니다. 주님의 사랑으로 하나 되게 하여 주시옵소서. 세상의 그 어떤 일보다 하나님 경외하는 일이 최고로 가치 있고 중요한 일임을 알게 하시옵소서.

온 가족이 말씀으로 날마다 변화를 받으며 하나님을 예배하고 찬송하는 가운데 주님의 평강이 넘치게 하시고, 주님의 사랑으로 충만케 하시옵소서.

세상의 헛된 것을 목표로 삼지 말고 영원한 하나님 나라에 소망을 두고 하나님을 사랑하고 섬기며 이웃에게 하나님의 영광을 나타내는 가정이 되게 하시옵소서.

예수 그리스도의 이름으로 기도합니다. 아멘.

좋은 남편이 되기 위하여

(시 128:3)

"네 집 안방에 있는 네 아내는 결실한 포도나무 같으며 네 식탁에 둘러 앉은 자식들은 어린 감람나무 같으리로다."

좋으신 하나님!

아내를 얻는 자는 복을 얻고 여호와께 은총을 받은 자라고 말씀하신 대로 복되고 사랑스러운 아내를 선물로 주심을 감사합니다.

또한 돕는 배필을 주셔서 행복한 결혼 생활을 하게 하시니 진심으로 감사합니다.

가정생활을 하는데 있어서 여러 가지 갈등이 있고, 오해할 때도 있겠지만 넓은 마음을 가지고 이해하며 양보하는 남편이 되게하여 주시옵소서.

지나치게 남편의 권위를 앞세우지 않게 하시고, 깨지기 쉬운 그릇과도 같은 아내를 먼저 따뜻하게 사랑하며 소중히 여기는 남편이 되게 하여 주시옵소서.

잘못된 일이 있을 때 아내에게만 책임을 전가시키는 일이 없게 하시고, 제 자신의 잘못도 솔직히 인정할 수 있는 남편이 되게 하여 주시옵소서.

혹시라도 아내의 의견을 무시하는 일이 없게 하시고, 제가 할일을 아내에게만 맡겨버리는 무정함도 없게 하여 주시옵소서. 애정 관계에 있어서도 최선을 다하는 남편이 되게 하여 주시옵소서.

| 참고 성구 |
잠 11:16, 21:19, 25:24; 행 18:24-28; 벧전 3:7

　아내를 기쁘게 할 수 있는 한 여인의 지아비가 되게 하여 주시고 늘 연모하는 마음을 심어줄 수 있는 남편이 되게 하여 주시옵소서.
　가정의 화목을 위하여 부정한 행동을 하지 않도록 늘 경건 생활에 힘쓰는 한 여인의 남편이 되게 하여 주시고, 아내에게 좋은 믿음의 본을 보일 수 있는 남편이 되게 하여 주시옵소서.
　자녀들에게도 행복한 부부의 모습을 보여 주기 위하여 힘쓰는 가장이 되게 하여 주시고, 주님만 모시고 사는 가정 천국을 이루는데 최선을 다하는 가장이 되게 하여 주시옵소서.
　예수 그리스도의 이름으로 기도합니다. 아멘.

좋은 아내가 되기 위하여

(잠 31:30)

"누가 현숙한 여인을 찾아 얻겠느냐 그의 값은 진주보다 더하니라."

사랑의 하나님!

하나님과 남편에게 칭찬 받는 아내가 되기를 원합니다. 주님을 섬기되 남편을 소홀히 생각지 않게 하여 주시고, 남편을 기쁘게 하되 주님을 섬기는 일에 게으르지 않게 하시옵소서.

남편에 대한 의무를 철저히 지키는 아내가 되게 하여 주시고 덕스러운 내조자가 되게 하여 주시며 남편에게 힘과 용기를 심어 줄 수 있는 아내가 되게 하여 주시옵소서.

남편을 다른 사람들과 비교하는 일이 없게 하시며, 신혼 초에 남편을 대하는 그 마음, 그 첫사랑으로 언제나 남편을 대하게 하시옵소서.

아내는 남편의 면류관이라고 하였는데 저의 잘못된 말과 행실로 남편의 사회생활에 장애가 되지 않게 하시옵고, 남편에게 근심을 주는 아내가 되지 말게 하시옵소서.

언제나 남편을 진실로 돕는 배필이 되게 하여 주시고, 남편의 주장을 무시하지 않는 아내가 되게 하여 주시옵소서.

남편과 다투는 일로 인하여 자녀 교육에 악영향을 끼치지 않기를 원합니다.

| 참고 성구 |
잠언 12:4, 14:1, 31:10; 고전 7:34; 엡 5:24; 딤전 2:42; 딛 2:4-5

 언제나 가정의 화목을 위하여 힘쓰는 아내가 되게 하여 주시고, 진주보다 귀한 현숙한 여인의 모습을 갖게 하여 주시옵소서.
 혹시라도 남편을 원망하거나 저주하는 일이 없게 하여 주시고, 언제나 남편을 축복해주며 칭찬해 줄 수 있는 아내가 되게 하여 주시옵소서.
 권태롭지 않은 가정생활을 위하여 노력하는 아내가 되게 하여 주시고, 순결한 아내로서 남편에 대한 아내의 의무와 책임을 다할 수 있는 아내가 되게 하여 주시옵소서.
 가정의 호주가 되시는 예수 그리스도의 이름으로 기도합니다.
 아멘.

늦게까지 일하는 남편을 위하여

(엡 5:21~22)

"그리스도를 경외함으로 피차 복종하라 아내들이여 자기 남편에게 복종하기를 주께 하듯 하라."

세세토록 영광 받으시기에 합당하신 하나님 아버지!

제게 하나님을 경외하는 복된 삶을 주시고, 이제 가정을 이루어 한 남편의 아내로서 남편을 돕고 사랑하며 하나님의 영광을 위하여 살게 하여 주심을 감사 드립니다.

하루 종일 일과 씨름하는 남편을 위하여 기도합니다. 일을 마치고 집에 들어오면 피곤하여 씻지도 못하고 잠자리에 드는 경우가 많습니다. 잠에 취한 남편의 얼굴을 보고 있노라면 너무나 측은하여 눈물이 저절로 나오기도 합니다.

한 가정의 가장으로서 가족을 부양해야 한다는 책임감을 가지고 쉴 틈 없이 열심히 일하는 남편의 모습이 너무나 안쓰럽기만 합니다. 남편을 사랑하기에, 남편의 고통을 느낄 수 있기에, 그를 위하여 아픔을 안고 기도합니다.

오! 주님,

남편이 일 때문에 건강을 잃을까 염려되오니 남편의 건강을 주님이 책임져 주시기를 원합니다. 물질보다도 더 중요한 것은 건강이 아닙니까? 건강을 잃으면 모든 것을 잃게 되는 것 아닙니까?

언제 어떻게 건강에 위험 신호등이 켜질지 아무도 모르는 일인

| 참고 성구 |
창 3:6,16; 삿 14:15-17; 잠 31:10-31; 고전 7:2-6,10,13,14;
엡 5:22-24,33; 골 3:18; 딛 2:4,5; 벧전 3:1-6

데 자신의 건강만 너무 믿고 몸을 혹사시키면서까지 일에만 열중하지 않게 하여 주시옵소서.

자신을 돌아볼 수 있는 여유도 가질 수 있도록 그 마음에 평안을 허락하여 주시고, 체력을 관리하기 위하여 짬이 날 때마다 가벼운 운동이라도 할 수 있는 마음을 주시옵소서.

식욕도 왕성하게 하여 주시어서 끼니때마다 식사하는 것을 거르지 않게 하여 주시옵소서. 주님이 주신 건강, 너무 일에만 빼앗기지 않게 하여 주시고, 어떻게 사는 것이 주님의 은혜를 따라 잘 사는 것인지를 늘 깨닫는 남편이 되게 하여 주셔서 영혼의 잘됨을 위하여 힘쓸 수 있는 남편이 되게 하여 주시옵소서.

일에만 신경 쓰다 보니 주님을 멀리하는 횟수가 잦아지고 있습니다. 일 때문에 주님을 멀리하는 일이 없도록 하나님을 섬기는 참된 즐거움이 그 중심에 넘치게 하여 주시옵소서.

예수 그리스도의 이름으로 기도합니다. 아멘.

가정 살림을 꾸려가는 아내를 위하여

(엡 5:25)

"남편들아 아내 사랑하기를 그리스도께서 교회를 사랑하시고 그 교회를 위하여 자신을 주심 같이 하라."

사랑의 하나님 아버지!

하나님의 은총을 입어 믿음이 신실하고 현숙한 아내와 함께 하나님을 경외하며 살도록 은혜 주심을 감사드립니다. 또한 저의 부족함과 지혜 없음을 아내를 통하여 가르쳐 주시고 돕게 하여 주심을 감사 드립니다.

주님,

사랑하는 아내를 위하여 기도합니다. 가족을 사랑하고 돌보는 아내의 사랑과 수고에 주님께서 늘 은혜와 평강으로 함께 하여 주시옵소서. 주님만 모시고 사는 믿음의 가정을 가꾸고자 늘 기도하며 힘쓰는 아내에게 성령님이 도와 주셔서 그 열매가 항상 있게 하여 주시옵소서.

아내에게 생활비를 넉넉하게 갖다 주지 못하는 남편이라서 늘 미안함이 앞섭니다. 그러나 알뜰하게 가정생활을 꾸려나가는 아내가 정말 대견하고 자랑스럽습니다.

넉넉한 형편은 아니지만 늘 감사하며 가정의 살림을 꾸려나가는 아내에게 소망이 넘치게 하여 주시고, 주님이 주시는 사랑과 위로로 충만하게 하여 주시옵소서.

| 참고 성구 |
창 2:24; 레 20:10; 신 5:21; 시 128:3; 잠 5:18-20, 18:22; 전 9:9;
렘 29:6; 막 10:11; 고전 7:2-3; 골 3:19; 살전 4:4; 벧전 3:7

　부족한 저를 위하여 새벽마다 눈물로 기도하고 있습니다. 자신의 몸보다 제 몸을 더 걱정하고 있고, 아이들을 위하여도 가시고기처럼 최선을 다하고 있습니다. 살림에 보탬이라도 될까 싶어 틈틈이 소일도 하고 있습니다.
　이 모양 저 모양으로 집안 일과 가족들을 돌보느라 지치고 피곤해지기 쉬운 줄 아오니 날마다 영육간에 새 힘을 공급하여 주시옵소서. 아내의 수고와 희생을 우리주님이 다 헤아리고 계신 줄 믿습니다.
　그 애쓰고 수고함에 주님의 보상이 따르게 하여 주시고, 날마다 영육간에 샘솟는 기쁨이 넘치게 하여 주시옵소서.
　교회를 섬기는 봉사의 직분도 최선을 다하여 감당하고 있사오니 성령님이 능력을 더하여 주시고, 하나님께 큰 영광 돌리는 아내가 되게 하여 주시옵소서.
　예수 그리스도의 이름으로 기도합니다. 아멘.

불협화음이 발생할 때

(고전 13:8)

"사랑은 언제까지나 떨어지지 아니하되 예언도 폐하고 방언도 그치고 지식도 폐하리라."

사랑의 하나님!

지금까지 주님의 은혜가운데 살게 하신 것 감사합니다. 주님이 맺어주신 관계, 일평생 주님만을 섬기며 서로를 아끼고 사랑하며 인생을 함께 하기로 다짐하였지만 시간이 갈수록 그때의 그 각오와 결심이 흔들리고 있습니다. 주어진 환경과 서로의 성격 탓도 있겠지만 근본적으로 서로를 신뢰하지 못하고 불신하는 데서 서로에 대한 아픔이 발생하고 있나이다.

주여!

어찌하면 좋겠습니까? 가면 갈수록 성격이 날카로워지고 있고, 얼굴을 대면하기가 싫어지고, 짜증 섞인 말이 절로 나옵니다. 아무리 마음을 고쳐먹고 다짐을 하고 또 다짐을 해도 마음을 다스릴 수가 없나이다.

주여!

강퍅해진 이 심령을 변화시켜 주시옵소서. 삐뚤어진 이 인격을 고쳐 주시옵소서. 온유한 마음을 주시기를 원합니다. 이해할 수 있는 마음을 허락하여 주시기를 원합니다. 품어주고 사랑할 수 있는 마음을 허락하여 주시기를 원합니다.

| 참고 성구 |

시 128:1-4; 잠 10:12, 21:19; 행 18:24-28; 고전 13:1-13; 고후 5:18; 엡 4:32, 5:22; 골 3:13-14

　지금 이대로 계속 지속되면 서로에게 너무나 큰 상처만 남게 될 뿐입니다. 주님의 영광을 가리우는 죄악만 저지를 뿐입니다.
　위선적인 신앙생활만 지속될 뿐입니다. 아이들도 부모의 눈치를 보며 불안해하고 있습니다. 아이들이 곁길로 나가지는 않을까 두렵습니다.
　주여!
　이 죄인을 불쌍히 여겨주셔서 주님의 인격을 닮아가게 하여 주시고, 주님의 사랑을 실천하는 능력을 주시옵소서.
　주님이 짝지어 주신 관계, 주님 앞에 가는 그 날까지 서로를 내 몸같이 아끼며 사랑하게 하여주시고, 주님의 뜻을 온전히 이루어 드리는 복되고 아름다운 관계로 회복시켜 주시옵소서.
　믿음의 본을 보일 수 있는 두 사람이 되게 하여주시고, 전심으로 기도하는 생활에도 마음을 쏟게 하시옵소서. 이 무너져가고 있는 관계를 치유케 하시고 회복시켜 주실 것을 믿사옵고 예수 그리스도의 이름으로 기도합니다. 아멘.

믿음이 연약한 남편을 위하여

(렘 7:23)

"너희는 내 목소리를 들으라 그리하면 나는 너희 하나님이 되겠고 너희는 내 백성이 되리라 너희는 내가 명령한 모든 길로 걸어가라 그리하면 복을 받으리라 하였으나."

구원의 주님!

저희 가정에 구원의 은총을 베풀어 주셔서 온 식구가 주님의 구원하심을 찬양하며 주님의 뜻을 따라 살아갈 수 있게 하시니 감사합니다. 저희 가정에 향하신 주님의 은총이 놀랍고 영원함을 깨닫습니다.

빛이신 주님!

아직도 믿음이 연약한 남편을 위하여 기도합니다. 여러가지 이유로 주일을 자주 범하고 있고, 예배를 기피하고 있습니다. 혹 예배에 참석한다 할지라도 마지못해 억지로 예배드리고, 딴 짓을 하거나 졸기 일수 입니다.

헌금 드리는 것도 아까워하고 있고, 십일조도 제대로 하지 않습니다. 하나님을 향한 경외심이 없는 남편을 불쌍히 여겨 주시옵소서. 주님과의 사귐을 기피하는 남편을 불쌍히 여겨 주시옵소서.

주여! 남편에게 믿음의 눈을 열어 주시옵소서.

주일을 잘 지킬 수 있는 남편이 될 수 있도록 그 중심에 하나님을 두려워 할 줄 아는 믿음이 있게 하여 주시고, 자신의 죄가 얼마나 큰지를 깨달을 줄 아는 남편이 되게 하여 주시옵소서.

| 참고 성구 |
시 51:17; 요 4:24; 고후 4:3-4; 요일 4:9-1

　눈에 사단이 씌어놓은 비늘을 벗겨주시어서 신령한 것을 볼 수 있게 하여주시고, 죄 가운데서 만신창이가 된 자신의 영혼을 안타까워하며 영적인 성숙을 위하여 주님의 은혜를 목말라 하는 남편이 되게 하여 주시옵소서.
　주님을 위해서라면 무엇이든지 힘써서 드릴 수 있는 복된 심령으로 거듭나게 하여 주시고, 신앙의 성숙을 위하여 몸과 마음을 깨뜨릴 수 있는 남편이 되게 하여 주시옵소서. 언제나 예배시간이 기다려지는 남편이 되기를 원합니다.
　그 심령에 주님의 은혜를 사모하는 갈급함이 넘쳐 나기를 원합니다. 어서 속히 채우고 또 채워도 채워지지 않는 세상의 정욕에 눈멀게 하여주시고, 신령한 것을 보게 하시옵소서. 그 심령을 주의 은혜로 기경하여 주시고, 변화시켜 주시옵소서. 주님께 간절히 바라옵니다. 남편을 불쌍히 여겨 주시옵소서.
　예수 그리스도의 이름으로 기도합니다. 아멘.

믿지 않는 남편을 위하여

(행 13:48)

"이방인들이 듣고 기뻐하여 하나님의 말씀을 찬송하며 영생을 주시기로 작정된 자는 다 믿더라."

믿음의 주가 되시는 구원의 하나님 아버지!

저희의 모든 죄악과 저주를 십자가로 구속하시고 구원과 참 자유를 주신 은혜를 찬양 드립니다. 하나님께서는 모든 사람이 구원을 받으며 진리를 아는데 이르기를 원하신다고 하셨습니다.

사랑의 하나님!

남편의 구원을 위하여 간구합니다. 저는 주님을 영접하여 구원 받은 하나님의 자녀로서 그 은혜를 누리며 살고 있지만 남편은 아직 주님을 알지 못하는 세상의 자녀로 세상이 원하는 대로 살고 있나이다.

구원 받지 못한 남편을 생각할 때마다 말할 수 없는 영적인 부담이 밀려와 남편의 구원을 놓고 그토록 마음을 쏟고, 눈물을 쏟으며 부르짖고 있지만 아직도 남편의 마음은 강퍅하기만 합니다.

주여! 아들의 영혼을 불쌍히 여겨 주셔서 구원의 은총을 베풀어 주시옵소서. 그 영혼을 주관하고 있는 흑암의 권세가 물러가고 주님의 구원의 은혜가 넘쳐 나게 하여 주시옵소서.

주여! 우리 주님은 제가 믿지 않는 남편과 얼마나 많은 영적인 부딪침이 발생하는지 아시지요?

| 참고 성구 |
시 133:1-3; 사 55:8-9; 행 4:12, 16:31; 롬 8:28; 딤전 6:12

　예수 믿는 것을 반대하는 것은 아니지만 주일 예배 외에는 교회 나가는 것을 제한하고 있습니다. 애경사가 있으면 그나마 주일 낮 예배도 드리지 못합니다. 남편이 믿지 않는 고로 조상 제사도 거절할 수가 없나이다. 가정에 좋지 않은 일이 발생하면 모두 예수 믿는 제 탓으로 돌립니다.
　주여! 기도할 때마다 남편의 구원을 위하여 통곡하며 울부짖을 수 밖에 없는 안타까운 이 딸의 심정을 헤아려 주시기를 원합니다.
　제게는 다른 무엇보다 남편의 구원이 가장 큰 소원이요 기도제목입니다. 제 남편과 가정을 불쌍히 여겨 주셔서 구원이 임하게 하여 주시옵소서. 주님만을 섬기고 주님만을 모시는 가정이 되게 하여 주시옵소서.
　남편의 입술에서 주님이 고백 되어 지게 주시고, 교회 나가고 싶은 욕구가 불일 듯 일어나게 하여 주시옵소서. 저희 가정을 구원의 반열에서 버리지 않으심을 믿습니다. 한 믿음 안에서 하나님께 영광 돌리는 축복의 가정이 되게 하여 주실 것을 믿습니나.
　예수 그리스도의 이름으로 기도합니다. 아멘.

식구가 믿지 않을 때

(눅 19:9~10)

"예수께서 이르시되 오늘 구원이 이 집에 이르렀으니 이 사람도 아브라함의 자손임이로다 인자가 온 것은 잃어버린 자를 찾아 구원하려 함이니라."

사랑이 많으신 하나님 아버지!

저희 인간을 사랑하시되 온 천하보다 사랑하심을 감사합니다. 그 사랑으로 인하여 구원을 얻게 하시고, 영생의 귀한 복을 누리게 하시니 감사와 찬양을 드립니다.

주님!

하나님을 모르는 제 식구를 위하여 간구합니다. 온 식구가 다 주님을 영접하고, 구원함을 받아 주님의 뜻을 따라 사는 것이 저의 간절한 소망이요 가장 큰 기도 제목입니다.

저의 식구들을 긍휼히 여겨주시고 큰 은총을 베풀어 주셔서 구원의 문을 열어 주시옵소서. 식구의 구원을 위하여 주님 앞에 부르짖은 지 여러 해가 지났습니다. 온 식구가 교회에 나와 주님께 예배하는 가정들을 보면 얼마나 부러운지 모릅니다.

주님의 백성으로 그보다 더 복된 것이 어디에 있겠으며, 가정이 받을 축복 중에 그 보다 더 큰 축복이 어디에 있겠습니까?

주님을 믿지 않은 가족을 생각하면서 저 혼자 예배드릴 때 남몰래 눈물을 훔친 적도 한두 번이 아닙니다. 어떤 때는 저 혼자 예배드리는 것이 너무나 부끄러워 예배가 끝나기 무섭게 황급히 예배

| 참고 성구 |
요 3:17, 12:47; 행 11:14, 16:30-31; 딤전 2:4; 히 7:25, 11:7

당을 빠져나갈 때도 있었습니다. 제 맘을 아시는 주님, 식구의 구원을 놓고 주님께 눈물로 부르짖은 그 기도가 헛되지 않게 하여 주시옵소서.

저희 집 문에도 교패를 붙이고 싶습니다. 거실이나 방에도 주님의 말씀이 새겨진 액자를 걸어놓고 싶습니다. 식사 때마다 눈치를 보지 않고 식사 기도를 하고 싶습니다. 찬양하고 싶을 때 언제라도 자유롭게 찬양을 부르고 싶습니다.

온 가족이 한자리에 모여 주님을 찬양하고, 감사와 영광을 돌리며 예배하는 가정이고 싶습니다.

저의 가정에 구원이 임하게 하여 주시고, 가족들에게 구원받을 수 있는 길을 열어 주시옵소서. 저의 간절함을 들어주시는 참 좋으신 하나님이심을 믿습니다.

예수 그리스도의 이름으로 기도합니다. 아멘.

혈육이 믿지 않을 때

(눅 19:10)

"인자가 온 것은 잃어버린 자를 찾아 구원하려 함이니라."

모든 사람이 구원에 이르기를 원하시는 하나님 아버지!

오늘도 주님의 구원하심이 저희 가정을 향하고 있음을 생각할 때 주님의 사랑과 자비로우신 은혜 앞에 감격할 뿐이옵니다. 주님께서 저희 가정을 택하시고 구원하심을 믿습니다.

"주 예수를 믿으라 그리하면 너와 네 집이 구원을 얻으리라"고 하신 약속의 말씀이 분명히 저희 가정에 임한 것을 믿습니다.

사랑의 하나님!

아내와 아이들과 함께 간구하오니 어서 속히 부모님과 형, 동생들이 주님께 회개하고 돌아올 수 있도록 구원의 문을 열어주시옵소서. 가족들이 주님을 믿지 않으니 혈육의 정도 식어지고 있나이다.

서로의 관계가 단절되고 있을 뿐만 아니라 가족들이 함께하는 각종 모임에 저를 배제시키고 있나이다. 조상에게 절하지 않는다고 하여 제사 때와 명절 때 철저히 외면당하고 있습니다.

주님을 믿는 저 때문에 조상이 노하여 집안에 악재가 끊이지 않고 있다고 비난하고 있습니다. 끈끈한 가족의 정과 그 좋던 형제애가 주님을 믿는다는 단 한 가지 이유로 단절되고 있는데 주님은 이에 대하여 반드시 보상해 주시겠지요?

| 참고 성구 |
마 5:44; 요 3:17, 12:47; 행 11:14, 16:30-31;
갈 6:9; 딤전 2:4, 4:2; 히 7:25, 11:7

부모님께 효도하고 싶은데 불효자가 된 이 아들의 마음을 아시겠지요?

마음에 상처가 되는 이일을 우리 주님은 헤아리고 계시겠지요? 인내하며 끝까지 주님의 구원의 때를 바라보겠나이다. 언젠가는 저희 가족 모두에게 하나님을 아는 신령한 눈을 뜨게 하여 주셔서 하나님을 아는 지식으로 충만케 하여 주실 것을 믿습니다.

원수 아닌 원수가 되었던 마음에 야곱과 에서와 같은 뜨거운 눈물의 포옹이 있게 하여주실 것을 확신합니다. 서로 얼싸안고 주님의 구원하심을 노래하며, 힘찬 구원의 행진을 할 수 있도록 이끌어 주실 것을 믿습니다.

그날이 오기까지 주님께 늘 무릎 꿇어 기도하겠나이다. 주님의 구원하심을 바라보겠나이다. 가족들에게 그리스도의 편지가 되어서 주님의 사랑을 전하겠나이다. 성령님께서 저희 부부를 도와 주시옵소서.

예수 그리스도의 이름으로 기도합니다. 아멘.

신앙의 핍박을 받을 때

(딤후 3:12)

"무릇 그리스도 예수 안에서 경건하게 살고자 하는 자는 박해를 받으리라."

하나님 나라에 들어가려면 많은 환난을 겪어야 할 것이라고 말씀하신 주님! 부족한 제게도 신앙적인 핍박을 주시니 감사합니다.
주여!
주님을 믿는 것 때문에 핍박을 받는 것이라면 초대 교회 성도들처럼 기쁘게 여길 수 있도록 하시옵소서. 그 어떤 핍박이 가해진다 할지라도 믿음의 자리를 잘 지킬 수 있도록 인도하여 주시고, 끝까지 변절하지 않는 믿음이 되게 하여 주시옵소서.
주여!
신앙의 핍박을 통하여 믿음이 정금같이 단련되게 하여 주시며 핍박의 원인이 제 자신에게도 있다면 저의 잘못된 행동을 회개할 수 있도록 도와 주시옵소서.
금 신상 앞에 절하지 않는다는 이유로 핍박을 받으면서도 믿음을 지켰던 다니엘의 세 친구와도 같이 어떠한 신앙의 핍박도 이겨낼 수 있도록 더욱 큰 믿음을 주시옵소서.
질병으로 인하여 아내와 친구들로부터 버림을 받았음에도 불구하고 신앙적으로 흔들림이 없었던 욥을 생각하면서 어떠한 핍박이 임한다 할지라도 요동함이 없게 하시옵소서.

| 참고 성구 |
욥 23:10; 시 109:4; 단 3:12; 마 24:13;
행 4:22, 5:41; 히 11:25-26, 12:2

　오직 믿음의 주요 온전케 하시는 이인 예수님만 바라보게 하시옵소서. 그리스도를 위하여 받는 능욕을 애굽의 모든 보화보다 더 큰 재물로 여겼던 모세의 신앙이 저의 신앙이 되기를 원합니다.
　주님!
　저를 핍박하는 영혼들을 위하여 기도합니다. 나는 저를 사랑하나 저는 나를 대적하니 나는 기도할 뿐이라고 했던 시편 기자와도 같이 핍박하는 자를 긍휼이 여길 수 있는 믿음을 주시옵소서.
　핍박자였던 바울을 변화시키셔서 놀라운 주님의 일꾼으로 삼으셨던 주님, 하실 수 있거든 이 연약한 자를 핍박하는 영혼들의 마음이 일순간 녹아져서 주님을 믿고 따르는 사람으로 변화되게 하시옵소서. 핍박으로 인하여 더욱 힘주실 주님의 은혜를 생각하며
　예수 그리스도의 이름으로 기도합니다. 아멘.

남편의 반대가 심할 때

(마 5:44)

"나는 너희에게 이르노니 너희 원수를 사랑하며 너희를 박해하는 자를 위하여 기도하라."

전능하신 하나님 아버지!

주님께서 언제나 저의 보호자가 되시고 방패와 피난처가 되심을 믿습니다. 죄 지은 모습 그대로 살다가 영원히 멸망 받을 수밖에 없는 저를, 주님께서 보혈로 씻어 영생을 선물로 주시고 하나님 나라의 영원한 기업의 상속자가 되게 하여 주심을 진정 감사 드립니다.

주님!

저는 지금 남편의 극심한 반대에 부딪쳐 있습니다. 처음부터 예수 믿는 것을 반대했던 남편이기에 어느 정도 핍박은 있을 것이라 예상하고, 이제껏 남편의 구원을 놓고도 많은 시간을 부르짖었는데 오히려 저를 노골적으로 핍박하는 핍박자로서 제 앞에 섰나이다.

주일날 교회에 나가지 못하도록 집안에 가두어 놓기도 하고 때로는 성경책을 찢기도 합니다. 더 나아가 예배를 방해 놓겠다고 협박하기도 하며, 교회에 불을 지르겠다고 위협까지 합니다.

주여! 어찌하면 좋습니까?

이 연약한 딸은 저의 신앙을 핍박하고 있는 남편에게 속수무책으로 당하고 있나이다. 가정에는 그토록 책임감이 강한 남편이, 아이들에게는 그토록 자상한 남편이, 제게는 주님을 믿는 그 이유

| 참고 성구 |
시 27:2, 28:8, 31:15; 마 5:10-12, 18:12; 막 16:16;
행 2:21, 7:34; 고전 4:12; 고후 4:9; 갈 4:29

한 가지 만으로 무서운 핍박자의 행세를 하고 있나이다. 그의 주장대로라면 주님을 믿지 말아야 하는데 하나님의 사랑을 깨닫고 그 사랑을 입은 자로서 주님을 배반하는 죄를 저지르고 싶지 않나이다.

주여!

제게는 예배 없는 생활이 지옥이고, 기도하지 못하는 생활이 지옥입니다. 남편의 마음을 강퍅하게 묶고 있는 악한 마귀를 물리쳐 주시옵고, 그 심령을 복되게 해 주셔서 하나님을 아는 신령한 눈을 뜨게 하여 주시옵소서.

남편에게 깨닫는 은혜를 더하여 주셔서 자신이 하고 있는 짓이 얼마나 악한 것인가를 알게 하시고, 회개하고 주님 앞으로 나아오게 하여 주시옵소서.

남편이 무섭기 보다는 불쌍합니다. 주님도 제 마음과 동일하시 겠지요? 그 영혼을 버리지 마시옵소서. 불쌍히 여겨 주시고, 주님을 핍박하는 손길이 변하여 주님의 사랑을 전하는 손길이 되게 하여 주시옵소서.

예수 그리스도의 이름으로 기도합니다. 아멘.

내 기도를 들으소서

아버지여!

내 입의 기도를 들으소서.
오, 하늘의 아버지시여!
내 마음의 묵상을
열납하소서.

입술의 말은
생각의 열매입니다.
마음의 생각은
표현될 언어의 씨앗입니다.

허물도 죄악도
주님께 고백하오니
받으옵시고
선으로 오! 선으로 인도하소서.

입술의 기도와
묵상하는 생각이
비록 보잘 것 없는 것이어도
성령의 하나님께서 도와주소서.

오, 하늘의 아버지시여.

장애, 질병, 이별이 찾아 왔을 때의 기도문

 (1) 건강할 때
 (2) 장애를 갖고 있을 때
 (3) 장애인이 되었을 때
 (4) 가족이 아플 때
 (5) 질병이 찾아왔을 때
 (6) 질병이 깊어질 때
 (7) 불치병을 앓고 있을 때
 (8) 수술을 앞두고 있을 때
 (9) 병원에 입원하고 있을 때
(10) 아픈 몸이 회복 되었을 때
(11) 남편을 먼저 하늘나라로 보냈을 때
(12) 아내를 먼저 하늘나라로 보냈을 때
(13) 사랑하는 사람을 갑작스런 사고로 잃었을 때
(14) 남편(아내)이 속을 썩일 때
(15) 남편(아내)과 결별한 상태에 있을 때
(16) 이혼 했을 때

건강할 때

(잠 1:33)

"오직 내 말을 듣는 자는 평안히 살며 재앙의 두려움이 없이 안전하리라."

사랑과 은혜가 많으신 하나님 아버지!

수 없는 사고가 빈번히 일어나고 있고, 희귀병과 질병이 끊이지 않고 있는 이 세상에서 주님의 강하신 팔로 늘 붙들어 주시고, 인도하시며, 보호하여 주심을 감사합니다.

아무 일 없고 강건할 때, 평안함과 강건함을 자랑하기보다는 주님의 평안의 길로 이끄심을 자랑하며, 주님께 더욱 큰 영광을 돌릴 수 있는 주의 사람이 되게 하시옵소서.

강건함과 평안의 길로 이끄시는 주님의 은혜를 생각하며 날마다 주님과 동행하는 삶을 살기에 힘쓸 수 있게 하시고, 육신의 낙이나 욕심을 위해 주님이 주신 그 귀한 은총을 낭비하지 않게 하시옵소서. 저의 인생은 저의 것이 아니라 주님의 것임을 믿습니다.

언제나 이 몸이 주님을 위해서 달아서 없어지는 헌신이 있게 하시고, 주님께 몸을 깨뜨려 드리기에 충성을 다하게 하여 주시옵소서. 연약한 자, 질병으로 신음하는 사람들에게 진정한 위로자의 역할을 감당할 수 있게 하여 주시고, 괴로움과 절망 중에 있는 사람들에게 진정한 용기를 심어줄 수 있는 주의 사람이 되게 하여 주시옵소서.

| 참고 성구 |

창 3:9-18; 잠 4:20-27, 25:13; 사 40:31;
고전 3:1-2, 9:24-25; 딤전 2:8; 요삼 4

　외롭고 쓸쓸한 사람들에게 따뜻한 벗이 될 수 있게 하여 주시고 주님께 빚을 진자로서 그 어떤 수고도 아끼지 않는 주의 사람이 되게 하여 주시옵소서.
　저처럼 많은 사람들이 주님이 주시는 평안을 누리며, 늘 강건케 하시는 주님의 은총을 누리기를 원합니다. 병고에 시달리지 아니하고 온전한 몸으로 주님을 잘 섬길 수 있게 하여 주시고, 주님을 위하여 삶을 드리는 것이 저들의 즐거움이 될 수 있도록 인도하여 주시옵소서.
　저의 인생은 저의 것이 아니라 하나님께서 당신의 영광을 위해 맡겨주신 것임을 굳게 믿으며 예수 그리스도의 이름으로 기도합니다. 아멘.

❧ 장애를 갖고 있을 때

(사 43:1)

"너는 두려워하지 말라 내가 너를 구속하였고 내가 너를 지명하여 불렀나니 너는 내 것이라."

자비로우신 하나님 아버지!

한없이 부족한 저에게 생명과 호흡을 주시고 주님을 찬송하며 영광 돌리는 삶을 살 수 있도록 인도하심을 감사드립니다.

주님!

제가 장애를 갖고 있다는 것을 우리 주님은 잘 아시지요? 그 동안 불완전한 저의 육체로 인하여 얼마나 많이 넘어졌는지 모릅니다. 한없이 초라해 보이는 제 모습을 보며 수없이 하나님을 원망하기도 했었습니다.

그러나 제 고통에 함께 참여하고 계신 우리 주님이 평안과 꿈을 잃어버린 저를 끝없이 강권하셔서 이제는 제 입에서 주님을 향한 구원의 노래가 흘러나오고, 감사의 고백만 있을 뿐입니다.

주님!

용기를 잃지 않으렵니다. 꿈을 잃지 않으렵니다. 최선을 다하렵니다. 정상인들처럼 육체의 온전함은 없으나 제게는 주님이 주신 부요가 있음을 깨닫습니다. 저의 아픔을 인하여 주님을 더욱 가까이 할 수 있으니 이 얼마나 부요하고 복된 삶입니까?

매일 주님의 음성을 들을 수 있으니 이 보다 더 큰 축복이 어디

| 참고 성구 |
잠 3:6; 사 43:18-19,21; 마 20:28;
눅 5:31-32; 롬 5:3-4; 고전 15:58

에 있겠습니까? 저에게는 정상인에게 있는 것이 없지만, 공평하신 하나님이 저에게만 주신 하늘의 보배가 있으니 제 삶은 주님 안에서 놀라운 풍요를 체험합니다.

주님!

그토록 많은 세월을 주님께 떼를 쓰면서 알게 된 하늘의 비밀은 장애도 주님이 제게 주신 소중한 은사라는 것을 알았습니다. 이제 이 소중한 은사를 가지고 주님을 기쁘시게 해 드릴 수 있다면 정상인이 꿈도 못 꿀 일을 할 수 있을 것이라고 확신합니다.

장애를 주님 앞에 드립니다. 주님을 위해서 놀라운 일을 할 수 있도록 저에게 넘치는 지혜를 부어 주시고, 믿음의 능력을 발휘할 수 있도록 저의 믿음을 더욱 굳세게 하여 주시옵소서.

주위를 깜짝 놀라게 하고, 신선한 충격을 던져 주며, 도전을 줄 수 있는 주의 도구로 쓰임 받게 하여 주시옵소서. 멀쩡한 사람도 감히 하지 못할 일을 해 낼 수 있도록 넘치는 은혜를 부어 주시옵소서.

예수 그리스도의 이름으로 기도합니다. 아멘.

장애인이 되었을 때

(시 46:1)

"하나님은 우리의 피난처시요 힘이시니 환난 중에 만날 큰 도움이시라."

힘과 능력이신 하나님 아버지!

사망의 음침한 골짜기에서 제 생명을 지켜 주시고 건져주심을 감사드립니다. 그렇지만 안타깝게도 예전처럼 온전한 육신을 가질 수 없게 되었나이다.

한동안 이 일로 인하여 너무나 견디기가 힘들어 생명을 포기하고 싶은 충동을 지울 수 없었사옵니다. 뼈를 녹일 정도로 파고드는 절망과 좌절을 뿌리칠 수 없어서 몇 번이고 자해를 해보았으나 제 생명을 제 스스로 정리한다는 것도 결코 쉽지 않다는 것을 느꼈나이다.

주님께 그토록 하찮은 제 목숨을 거두어 주실 것을 간청하며 애원했으나 하나님은 침묵하고 계셨습니다. 원망으로 가득찬 제 부르짖음 앞에 우리 주님은 너무나 여유를 보이시기에 주님을 비하시키는 말도 서슴없이 내뱉던 저였습니다.

그러나 시간이 흐르면서 주님이 제 생명을 붙드시고 계신다는 것을 느끼게 되었고, 강퍅해진 제 마음에 평안을 주시고 위로를 더하시는 주님의 따사로운 손길을 느끼게 되었나이다. 그리고 장애는 불편할 다름이지 불행이 아님을 깨달았나이다.

| 참고 성구 |
욥 11:18-19; 사 4:8, 16:11, 34:19, 91:2-4, 147:3; 딤후 1:7

　더 나아가 장애도 주님이 주신 은사라는 것을 깨달았나이다. 깊은 시름과 좌절의 늪에서 허덕이고 있는 저에게 희망을 주신 주님,
　저에게 장애를 주신 하나님의 섭리와 은혜를 생각하며 감사하나이다. 이제 육신이 불안전한 이 몸으로 주님을 위하여 무엇을 해야 할지 가르쳐 주시고 깨닫게 하여 주셔서 제 생명이 다하는 그날까지 남은 육신을 드릴 수 있는 삶을 살게 하시옵소서.
　저는 반드시 믿습니다. 그리고 확신합니다. 불구인 제 몸도 주님이 들어 쓰시기만 하면 정상인도 하지 못할 일을 해낼 수 있다는 것을 말입니다.
　주님! 저를 놓고 마음의 부담을 안고 기도하고 있는 가족들에게 위로와 평안을 더하여 주시고, 애통해 하는 마음에 은혜의 빛을 비춰 주시옵소서. 또한 하나님의 선하신 뜻과 사랑을 체험하게 하여 주시고, 굳세고 강한 믿음 안에 거하게 하여 주시옵소서.
　나의 힘이 되시고 능력이 되시는 예수 그리스도의 이름으로 기도힙니다. 이멘.

가족이 아플 때

(약 5:15)

"믿음의 기도는 병든 자를 구원하리니 주께서 그를 일으키시리라 혹시 죄를 범하였을지라도 사하심을 받으리라."

전능하신 하나님 아버지!

하나님의 하시는 일은 가장 놀랍고, 지으신 모든 것을 사랑하시는 줄을 아옵고 감사 드립니다.

주님!

질병으로 인하여 고통당하고 있는 제 혈육을 위하여 기도드립니다. 아픔과 괴로움 속에서 신음하고 있사오니 불쌍히 여겨 주셔서 치료의 은혜를 베풀어 주시옵소서.

지금까지 흔들리지 아니하고 믿음의 길을 잘 달려왔는데 질병 앞에 맥없이 쓰러져 신음하고 있나이다. 그러나 신음 중에도 주님의 이름만 부르고 있고 고통 중에도 주님만 찾고 있사오니 제 혈육을 병상에서 일으켜 주시옵소서.

그 동안 주님의 몸 된 교회를 위하여 얼마나 열심히 봉사했는지 모릅니다. 그 바쁜 일 가운데도, 그 피곤함 가운데서도 주님을 위한 일이라면 기꺼이 몸을 깨뜨려 헌신하고자 했던 제 혈육입니다.

교회일 때문에 아이들하고 놀이공원 가는 것 조차도 짬을 내지 못했던 제 혈육입니다. 잠을 못자는 한이 있더라도 새벽기도는 빠지지 않았습니다. 그런데 이제는 초췌한 모습으로 병상에서 병마와

| 참고 성구 |
출 23:25; 행 3:16; 약 5:16; 요삼 1:2

힘겹게 씨름을 하고 있으니 너무나 안타깝고, 너무나 불쌍합니다.
주여!
"나는 너희를 치료하는 여호와임이니라"(출15:26) 말씀 하셨사오니, 이제껏 주님을 위하여 살기를 힘써온 제 혈육을 고쳐주시옵소서. 전과 같이 건강함을 되찾아 주님의 일에 더욱 정진할 수 있도록 은총을 베풀어 주시옵소서.

생명을 주시기도 하시고, 취하기도 하시는 분이심을 믿습니다. 가난하게도 하시고, 부하게도 하시는 분이심을 믿습니다. 병들게도 하시고, 낫게도 하시는 분이심을 믿습니다.

모든 주권이 주님께 속해 있사오니 치료와 복으로 함께하여 주시옵소서. 하나님의 살아계심을 다시 한번 체험하게 하시옵고, 주님만을 위하여 살아온 자의 말로가 조라하게 끝나지 않게 하여 주시옵소서.

사랑이 많으신 우리 주님께서 제 혈육을 반드시 일으켜 주실 것을 믿습니다. 다시 한번 주님을 찬양할 수 있도록 인도하실 것을 믿사오며 예수 그리스도의 이름으로 기도합니다. 아멘.

질병이 찾아 왔을 때

(출 23:25)

"네 하나님 여호와를 섬기라 그리하면 여호와가 너희의 양식과 물에 복을 내리고 너희 중에서 병을 제하리니."

사랑의 하나님 아버지!

제게 뜻하지 않은 질병이 찾아 왔지만 모든 것이 합력하여 선을 이루시는 하나님의 섭리하심을 믿고 감사드립니다.

질병으로 고통당하는 시간이 길어진다 할지라도 주님의 섭리하심을 조금도 의심치 않게 하여 주시옵고, 믿음으로 잘 이겨낼 수 있도록 인도하여 주시옵소서.

오랜 시간 동안 질병 중에 시달리므로 인하여 맡겨주신 사명을 잘 감당할 수 없게 될까 그것이 염려되오니 주님의 일을 더욱 힘써서 할 수 있도록 힘과 능력을 더하여 주시옵소서.

아파서 도무지 견디기 힘들 때 주님의 십자가를 생각하게 하시고 그 사랑의 크기를 깨닫게 하사 고통 앞에 더욱 담대하게 하시옵소서.

원하시오면 이 질병으로부터 속히 승리할 수 있도록 치료의 은총을 더하여 주시옵고, 생명을 건지신 주님께 더욱 감사할 수 있도록 은혜를 베풀어 주시옵소서.

가족들에게도 위로와 평안을 더하여 주시기를 원합니다. 염려가 변하여 기도가 되게 하시고, 낙심이 변하여 찬송이 되게 하여 주시

| 참고 성구 |
출 15:26; 시편 39:12-13, 41:3, 103:3; 사 58:8;
렘 34:17; 말 4:2; 마 4:23-24, 8:17; 눅 6:17;
요 11:4; 롬 9:19-21; 고후 12:7-9; 약 5:15

옵소서. 혹 받아들이기 어려운 결과가 찾아온다 할지라도 하나님을 원망하지 않게 하시옵고, 모든 생명이 주님께 있음을 더욱 깨닫게 하시옵소서.

하나님을 경외하고 주를 의지하는 자에게 복을 주시되 넘치도록 주시는 분이심을 믿습니다.

만 왕의 왕이시요 만병의 의원이신 예수 그리스도의 이름으로 기도합니다. 아멘.

☙ 질병이 깊어질 때

(눅 6:19)

"온 무리가 예수를 만지려고 힘쓰니 이는 능력이 예수께로부터 나와서 모든 사람을 낫게 함이러라."

자비로우시고 능력이 많으신 하나님 아버지!

우리 하나님은 제 처지와 형편을 아시고 제 기도를 들으시며 축복하시기를 기뻐하시는 하나님 이신 것을 믿습니다.

지금 질병으로 고통당하고 있지만 세상의 가치 기준으로 판단하여 낙심하거나 실족하지 않도록 크신 은총을 더하여 주시옵소서.

이 질병으로 말미암아 우리의 육체가 질그릇처럼 쉽게 깨어질 수 있다는 사실을 체험케 하시고, 너무나 쉽게 무너지는 약하디 약한 존재임을 깨닫게 하시니 감사합니다.

더욱 감사한 것은 건강할 때 보지 못했던 주님을 육체의 질병을 통하여 볼 수 있게 하시니 감사합니다. 간절하게 기도할 수 있는 법을 가르쳐 주시니 감사합니다. 뜨겁게 찬송할 수 있는 자리로 이끌어 주시니 감사합니다. 그리고 그 동안 잊고 있었던 영원한 것에 대하여 눈을 뜨게 해주시니 감사합니다.

생명을 주신 것도 하나님이시요, 취하실 자도 하나님 이시오니 오직 하나님의 뜻대로 되기를 원합니다. 하오나 주님이 주신 생명이 너무나 소중하기에 병 낫기를 위하여 간구합니다. 이 질병이 길어짐으로 인하여 주님의 영광을 가리우는 일이 없게 하여 주시고,

| 참고 성구 |
시 23:1; 사 38:3; 마 4:23-24, 8:16-17, 9:12; 막 1:29-31, 5:21-24;
눅 4:39; 요 11:4; 롬 5:1-4; 고전 10:13

이 질병으로 인하여 주님의 영광을 더욱 드러낼 수 있는 길로 인도하여 주시옵소서.

주님의 피 묻은 손으로 제 병든 몸을 어루만져 주시사 나음을 얻게 하여 주시고, 치료자이신 주님을 더욱 증거 할 수 있도록 인도하여 주시옵소서.

건강의 회복을 위하여 눈물을 흘리며 기도했던 시편기자의 심정으로 간구하오니 더러운 병균을 성령의 불로 녹여 주시고 깨끗케 하여 주시옵소서. 히스기야가 심히 통곡하며 기도할 때 그의 기도를 응답하셨던 하나님!

상한 심령으로 주님 앞에 간구하오니 거절치 마시옵소서. 이 질병에서 건져주실 것을 믿사옵고 예수 그리스도의 이름으로 기도합니다. 아멘.

❥ 불치병을 앓고 있을 때

(사 38:16)

"주여 사람이 사는 것이 이에 있고 내 심령의 생명도 온전히 거기에 있사오니 원하건대 나를 치료하시며 나를 살려 주옵소서."

질병을 치료하여 주신다고 말씀하신 하나님!

고통이 온 몸과 영혼까지도 짓누르고 있지만 끝까지 주님을 의지하고 바라볼 수 있도록 인도하심을 감사드립니다.

주여!

이 연약한 종이 병 낫기를 소원하여 간구합니다. 하실 수 있거든 이 험한 질병을 고쳐 주시옵소서. 영혼을 쏟으며 간절히 기도하오니 건강을 회복시켜 주시옵소서.

질그릇 같이 깨지기 쉬운 것이 인생이오나 온 몸 곳곳에 밀려드는 통증을 견딜 수 없나이다. 온 몸 곳곳에 예리한 면도날이 박히는 것 같은 큰 아픔을 이겨낼 수 없나이다. 음부의 고통이 이와 같을까 생각지 않을 수 없나이다.

통증에 못 이겨 실신하기도 몇 번이오니 이 연약한 종을 불쌍히 여겨 주시옵소서. 주님 앞에 가난한 심령으로 무릎을 꿇었습니다.

오직 주님이 베푸시는 기적을 바라보며 주님의 한없으신 긍휼을 소망합니다. 주님의 장중에서 재 창조되는 은혜를 허락하여 주시옵소서. 히스기야가 병 낫기를 위하여 기도했을 때 그의 기도를 들으시고 그 생명을 연장시켜 주셨던 주여, 주님을 위하여 더욱

| 참고 성구 |
말 4:2; 막 6:59; 갈 2:20

충성할 수 있는 기회를 허락하여 주시옵소서. 혹시 아직까지 이 죄인에게 숨겨진 죄악이 있으면 깨닫는 은혜를 더하여 주시고, 철저히 회개할 수 있도록 이끌어 주시옵소서.

　주님의 사랑을 조금도 의심치 않습니다. 주님의 섭리하심을 조금도 의심치 않습니다. 이 죄인을 불같이 연단하셔서 정금같이 쓰시려는 주님의 작정이신 줄 믿습니다.

　주님의 강하신 치료의 손길이 이 죄인의 병든 몸을 어루만져 주셔서 병마가 물러가고 건강을 되찾게 하여 주실 것을 믿사옵고 만병의 의원이신 예수 그리스도의 이름으로 기도합니다. 아멘.

수술을 앞두고

(사 41:10)

"두려워하지 말라 내가 너와 함께 함이라 놀라지 말라 나는 네 하나님이 됨이라 내가 너를 굳세게 하리라 참으로 너를 도와주리라 참으로 나의 의로운 오른손으로 너를 붙들리라."

언제나 함께 하시는 하나님 아버지!

병마에게 빼앗겼던 이 몸을 다시 회복하기 위하여 수술을 받으려고 합니다. 수술을 앞두고 두려운 마음을 감출 수가 없나이다.

그러나 능력의 주님이 저와 함께 하시오니 평안의 매는 줄로 굳게 잡아주실 것을 믿습니다. 수술의 모든 과정을 주님께 맡깁니다. 주님이 친히 수술하여 주시옵소서.

육체의 수술대 위에 오르는 것이지만 영혼의 수술대 위에도 오른것으로 생각하고 있사오니 영혼의 수술도 함께 하여 주시옵소서.

수술을 집도한 것은 의사이지만 그들의 손을 움직이시는 것은 주님이신 것을 믿습니다. 곁에서 돕는 간호사들도 우리 주님이 천사를 동원시켜 주셔서 간호사들을 친히 돕게 하실 것을 믿습니다.

수술을 집도하는 또 다른 분이 계심을 저들로 깨닫게 하여 주시옵소서.

수술 중 불미스런 사고가 발생하지 않도록 모든 위험한 것들을 막아 주시고 수술이 빠르게, 꼼꼼하게 진행되게 하시고, 성공적으로 이루어 질 수 있도록 인도하여 주시옵소서. 염려하는 가족들에게 위로와 평안을 더하여 주시기를 원합니다.

| 참고 성구 |
시 23:1-6; 사 43:1-3; 요 14:1

 이제껏 저를 위하여 정성껏 간호하였사오니 그 수고로움이 헛되지 않게 하여 주시옵소서.
 치료의 놀라운 손길로 함께 하시는 주님을 인하여 기뻐하고 즐거워할 수 있게 하여 주시옵소서. 주님의 강하신 팔을 의지합니다. 생명의 주님이신 주님께 맡깁니다.
 예수 그리스도의 이름으로 기도합니다. 아멘.

병원에 입원하고 있을 때

(렘 17:14)

"여호와여 주는 나의 찬송이시오니 나를 고치소서 그리하시면 내가 낫겠나이다 나를 구원하소서 그리하시면 내가 구원을 얻으리이다."

자비로우신 하나님 아버지!

예수 그리스도 안에 있는 사람은 누구든지 영혼이 잘 됨 같이 범사가 잘되고 강건하며 생명을 얻되 넘치도록 풍성히 얻는 삶을 살게 하여 주신다는 사실을 확실히 믿습니다.

간구 하옵기는 오래도록 병상에서 병마와 씨름하고 있는 이 영혼을 불쌍히 여겨 주시옵소서. 너무나 많은 세월을 병상에서 허덕이고 있습니다.

육신이 연약해짐에 따라 믿음마저 식어질까 두렵사오니 어서 속히 이 병상에서 일으켜 주시옵고 전과 같아 건강함을 되찾아 주님의 일을 더욱 열심히 할 수 있도록 은총을 베풀어 주시옵소서.

"나는 너희를 치료하는 여호와임이니라"(출 15:26) 말씀하셨사오니 능력이 무한하신 우리 주님이 치료의 광선을 발하여 주시어서 이 몸 속에서 활동하고 있는 병균을 태워 주시옵고, 사슴같이 뛰며 주님을 찬양할 수 있도록 이끌어 주시옵소서.

특별히 간호에 힘쓰고 있는 가족에게 위로를 더하여 주시고, 지치지 않도록 힘주시기를 원합니다. 영육간에 약함이 틈타지 않도록 성령의 능력으로 지켜 주시옵소서.

| 참고 성구 |
사 38:16, 53:5, 58:8; 렘 17:14, 30:17; 말 4:2; 벧전 2:24

믿음의 교우들이 이 부족한 종의 회복을 위하여 기도하고 있습니다. 온 교우들에게 하나님의 살아 계심을 보여 주시옵소서.
　상한 갈대를 꺾지 아니하시고 꺼져가는 심지를 끄지 아니하시는 예수 그리스도의 이름으로 기도합니다. 아멘.

아픈 몸이 회복 되었을 때

(사 58:8)

"그리하면 네 빛이 새벽 같이 비칠 것이며 네 치유가 급속할 것이며 네 공의가 네 앞에 행하고 여호와의 영광이 네 뒤에 호위하리니."

사랑의 주님!

하나님을 섬기는 자에게 질병을 제하여 주신다는 말씀대로 제 몸을 다시 건강하게 일으켜 주심을 감사합니다. 몸이 아플 때 주님의 영광을 가리우는 일이 없게 하심을 감사합니다.

신앙의 흔들림이 없이 주님을 더욱 의지할 수 있도록 이끄심도 감사 드립니다.

이제 주님이 베푸신 그 크고 놀라우신 은총으로 말미암아 제 몸이 건강을 되찾았사오니 더욱 더 주님을 위하여 충성할 수 있도록 도와 주시옵소서.

남은 인생, 주님을 위하여 불꽃처럼 타오를 수 있는 삶이 되게 하시옵고, 주님의 은혜에 넘치도록 보답하는 삶이 되게 하여 주시옵소서. 병든 자와 가난한 자의 위로자가 될 수 있는 삶이 되게 하여 주시고, 외롭고 쓸쓸한 자의 벗이 될 수 있는 삶이 되게 하여주시옵소서.

주님께 빚을 진자로서 기꺼이 사랑과 희생의 대가를 지불하는 삶이 되게 하여 주시옵고, 녹슬어 없어지는 인생이 아니라 달아서 없어지는 인생이 될 수 있도록 이끌어 주시옵소서.

| 참고 성구 |
출 15:26; 사 58:9-11; 말 4:2

　주님이 주신 재생의 축복, 주님을 위하여 온전히 드릴 수 있도록 인도하여 주시옵소서.
　회복의 은총을 허락하신 주님의 사랑에 다시 한번 감사하오며 예수 그리스도의 이름으로 기도합니다. 아멘.

남편을 먼저 하늘나라로 보냈을 때

(사 55:8)

"이는 내 생각이 너희의 생각과 다르며 내 길은 너희의 길과 다름이니라 여호와의 말씀이니라."

위로의 주님!

남편 없이 홀로 있는 제 자리는 너무나 적적하고, 너무나 쓸쓸합니다. 아직도 남편이 주님 나라로 간 것이 믿겨지지 않습니다. 바보 같은 짓이지만 식사할 때마다 밥상에 남편 것도 함께 차려놓습니다.

남편이 맛있게 먹던 것을 차려놓기도 하고, 그토록 먹고 싶어 했던 것도 차려놓습니다. 이렇게라도 하지 않으면 너무나 견디기가 힘들기에 아직은 남편의 죽음을 인정하고 싶지 않습니다.

주님을 의지하면 될 것을, 전적으로 주님을 의지하지 못하는 연약한 제 믿음을 나무라셔도 상관치 않으렵니다. 이제껏 수 없는 세월을 함께 하며 쌓아온 정이 있는데 어떻게 하루아침에 정리할 수 있겠습니까?

남편의 죽음을 인정하지 않고 산다면 제 모습이 조금은 덜 초라해 보일 것이라고 제 스스로 생각합니다. 남들은 어떻게 생각할지 몰라도 저는 그렇습니다. 먼 곳으로 출장을 간 남편으로 생각하고 기다리며 살겠습니다. 이렇게 살다 보면 언젠가는 주님과 더불어 남편을 만날 날이 오겠지요.

주님! 정말 힘들어요. 하루 이틀도 아니고 어쩌면 십년 이십년

| 참고 성구 |

시 11:4, 36:7, 103:15, 144:3-4; 전 3:2, 7:1, 9:12; 사 2:22; 렘 10:23;
겔 24:16-17; 단 4:17; 요 11:25-26; 롬 4:17, 5:15, 6:11;
고전 15:42; 엡 2:15; 딤전 6:16; 히 9:27-28; 계 20:5-6

더 길어질 수도 있을 텐데 남편 없는 빈자리를 어떻게 메우며 살아야 하지요?

남들은 주님을 바라보면 된다고 말할 수 있겠지요, 믿음이 형편없다고 흉볼 수도 있겠지요. 그러나 그들도 저의 입장이 된다면 생각이 달라질 것입니다.

주님!

때때로 남편을 먼저 데려간 주님을 원망하더라도 긍휼히 여겨 주세요. 비 신앙적인 행동을 해도 불쌍히 여겨 주세요. 연약한 인간이잖아요? 그럴 수도 있잖아요?

진정으로 서러움에 가득찬 제 마음을 알아주시는 분은 주님외에 없다는 것 주님이 더 잘 아시지요?

제 믿음은 결코 흔들리지 않을 것입니다. 언젠가는 제 깊은 상처도 치유될 날이 오겠지요. 주님이 계시니까요. 주님, 사랑해요.

예수 그리스도의 이름으로 기도합니다. 아멘.

아내를 먼저 하늘나라로 보냈을 때

(전 3:2)

"날 때가 있고 죽을 때가 있으며 심을 때가 있고 심은 것을 뽑을 때가 있으며."

깊은 수렁에서 건지시는 하나님 아버지!

저는 무지하고 미련하여 주님의 크신 뜻을 깨닫기가 어렵사오나 사랑하는 제 아내를 주님이 너무 사랑하셔서 먼저 하늘나라로 데려 가신 것임을 믿습니다.

이토록 빠른 이별이 올 줄 알았다면 "좀 더 잘 해줬더라면 좋았을 것을"하는 안타까움이 마음을 괴롭힙니다. 가난하고 못난 저에게 시집와서 너무 많은 고생을 했는데. 이제 조금 한숨 돌리는 형편이 됐는가 싶더니 이별을 맞고 말았습니다.

힘든 가정 살림을 꾸려 가면서도 불평 한마디 하지 않았던 아내입니다. 바쁜 생활 가운데서도 하나님을 잘 섬겼던 아내입니다. 교회에 봉사하는 일이라면 피곤해도 달려갔습니다.

고생만 하다 주님 품안에 안긴 제 아내에게 넘치는 위로를 주시고, 참된 안식을 누릴 수 있게 하여 주시옵소서. 그 동안 계절에 맞는 옷 한 벌 제대로 해준 적이 없는데 주님 나라로 보내면서 마지막으로 베옷 한 벌 해 입혔습니다. 꺼끌꺼끌한 베옷을 입고 있으면서도 불평 없이 편안히 잠자고 있는 아내의 모습을 보니 제 마음이 너무도 아팠습니다.

| 참고 성구 |
시 11:4, 103:15, 144:3-4; 전 7:1, 9:12; 사 2:22; 요 11:25-26;
롬 4:17; 고전 15:42; 딤전 6:16; 히 9:27

주님!

이 땅에서 마지막 떠날 때에 베옷을 입고 있었지만 주님 나라에서는 천사도 부러워할 영광의 옷으로 새롭게 입혀 주실 것을 믿습니다. 그리고 아내 없이 홀로 살아야 하는 제게도 힘을 주시옵소서.

주님이 저와 함께하고 계신 것을 확신하고 있지만, 그러나 아내 없는 생활이 제게는 너무나 힘들고 견디기가 어렵습니다.

아이들도 기가 죽어있습니다. 제가 어떻게 될까 봐 제 눈치만 보고 있습니다. 엄마 손길 없이 자라야 하는 아이들도 참으로 불쌍하기만 합니다.

주여!

가장 연약해진 저를 붙들어 주시옵소서. 아이들을 지켜 주시옵소서. 이 험한 세상에서 저희 가정을 보호하여 주시고, 소망의 빛을 더욱 강하게 비춰 주시옵소서. 의지할 곳이라곤 주님 밖에 없나이다. 불쌍히 여겨 주시옵소서. 산자와 죽은 자의 구원이 되시는 예수 그리스도의 이름으로 기도합니다. 아멘.

사랑하는 사람을 갑작스런 사고로 잃었을 때

(시 42:1)

"하나님이여 사슴이 시냇물을 찾기에 갈급함 같이 내 영혼이 주를 찾기에 갈급하니이다."

자비와 긍휼이 풍성하신 하나님 아버지!

저희는 살아도 주님의 것이요, 죽어도 주님의 것임을 조금도 의심치 않습니다. 하오나 사랑하는 사람의 갑작스러운 죽음 앞에 어안이 벙벙할 따름입니다.

사랑하는 사람이 이렇게 제 곁을 떠나다니 도무지 납득할 수 없나이다. 믿음이 흔들리지 않으려고 안간힘을 쓰고 있지만 한없이 무너지고 있습니다. 주님의 섭리하심이 무엇인지 깨달을 수 없어 주님을 향하여 원망의 소리를 높이지 않을 수 없나이다.

주여!

이별을 준비한 것도 아닌데 어찌하여 준비 없는 죽음을 맞게하셨나이까? 놀란 제 가슴은 한없이 무너져 내리는 괴로움과 절망을 느낍니다.

이 땅에 좀 더 두시면 안되었나이까? 제 곁에, 아이들 곁에 좀 더 두시면 안되었나이까? 저와 아이들은 어떻게 살라고 이렇게 빨리 데려가셨나이까?

주님을 향하여 원망의 목소리만 높이지 않도록 주님의 깊은 뜻이 무엇인지 깨닫게 하여 주시옵소서. 주님의 무한한 섭리를 헤아릴 수

| 참고 성구 |
욥 1:13-22; 시 4:1, 42:1-11; 사 41:10;
요 16:33; 약 4:14; 계 21:4

없어 한없이 슬퍼하고 있는 제게 주님의 말씀을 주시기를 원합니다. 아무리 생각하고 또 생각해도 사랑하는 사람의 갑작스러운 죽음을 받아들이기가 어렵나이다.

저는 아직 그를 먼저 주님 앞으로 보낼 아무런 준비가 되어있지 않습니다. 그를 떠나보내고 싶지 않습니다. 넉넉하지 못한 생활 가운데서도 정말 주님의 뜻대로 살려고 무던히도 애써왔는데, 생활비를 줄여가며 주님의 몸 된 교회를 위하여 그토록 힘써 왔는데, 아이들에게 사주고 싶은 것 못 사주며, 가고 싶은 것 못 가보며 그토록 주님만을 위하여 살아왔는데 왜 이런 이별을 주십니까?

주님의 섭리하심을 이해할 수 없나이다. 받아들이기가 어렵나이다. 거부하는 모습일지라도 용서하여 주시옵소서. 하오나 언젠가는 마음의상처가 치유되어 주님의 섭리와 그 크신 뜻을 깨닫는 날이 오겠지요.

그때까지 주님께 원망을 해도, 투정을 부려도 어린아이의 투정쯤으로 생각하시며 받아 주시옵소서. 주님의 위로하심을 길밍합니다. 예수 그리스도의 이름으로 기도합니다. 아멘.

남편(아내)이 속을 썩일 때

(시 121:1~2)

"내가 산을 향하여 눈을 들리라 나의 도움이 어디서 올까 나의 도움은 천지를 지으신 여호와에게서로다."

사랑의 주님! 긍휼의 주님!
남편(아내)으로 인하여 제 마음에 근심과 걱정이 가득하나이다. 본성이 너무 착한 탓인지는 몰라도 악한 꾀임에 빠져들기를 잘합니다.
그 동안 남편(아내)의 실수로 인하여 가정에 물질적인 어려움이 말할 수 없이 심했고, 빚을 떠안은 것이 한두 번이 아닙니다.
성격은 좋지만 가정에 너무 무책임한 남편(아내)과 더 이상 함께 살 용기가 나지 않아 여러 번 갈라설 것을 결심해 보았으나 주님께 큰 죄를 짓는 것이 되고 부모님과 아이들에게 너무나 큰 상처를 주는 것이기에 차마 행동으로 옮기지는 못했습니다.
남편(아내)으로부터 "이제 다시는 안 그러겠다"고 수없이 다짐을 받았지만 그때 뿐입니다. 주여! 인력으로는 불가능한 일인 줄 알기에 주님께 도움을 얻기 위하여 간구합니다. 제 남편(아내)과 어찌하면 좋겠습니까?
저는 솔직히 같이 살고 싶은 마음이 없습니다. 아무리 이해하고 용서하려고 해도 이제는 한계에 다다른 것 같습니다. 배신감만 느껴지고 지긋 지긋하기만 합니다. 하오나 주님이 막으시면 주님의 뜻을 따르겠나이다. 어찌할 수 없어 괴로워하는 저에게 주님의 음성을 들려주시옵소서.

| 참고 성구 |
시 5:12, 37:4-6

　남편(아내)을 변화시켜 주시옵소서. 그 속에 자리 잡고 있는 거짓의 영과 악한 영을 물리쳐 주시옵고, 진정한 주의 사람으로 거듭나게 하여 주시옵소서.
　잘못된 습관과 버릇을 고치고 새사람 되게 하여 주시옵소서. 가족에 대한 책임을 다할 수 있는 남편(아내)이 되게 하여 주시옵고, 주님께도 성실하게 충성할 수 있는 일꾼이 되게 하여 주시옵소서. 다른 부부가 둘이서 교회에서 봉사하는 것을 보면 얼마나 부러운지 모릅니다.
　저희 부부가 주님께 힘을 다하여 충성할 수만 있다면 이보다 더 큰 축복이 어디에 있겠습니까?
　주여! 제 삶이 지겹지 않게 도와 주시옵소서. 소망이 있게 하여 주시옵소서. 기쁨이 있게 하여 주시옵소서. 구원하여 주시옵소서.
　예수 그리스도의 이름으로 기도합니다. 아멘.

남편(아내)과 결별한 상태에 있을 때

(잠 17:9)

"허물을 덮어 주는 자는 사랑을 구하는 자요 그것을 거듭 말하는 자는 친한 벗을 이간하는 자니라."

자비로우신 하나님 아버지!

주님은 자비하셔서 상하고 통회하는 심령을 멸시치 아니하시며 죄악을 사유하시는 하나님이심을 믿습니다. 회개하는 자에게 긍휼을 베푸시는 분이심을 믿습니다.

하나님의 은총을 입어 많은 사람들의 축복을 받으며 출발한 가정, 서로 한마음 되어서 주님만을 섬기며, 사랑하고 이해하는 가운데 행복한 가정을 가꾸려고 했으나 끝내 결별하고 말았습니다.

아직 이혼한 상태는 아니오나 둘이 완전히 갈라서는 것은 주님과 부모님에게 엄청난 죄를 짓는 것임을 알기에 서로가 떨어져서 자기를 돌아보는 시간을 갖기로 했습니다.

완전히 헤어지지 않도록 생각을 지키시고 마음을 붙들어 주심을 감사드립니다. 하오나 주님을 근심케 만들고, 부모님과 가족들에게 걱정을 끼치게 된 것은 참으로 잘못된 것임을 깨닫습니다.

이 못난 죄인을 용서하여 주시옵소서.

서로가 떨어져 있는 동안 마음의 평안과 깨달음을 주셔서 서로에 대하여 신뢰하지 못하고 화합하지 못하는 이유가 무엇인지를 정확히 진단할 수 있게 하여 주시고, 무엇보다도 자신의 허물에 대하여

| 참고 성구 |
신 28:1-6; 시 128:1-4, 144:12-14;
잠 11:16, 29:11; 엡 4:32, 5:22

　깊이 뉘우치고 회개할 수 있는 시간이 되게 하여 주시옵소서. 서로에 대한 갈등과 분노심도 눈 녹듯이 녹아지게 하여 주시옵고, 상한 감정과 격한 마음도 치유될 수 있게 하여 주시옵소서.
　불신과 오해도 서로를 존경할 수 있는 마음으로 바뀌어지게 하여 주시옵고, 서로에 대한 실망과 낙심이 위로와 격려로 바뀌어지게 하여 주시옵소서.
　사랑하기에 인색했던 마음, 칭찬하기에 인색했던 마음, 도와주기에 인색했던 마음, 서로의 마음을 헤아리기에 인색했던 마음이 거듭나게 하여 주셔서 하나님의 영광을 위하여 다시 살 수 있는 저희 두 사람이 되게 하여 주시옵소서.
　처음 사랑을 기억하기를 원합니다. 저희 두 사람의 빗나간 행동을 용서하여 주시옵고 극한 상황까지 가지 않도록 회복의 은총을 허락하여 주시옵소서. 용서를 구하오며 부끄러운 이 죄인 예수 그리스도의 이름으로 기도합니다. 아멘.

이혼 했을 때

(잠 21:21)

"공의와 인자를 따라 구하는 자는 생명과 공의와 영광을 얻느니라."

거룩하신 하나님 아버지!

부끄럽고 수치스러운 죄를 짓고도 아담처럼 주님을 피하지 아니하고 주님께 나올 수 있도록 이 죄인의 심령을 붙들어 주시니 감사드립니다.

그러나 이 죄인이 주님께 참으로 큰 죄를 지었음을 고백합니다. 어떻게 해서라도 주님의 말씀을 어기는 행동만큼은 하지 않으려고 했는데. 죄 짓는 자리만큼은 피해 보려고 무던히도 노려했는데 결국은 헤어지고 말았습니다.

하나님이 짝지어 주시고, 꾸며 주신 귀한 가정, 하나님과 영원히 동행하며 복을 받는 가정으로 가꾸지 못한 이 죄인을 용서하여 주시옵소서.

믿음의 반려자이기에 서로가 사랑하고 존경하며 기도하는 가정, 믿는 가정의 본을 보이는 가정, 부모님들과 친척들에게 사랑 받은 가정이 될 줄 알고 행복해 했는데 이렇게 화목된 가정을 이루지 못하고 갈라서고 말았습니다.

좀 더 이해하지 못한 이 죄인의 잘못이 큽니다. 좀 더 사랑하지 못한 이 죄인의 잘못이 큽니다. 제 자신을 좀 더 희생하고 헌신 했어야

| 참고 성구 |
시 42:1-5, 107:5,13,28; 잠 16:32;
고전 13:4-7; 고후 5:18; 히 13:5-6

했는데 그렇게 하지 못한 이 죄인의 잘못이 큽니다. 제 역할과 위치를 제대로 지키지 못한 이 이죄인의 잘못이 너무나 큽니다. 모든 것이 제 잘못입니다. 참회하오니 용서하여 주시옵소서.

이제 주님 앞에 어떻게 서야 하는지요? 어떻게 예배하고 어떻게 기도해야 하나요? 또, 사람들은 어떻게 대해야 하나요?

이 죄인은 모든 것이 두렵고 떨리기만 합니다. 주님과의 관계가 단절될까 두렵습니다. 교회를 멀리하게 되지는 않을까? 겁이납니다. 믿음이 길을 떠나게 되는 것은 아닐까? 두렵습니다. 믿음의 식구들을 대하는 것도 겁이 나고 주위의 따가운 시선도 소화할 능력이 없습니다.

주여! 이 죄인을 불쌍히 여겨 주시옵소서. 이 죄인을 버리지 마시옵소서. 이 죄인을 구원하여 주시옵소서. 갈 길을 인도하여 주시옵소서. 주님마저 저를 외면하시면 갈 곳이 없습니다. 이 죄인을 품어 주시옵소서. 예수 그리스도의 이름으로 기도합니다. 아멘.

주님을 기다립니다

-토마스 아켐피스-

나의 하나님 나의 주님이시여.
나를 멀리하지 마시옵소서.
나의 하나님이시여 늘 살펴 주시옵고
나를 도와주옵소서.
잡다한 생각들과 크나큰 두려움으로
내 영환이 고뇌에 빠져 있나이다.
나를 일으켜 주옵소서.
제가 어찌해야 이 어려움을 온전하게
극복해 나갈 수 있사오리까?
주님은 나의 소망이요, 유일하신 위안이오니
모든 시련에서 벗어나 주님께로 나아가 거하게 도우소서.
주님안에서 확신하는 마음으로 든든히 서게 하옵시고,
내 마음속 은밀한 곳에 주님의 소명을 주시옵소서.
참을성 있게 주님의 위안을 고이 기다리고 있겠나이다.
주여 저에게 함께 하시옵소서.
고이 기다리옵니다.

부모님을 위한 기도문

(1) 부모님을 위하여
(2) 고부간에 갈등이 있을 때
(3) 떨어져 사는 부모님을 위하여
(4) 부모님이 생신을 맞이했을 때
(5) 부모님이 병환중 일 때
(6) 부모님이 임종을 맞이했을 때

부모님을 위하여

(출 20:12)

"네 부모를 공경하라 그리하면 네 하나님 여호와가 네게 준 땅에서 네 생명이 길리라."

자비하시고 사랑이 많으신 하나님 아버지!

부모님을 통하여 양육 받게 하시고 성장케 하여 주신 은혜를 감사 드립니다. 저에게 모든 것을 쏟아 부으신 육신의 부모님만 생각하면 눈물이 앞을 가립니다.

이제는 연로하셔서 육신적으로 많이 약해지셨습니다. 정신도 많이 흐려지신 상태입니다.

연로하신 부모님의 건강을 위하여 간구하오니 육체의 강건함을 더하여 주시고, 정신을 맑게 하여 주시옵소서. 질병도 막아 주셔서 병상을 의지하는 일이 없게 하여 주시옵소서.

일평생 자식을 위하여 모든 것을 다 바치셨는데 자녀의 효를 다 받으실 수 있도록 오래 오래 사시게 하여 주시옵소서. 아직도 이 못난 자식을 위하여 주님 앞에 눈물로 기도하고 계십니다.

부모님의 은덕을 어찌 다 말로써 표현할 수 있겠습니까?

부모님의 여생에 평강과 기쁨을 더하여 주시고, 즐거운 나날이 될 수 있도록 복을 더하여 주시옵소서.

저희 자식들은 부모님이 걸어오신 믿음의 길을 그대로 본받기를 원합니다.

| 참고 성구 |
욥 12:12; 잠 20:29, 23:22-25; 엡 6:1-3; 골 3:2

　주님과 교회를 위하여 헌신과 희생을 아끼지 않으셨던 그 신앙의 모습이 자식 된 저희들에게도 그대로 이어지게 하셔서 부모님이 물려주신 믿음의 유산이 헛되지 않게 하여 주시옵소서.
　그로인해 이 땅에서는 장수의 축복을 허락하시고 하나님의 나라에서는 귀한 상급으로 쌓여지게 하옵소서.
　부모님의 앞날을 섭리하고 인도하시는 예수 그리스도의 이름으로 기도합니다. 아멘.

고부간에 갈등이 있을 때

(엡 6:2~3)

"네 아버지와 어머니를 공경하라 이것은 약속이 있는 첫 계명이니 이로써 네가 잘되고 땅에서 장수하리라."

사랑이 많으신 하나님 아버지!
지금까지 저희 가정을 지켜주시고, 평강의 길로 인도하심을 감사드립니다. 저희 가정을 향하신 주님의 그 크신 은혜를 어찌 말로 다 형용할 수 있겠습니까?
공경할 수 있는 부모님도 허락해 주시고, 좋은 남편과 자식들도 주심을 감사 드립니다. 저희 가정을 향하신 주님의 인자하심이 크고 놀라움을 깨닫습니다. 하오나 저희 가정에는 전혀 없을 것만 같았던 고부간의 갈등이 고개를 들고 있습니다.
시어머니는 저를 딸처럼 아끼고 사랑하시고, 저 또한 친어머니처럼 따르며 모셨기 때문에 아무 문제가 없을 것이라고 믿었는데 사소한 일로 인하여 틈이 생기기 시작하더니 이제는 그 감정의 골이 점점 더 깊어 가고 있습니다.
주여!
먼저 잘못이 제게 있는 줄 압니다. 이해하기 힘들고 받아들이기 어려운 부분이 있을지라도 순종하는 것이 자식된 도리일진대 이 죄인은 저의 생각과 다르다고 하여 불순종하는 태도를 보였나이다. 부모님의 뜻을 무시한 이 죄인을 용서하여 주시옵소서.

| 참고 성구 |

출 20:12; 레 19:3; 신 5:16; 룻 1:14-16; 잠 15:20, 19:26, 23:22,25; 마 15:4; 눅 18:20; 엡 6:1-3; 골 3:20; 딤전 5:4

자비로우신 주님!

진심을 다해 부모님을 잘 모시고 싶습니다. 화목과 사랑이 넘쳐나는 가정을 가꾸고 싶습니다. 속 좁은 이 죄인의 마음을 성령님이 다스려 주셔서 무엇이든 이해하고 포용할 수 있는 넉넉한 마음이 되게 하여 주시옵소서.

주님을 섬기듯 부모님을 공경할 수 있는 자식이 되게 하여 주시고, 부모님께 근심과 불편함을 안겨주는 자식이 아니라 늘 기쁨과 웃음을 안겨드릴 수 있는 자식이 되게 하여 주시옵소서.

화평을 이루신 우리 주님이 저희 가정에 비집고 들어온 불신을 제거하여 주시고, 회복케 하여 주실 것을 믿사옵고 예수 그리스도의 이름으로 기도합니다. 아멘.

떨어져 사는 부모님을 위하여

(잠 23:25)

"네 부모를 즐겁게 하며 너를 낳은 어미를 기쁘게 하라."

사랑이 많으신 하나님 아버지!
저의 가정을 일찍부터 사랑하셔서 하나님을 섬기는 가정이 되게 하여 주심을 감사 드립니다. 또한 제가 가정을 이루기까지 부모님을 통하여 생명을 얻고 양육 받고 성장케 하여 주신 은혜를 감사드립니다.

부모 공경을 계명으로 주신 하나님 아버지!
부모님을 모시고 효를 다해야만 하는데 삶의 무게가 너무 무거워 부모님을 모시고 살지 못하고 있습니다. 불효 막심한 죄인임을 깨닫습니다. 이 죄인을 불쌍히 보시고 용서하여 주시옵소서.

떨어져 사시는 부모님이 항상 걱정이 됩니다. 하루에 몇 번이고 부모님의 안부를 묻고 있지만 자식이 걱정할까봐 속마음을 보이지 않는 부모님입니다.

연로하신 부모님께 은혜를 더하여주시기를 원합니다. 질병으로 인하여 고통당하지 않도록 육체의 강건함을 허락하여 주시옵고, 외롭지 않도록 우리 주님이 친구가 되어주시고, 벗이 되어 주시옵소서.

지금도 멀리 떨어져 있는 자식이 걱정이 되어 새벽마다 성전에

| 참고 성구 |
출 20:12; 신 5:16, 27:16; 엡 6:1; 딤후 3:2

나가 기도하시는 부모님입니다. 새벽마다 주님 앞에 간구하는 노종의 기도를 기쁘게 받으실 줄 믿습니다.

육신은 쇠하여질지라도 그 힘줄에 힘을 더하여 주시고, 영혼이 날로 새로워지는 은혜를 경험하게 하시옵소서.

어서 속히 부모님을 모시고 싶습니다. 형편과 여건을 핑계로 부모님께 무심하게 대하지 않도록 제 자신을 날마다 깨우쳐 주시옵고, 부모님을 모시고 함께 살 수 있는 날이 속히 올 수 있도록 은혜 내려 주시옵소서.

죽기까지 하나님께 효를 다하신 예수 그리스도의 이름으로 기도합니다. 아멘.

부모님이 생신을 맞이했을 때

(시 36:9)
"진실로 생명의 원천이 주께 있사오니 주의 빛 안에서 우리가 빛을 보리이다."

인생을 주관하시는 하나님 아버지!

지나간 수많은 세월동안 저희 온 가족에게 베풀어 주신 주님의 모든 은혜와 사랑을 감사합니다.

오늘 복되고 즐거운 부모님의 생신을 맞이하여 사랑을 받고 성장한 자식들이 한자리에 모였습니다.

많은 역경과 고난 속에서도 자식들을 위하여 온전히 자신을 희생하신 부모님의 그 크신 사랑을 생각하니 눈물이 앞을 가립니다.

이제껏 그 어떤 인생의 굴곡 가운데서도 주님을 섬기는 그 중심이 조금도 흔들리지 않으셨던 부모님을 더욱 붙들어 주셔서 남은 여생도 주님을 의지하고 바라보며 믿음의 길을 걸어가는 복된 삶이 되실 수 있도록 인도하여 주시옵소서.

또한 주님의 은혜와 사랑과 크신 지혜와 측량할 길 없는 은혜를 늘 체험하는 삶이 되게 하시고, 하늘과 땅의 권세를 늘 받아 누리시는 삶이 되게 하여 주시옵소서.

또한 먼 훗날 부모님이 주님 앞에 서실 때에도 우리 주님의 귀한 상급과 칭찬을 아끼지 아니하실 것을 믿습니다. 저희 자식들은 부모님의 신앙을 본받아 그 길을 일심으로 달려갈 수 있게 하시고,

| 참고 성구 |
창 5:2,22; 수 14:6-12; 시 121:1-8, 146:3-10;
잠 3:1-2, 16:31, 17:6, 20:29, 23:22, 딤후 1:5

부모님을 존경하며 받들어 모시는데 부족함이 없는 자식들이 되게 하여 주시옵소서.

아무리 급변하는 세상이라 할지라도 부모님의 은혜를 망각하거나 그 은덕을 잊지 않는 자식이 되게 하시고, 더욱 부모님의 진심을 깨달아 이를 잘 받들 수 있는 자식들이 되게 하여 주시옵소서.

저희 부모님의 생신을 맞이하여 다시 한번 하나님께 찬양과 영광을 돌립니다.

예수 그리스도의 이름으로 기도합니다. 아멘.

부모님이 병환 중일 때

(출 23:25)

"네 하나님 여호와를 섬기라 그리하면 여호와가 너희의 양식과 물에 복을 내리고 너희 중에서 병을 제하리니."

생명의 주인이신 하나님 아버지!
이제껏 저희 부모님의 생명을 지켜주시고, 건강으로 인도하여 주심을 감사 드립니다.
연약한 이에게는 힘이 되시고, 고통 받는 이에게는 위로가 되시는 주님이심을 믿습니다.
사랑의 주님!
질병으로 인하여 고생하시는 부모님을 위하여 주님께 간구합니다. 속히 병석에서 일어나게 하여주시고, 생명이 다하는 그 날까지 믿음의 사람 갈렙처럼 주님을 섬기는데 불편함이 없게 하시옵소서.
평생을 주님을 가까이하고, 몸 된 교회를 섬기며, 가정을 돌보시고, 저희 자식들을 양육하시며, 사랑의 수고와 눈물의 기도를 쏟아오신 부모님입니다.
믿음의 본을 보이심으로 저희 자식들에게 주님을 어떻게 섬겨야 하는지를 알게 하여 주신 부모님입니다.
끝까지 믿음의 길을 달려가실 수 있도록 그 몸속에 있는 질병을 한시라도 빨리 물리쳐 주시옵고, 주님의 피로 더러운 병균을 녹여 주시옵소서.

| 참고 성구 |
시 41:3, 103:3; 사 58:8; 말 4:2;
약 5:15; 벧전 2:24; 요삼 1:2

　부모님이 육체적인 질병으로 인하여 초라한 황혼이 되지 않기를 원합니다. 주님이 부르실 그 날까지 육체의 고통이 없게 하시고, 더욱 깊은 신앙으로 주님 앞에 서게 하여 주시옵소서.
　지금 부모님의 육체가 연약해질 대로 연약해져 있습니다. 새 힘을 공급하여 주시기를 원합니다. 온 몸의 뼈와 힘줄이 새 힘을 얻게 하시고, 여느 때와 같이 주님의 전을 가까이 하실 수 있도록 붙들어 주시옵소서.
　영적으로 깊은 아름다운 황혼이 되게 하여 주시고, 날로 영혼의 새로움을 경험하는 황혼이 되게 하여 주시옵소서.
　주님의 자비하심과 은총을 바라봅니다. 부모님을 괴롭히고 있는 병마가 어서 속히 물러가게 하여 주시고, 영육간에 복을 누리실 수 있게 하시옵소서.
　치료자이신 주님을 의지하오며 예수 그리스도의 이름으로 기도합니다. 아멘.

부모님이 임종을 맞이 했을 때

(요 5:24)

"내가 진실로 진실로 너희에게 이르노니 내 말을 듣고 또 나 보내신 이를 믿는 자는 영생을 얻었고 심판에 이르지 아니하나니 사망에서 생명으로 옮겼느니라."

전능하신 하나님!

저희가 믿사옵기는 저희가 살아도 주님을 위해 살고 죽어도 주님을 위해 죽음을 바라보면서 살아왔나이다. 그러므로 저희는 살아도 주님의 것이요, 죽어도 주님의 것입니다.

지금 저희 부모님이 임종을 앞두고 계십니다. 부모님이 임종하시는 자리에서 오직 주님만을 의지하고 기도하오니 그 영혼을 받아 주시옵소서.

슬픔의 이 자리에서 참 빛이신 주님만 의지하나이다. 주님이 부모님의 마음을 강하게 붙드셔서 흔들리지 않게 하여 주시고 굳세게 하시옵소서.

죽음의 고통과 공포와 불안을 물리쳐 주시며, 죽어도 주님 안에서 영원한 삶을 누린다는 확신을 갖게 하시옵소서.

임종을 앞두고 있는 부모님의 마음이 오직 주님께로만 향하게 하시옵소서. 그리하여 주님의 품안에서 평안히 잠들다가 주님처럼 깨어날 수 있음을 믿게 하시옵소서.

지금 부모님의 영혼이 영원과 이어지는 시간이 되기를 원합니다. 부모님의 모든 죄를 사하여주시고 영원한 하늘나라에 들어가게

| 참고 성구 |
시 27:1, 28:8, 34:22, 61:4, 62:1-2, 사 26:4, 32:18;
요 3:17, 10:28, 11:25-26; 롬 1:16, 2:7, 6:22-23;
고후 5:1; 갈 6:8; 엡 2:5-8; 살전 5:9; 요일 2:17

하시옵소서. 그리고 이 땅에서 부모님과의 이별로 인하여 슬픔에 잠긴 저희가족을 위로하여 주시고 이것이 이 땅에서만 끝나는 관계의 종말이 아니라, 하늘나라에서의 새로운 관계를 지속하기 위한 아픔임을 깨달아 소망 가운데서 장래를 기약하는 믿음을 갖을 수 있도록 은혜를 베풀어 주시옵소서.

또한 부모님이 주님만 믿고 살던 그 아름다운 생활을 저희 모두가 본받게 하시옵소서. 부모님이 이루어 놓으신 믿음의 사업을 계승할 것임을 굳게 결심하게 하시옵소서.

부모님의 영혼을 주님께 부탁드리오며 예수 그리스도의 이름으로 기도합니다. 아멘.

자식을 위한 기도

-더글라스 맥아더-

저의 자식을 이러한 인간이 되게 하소서.
악할 때 자기를 잘 분별할 수 있는 힘과
두려울 때 자신을 잃지 않는 용기를 가지고
정직한 패배를 부끄러워하지 않고 태연하며
승리에 겸손하고 온유할 수 있는 사람이 되게 하소서.

그를 요행과 안락의 길로 인도하지 마시고
곤란과 고통의 길에서 항거할 줄 알게 하시며
폭풍우 속에서도 일어설 줄 알며
패한 자를 불쌍히 여길 줄 알도록 해 주소서.

그의 마음은 깨끗하고, 목표는 높게 하시며
남을 다스리기 전에 자신을 다스리게 하시고
미래를 지향하는 동시에 과거를 잊지 않게 하소서.

그 위에 유머를 알게 하시어,
인생을 엄숙히 살아가면서도 삶을 즐길줄 아는 마음과,
자신을 너무 드러내지 않는 겸손한 마음을 갖게 하소서.

그리고 참으로 위대한 것은 소박함에 있다는 것과
참된 힘은 너그러움에 있다는 것을 항상 명심하게 하소서.
그리하여 그이 아비인 저는 헛된 인생을 살지 않았노라고
나직히 속삭이게 하소서.

자녀를 위한 기도문

(1) 좋은 부모가 되기 위하여
(2) 자녀를 위하여
(3) 자녀가 유치원에 입학 했을 때
(4) 자녀가 학교에 입학 했을 때
(5) 자녀가 홀로 있는 시간이 많을 때
(6) 자녀가 아플 때
(7) 자녀가 수술할 때
(8) 자녀를 잃었을 때
(9) 자녀가 방황할 때
(10) 자녀가 군에 있을 때
(11) 자녀가 시험을 앞두고 있을 때
(12) 자녀가 시험에 합격 했을 때
(13) 자녀가 졸업을 했을 때
(14) 자녀가 생일을 맞이했을 때
(15) 믿음이 약한 자녀를 위하여
(16) 자녀가 장애를 갖고 있을 때
(17) 자녀가 생명이 위태로울 때
(18) 자녀가 해외에 있을 때
(19) 지녀가 결혼을 앞두고 있을 때

좋은 부모가 되기 위하여

(잠 22:6)

"마땅히 행할 길을 아이에게 가르치라 그리하면 늙어도 그것을 떠나지 아니하리라."

자식은 여호와의 주신 기업이요 태의 열매는 그의 상급이라고 하신 하나님!

저희 가정에 귀한 자녀를 선물로 주심을 감사 드립니다. 구하옵기는 주님이 선물로 주신 귀한 자녀를 주님의 뜻대로 잘 양육할 수 있는 부모가 되게 하여 주시옵소서.

세상적인 지식은 가르치면서도 주님의 말씀을 가르치는 일에는 전혀 무관심한 부모가 되지 않게 하시며, 지나친 방임으로 인하여 자녀를 무례한 길로 인도하는 부모가 되지 않게 하여 주시옵소서.

아이는 부모의 뒷모습을 보고 성장한다는 말이 있사오니 자녀 앞에서 참된 행실을 보여줄 수 있는 부모가 되게 하시고 믿음의 좋은 본을 보일 수 있는 부모가 되게 하여 주시옵소서.

과잉보호로 인해서 자녀의 독립심을 약하게 하는 일이 없게 하여 주시고, 자녀를 사랑하되 우상이 되지 않게 하시며, 부모의 권위만을 내세워 자녀들의 의사를 무시하지 않게 하여 주시고 오직 주의 교양과 훈계로써 자녀를 올바로 양육하는 부모가 되게 하여주시옵소서.

부모 때문에 복을 받는 자녀가 되기를 원합니다. 부모에게 자녀

| 참고 성구 |
시 128:1-6, 144:12-14; 잠 23:13-14; 딤후 3:14-17

를 축복할 수 있는 권한을 주셨사오니 주의 이름으로 날마다 자녀를 축복해 줄 수 있는 부모가 되게 하여 주시고, 그대로 이루시는 주님의 은혜를 보게 하시옵소서.

자녀에게 영육간에 좋은 부모가 될 수 있도록 이끌어 주실 것을 믿사옵고 예수 그리스도의 이름으로 기도합니다. 아멘.

자녀를 위하여

(시 127:3)

"보라 자식들은 여호와의 기업이요 태의 열매는 그의 상급이로다."

저희 가정에 귀한 자녀를 선물로 주신 하나님!

어린 자식을 위하여 기도합니다. 하나님을 경외할 줄 아는 자녀가 되게 하여 주시고, 그 입에서 주의 말씀이 떠나지 않게 하여 주시옵소서.

부모의 훈계를 들을 줄 아는 아이가 되게 하여 주시고, 부모의 즐거움과 기쁨이 되는 자녀가 되게 하여 주시옵소서.

무슨 일을 하든지 부모의 의견을 묻는 아이가 되게 하여 주시고 부모의 뜻을 존중할 수 있는 자녀가 되게 하여 주시옵소서.

부모가 책망할 때 그것을 잔소리로만 여기지 않게 하여 주시고 마음 판에 새겨 들을 줄 아는 아이가 되게 하여 주시옵소서.

하나님 아버지!

지혜로운 아이가 되기를 원합니다. 옳은 것과 잘못된 것을 정확히 판단할 수 있는 지혜가 있게 하여 주시고 악한 것과 선한 것을 구분할 줄 아는 지혜가 있게 하여 주시옵소서.

형제나 자매간에 우애를 보일 수 있는 아이가 되게 하여 주시고 서로의 인격을 존중해줄 수 있는 덕망 있는 아이가 되게 하여주시옵소서.

| 참고 성구 |
출 20:12; 신 6:7, 27:16; 잠 1:8, 13:24, 22:6, 23:25, 30:11; 엡 6:1

 자기 자신만을 위하는 고집스러운 아이가 되지 말게 하여 주시고 남을 헤아릴 줄도 아는 깊은 마음을 가진 아이가 되게 하여 주시옵소서.
 무엇보다도 주님을 닮는 아이로 성장하기를 원합니다. 그 키가 자람에 따라 주님을 닮아가는 모습이 넘쳐 나게 하시옵소서.
 주님의 말씀에 순종 잘하고 믿음에 덕을, 덕에 지식을 더하는 아이가 되게 하여 주시옵소서.
 우매한 길로 가지 않도록 그 길을 지도하여 주시고, 이끌어 주실 것을 믿사옵고, 예수 그리스도의 이름으로 기도합니다. 아멘.

자녀가 유치원에 입학 했을 때

(눅 2:52)

"예수는 지혜와 키가 자라가며 하나님과 사람에게 더욱 사랑스러워 가시더라."

사랑이 많으신 하나님 아버지!

이 가정에 선물로 허락하신 어린 생명을 주님의 은총 속에 건강하게 자라게 하여 주시고, 이제 위탁교육 기관을 통하여 체계적인 교육을 받을 수 있도록 인도하심을 감사 드립니다.

아이가 하루 중 많은 시간을 부모와 함께 하고 떠나 있는 것은 짧은 시간에 불과하지만 처음으로 새로운 환경에 적응하는 일이라서 다소 염려가 앞섭니다. 주님이 어린 생명과 함께 하셔서 새로운 환경에 대한 두려움이 없게 하여 주시고, 잘 적응할 수 있도록 인도하여 주실 것을 믿습니다.

아이가 다소 산만한 편입니다. 집중력을 더하여 주셔서 선생님 말씀도 잘 듣게 하시고, 참을성을 더하여 주셔서 수업을 잘 받을 수 있도록 도와주시옵소서. 사교성도 있게 하셔서 친구들과 잘 사귈 수 있게 하여 주시고, 친화력도 있게 하여 주셔서 같은 또래와 잘 어울리는 가운데 귀중한 사회성을 익혀 나갈 수 있도록 도와주시옵소서.

아이의 시야가 넓어지기를 원합니다. 인격의 기초가 잘 닦아지기를 원합니다. 그러나 아이에게 가장 훌륭한 학교는 가정보다 더

| 참고 성구 |
삿 13:24; 삼상 2:24; 골 1:10, 2:19; 요삼 4

좋은 것이 없음을 깨닫습니다. 너무 유치원 교육에만 의존하는 부모가 되지 않게 하여 주시고 더 많은 관심을 아이에게 보일 수 있는 부모가 되게 하여 주시옵소서.

무엇보다도 주님의 말씀과 훈계로 양육되어지는 아이가 되기를 원합니다. 아이가 하나 둘씩 익히고 알아 가는 것이 신기해서 신앙 교육을 게을리 하는 부모가 되지 않게 하여 주시고, 아이가 하나님의 말씀과 성령의 은혜 안에서 자라갈 수 있도록 신앙으로 잘 양육할 수 있는 부모가 되게 하여 주시옵소서.

또한 말씀 안에서 꿈을 키울 수 있는 아이로 성장할 수 있도록 교회 교육에 관심을 가질 수 있는 부모가 되게 하여 주시고, 부모의 뒷모습을 보고 배우는 아이에게 신앙의 본을 잘 보일 수 있는 부모가 되게 하여 주시옵소서.

제 아이에게 날마다 함께 하시는 예수 그리스도의 이름으로 기도합니다. 아멘.

자녀가 학교에 입학 했을 때

(시 78:72)

"이에 그가 그들을 자기 마음의 완전함으로 기르고 그의 손의 능숙함으로 그들을 지도하였도다."

참 진리이시며 지혜의 샘이 되시는 하나님 아버지!

주님의 축복하심으로 아이가 건강하게 자라게 하여 주시고, 초등학교에 들어갈 수 있도록 인도하심을 감사 드립니다. 아이가 학교에 입학하게 되니 꼭 제가 입학하는 것처럼 마음이 설레고 들뜬 감정을 지울 길 없습니다.

이제껏 제 아이를 지켜주시고 건강하게 자라게 하여 주신 주님, 학교생활에 첫 발을 내딛는 아이의 앞길도 주님이 직접 인도하시고 지도하실 것을 믿습니다.

바라옵기는 아무것도 모르고 천진난만한 아이가 학교생활에 잘 적응할 수 있도록 이끌어 주시고, 선생님의 말씀을 귀담아 들을 수 있도록 수업에 대한 집중력을 키워주시길 원합니다.

또한 같은 또래와 잘 어울리고 사귈 수 있도록 친화력과 사회성도 길러 주시고, 자기 마음과 맞지 않는다고 하여 지나치게 고집을 부리거나 떼를 쓰는 일이 없도록 마음을 다스려 주시옵소서.

또한 자기주장이 너무 강하여 친구들을 불편하게 만드는 일이 없게하여 주시옵소서. 선생님의 말씀에 지나칠 정도로 말 대답을 하는 아이가 되지 않게 하여 주시고, 신경질적이거나 짜증 섞인 태

| 참고 성구 |
신 4:5-6; 잠 9:10, 21:11; 단 1:17; 롬 11:33; 빌 3:8; 골 3:10; 딛 3:14

도를 보이지 않도록 그 마음을 다스려 주시옵소서. 공부에 매력을 갖게 하셔서 학교생활에 적극적이게 하여 주시고, 건강한 정신과 지혜를 주셔서 배운 것을 잘 깨닫는 아이가 되게 하여 주시옵소서.

혹 위험한 일을 만난다 할지라도 덤벙대는 일이 없게 하여 주시고, 차분하고 침착성 있게 대처 할 수 있도록 그 마음을 다스려 주시옵소서. 또한 나쁜 꼬임에 빠지는 일이 없게 하여 주시고, 옳고 그름을 잘 분별할 수 있도록 아이의 생각을 지켜 주시옵소서.

무엇보다도 그 키가 자라고 생각이 깊어짐에 따라 주님의 말씀과 뜻을 먼저 깨닫는 아이가 되게 하셔서 믿음의 사람으로 잘 자라날 수 있도록 붙들어 주시옵소서.

아이가 학교에 입학하게 된 것을 다시 한번 주님께 감사와 영광을 돌리오며 예수 그리스도의 이름으로 기도합니다. 아멘.

자녀가 홀로 있는 시간이 많을 때

(시 121:5~6)

"여호와는 너를 지키시는 이시라 여호와께서 네 오른쪽에서 네 그늘이 되시나니 낮의 해가 너를 상하게 하지 아니하며 밤의 달도 너를 해치지 아니하리로다."

저희를 지키시고 보호하시는 하나님 아버지!

저희 가정에 함께 하셔서 때마다 일마다 평강의 은혜로 채워주시니 감사합니다. 또한 언제나 세상과 타협하지 아니하고 주님의 말씀을 좇아 살아갈 수 있도록 인도하시니 감사합니다.

사랑의 주님!

저희 가정의 형편상 홀로 있어야만 하는 시간이 많은 어린 자식을 위하여 기도합니다. 어린 자식에게 항상 부모가 곁에 있어주는 것이 당연함에도 불구하고 경제적인 사정이 어려워 저희 부부는 부득불 홀로 있어야만 하는 어린 자식을 뒤로한 채 일터로 향하고 있습니다.

물질이 전부인 것은 아니지만 가정의 생계를 꾸려나가야만 하기에, 그리고 어린 자식에게 조금이라도 더 나은 미래를 열어주고 싶은 소박한 욕심에 홀로 있을 어린 자식을 뒤로한 채 일터로 나가고 있습니다.

어린 자식에게 부모의 역할을 제대로 하지 못하는 것 같아 너무나 미안하고 죄스럽기만 합니다. 또한 홀로 있을 어린 자식을 생각할 때마다 너무나 안쓰러워서 일이 제대로 손에 잡히지 않을 때도

| 참고 성구 |
시 78:72, 121:4; 사 41:10, 43:1-3

많고, 밀려오는 서러움에 눈물 흘릴 때도 많습니다.
 주여!
 매일 반복되는 외로움과 두려움 속에 부모 없는 공백의 시간을 버티고 견디어야 하는 어린 자식을 지켜 주시옵소서. 외로울 때 주님이 친구가 되어 주심을 느낄 수 있게 하여 주셔서 어린 심령에 슬픔의 눈물이 흐르지 않게 하시고, 두려울 때 주님이 지키시고 계심을 느끼게 하여 주셔서 어린 심령에 안식과 평안이 넘쳐 나게 하여 주시옵소서.
 잘 먹고 잘 자라야만 할 시기입니다. 혼자서도 잘 챙겨먹을 수 있도록 왕성한 식욕을 허락하여 주시옵소서. 행여 위험한 장난을 하거나 위험한 일이 많지는 않을까 염려됩니다. 능력의 하나님이 불꽃같은 눈동자로 지켜 주셔서 상함을 입거나 해함을 받는 일이 없게 하여 주시옵소서.
 좋으신 하나님, 사랑의 하나님께서 저희 어린 자녀를 영육간에 건강한 아이로 키워주실 것을 믿습니다.
 예수 그리스도의 이름으로 기도합니다. 아멘.

자녀가 아플 때

(말 4:2)

"내 이름을 경외하는 너희에게는 공의로운 해가 떠올라서 치료하는 광선을 비추리니 너희가 나가서 외양간에서 나온 송아지 같이 뛰리라."

여호와를 섬기는 자에게 질병을 제하여 주신다고 말씀하신 하나님!

사랑하는 아이가 원치 않는 질병으로 고통당하고 있습니다. 지켜보고만 있을 수밖에 없는 부모의 마음이 너무도 안타까워 주님께 간구합니다.

면역 기능도 약하고 의지력도 약한 저희 자녀를 불쌍히 여기셔서 속히 그 몸 속에서 활동하고 있는 더러운 병균을 제하여 주시옵고, 저 어린 입술로 하나님을 찬양할 수 있도록 도와주시옵소서.

이 죄인의 죄 때문에 아이가 고통 당하는 것이 아닌가 싶어 심히 마음이 괴롭사오니 이 죄인에게 숨겨진 죄악이 있으면 회개할 수 있는 은혜를 더하여 주시고 용서의 은총을 더하여 주시기를 원합니다.

사랑의 하나님!

정말로 안타깝습니다. 이 죄인이 대신 아프고 싶은 마음이 간절합니다. 그러나 독생자예수 그리스도를 십자가에 내어주실 때 하나님의 마음은 얼마나 아프셨을까를 생각하니 하나님이 아픔을 조금이나마 느낄 수 있는 것 같아 위로를 얻습니다.

| 참고 성구 |
막 5:21-24, 35-43; 눅 8:41-42, 49-56

자녀의 고통을 아시는 하나님!

질병의 의미도 모른 채 고통에 시달리는 아이를 오래도록 신음의 자리에 있게 하지 마시옵고, 주님의 보혈의 피로 온 몸을 씻어 주시사 나음을 얻게 하시옵소서.

주님만을 의지합니다. 주님만을 바라봅니다.

이 답답한 마음이 변하여 새로운 기쁨으로 주님을 찬송케 하여 주실 것을 믿사옵고 예수 그리스도의 이름으로 기도합니다. 아멘.

자녀가 수술할 때

(사 40:31)

"오직 여호와를 앙망하는 자는 새 힘을 얻으리니 독수리가 날개치며 올라감 같을 것이요 달음박질하여도 곤비하지 아니하겠고 걸어가도 피곤하지 아니하리로다."

연약한 자에게 힘이 되시고, 고통 받는 자에게는 위로가 되시는 하나님!

병약한 어린 자식이 수술을 할 수 있도록 이끄심을 감사합니다. 주님의 능력의 팔에 어린 생명을 맡기오니 긍휼히 여기사 그 생명을 지켜 주시기를 원합니다.

아무것도 모르는 아이입니다. 공포와 두려움에 휩싸일 수도 있사오니 마음의 평안을 허락하여 주시고, 용기를 더하여 주시옵소서.

저 어린 손을 꼭 붙들어 주시옵소서. 저 어린 몸에 칼을 댑니다. 불쌍히 여겨 주시옵소서. 집도하는 의사와 간호사들에게 지혜와 인술을 더하시며, 수술을 행하는데 부족함이 없도록 능력을 더하여 주시옵소서.

손끝의 재주를 너무 과신하지 않게 하여 주시고, 주님의 도우심 속에서 병의 뿌리를 말끔히 제거할 수 있도록 은총을 베풀어 주시옵소서.

이 수술이 잘 이루어져서 모든 가족에게 한없는 기쁨이 되게 하여 주시고, 주님께 말로다 형용할 수 없는 감사의 조건이 되게 하시옵소서.

| 참고 성구 |
사 53:5; 막 5:21-24, 35-43; 요 14:1

　어린 자식도 어서 속히 이 병상에서 일어나게 하여 주시고, 건강한 육체와 온전한 정신으로 주님을 잘 섬길 수 있도록 축복하여 주시옵소서.
　우리 주님은 못 고칠 질병이 전혀 없으시고, 죽은 자도 능히 살리시는 능력의 주님이신 것을 믿습니다.
　이 어린 자식의 모든 것을 주님의 손에 맡깁니다.
　예수 그리스도의 이름으로 기도합니다. 아멘.

자녀를 잃었을 때

(욥 1:21)

"이르되 내가 모태에서 알몸으로 나왔사온즉 또한 알몸이 그리로 돌아가올지라 주신 이도 여호와시요 거두신 이도 여호와시오니 여호와의 이름이 찬송을 받으실지니이다 하고."

하나님께서 선물로 주신 제 아이가 생을 다 살지 못하고 그만 세상을 떠났습니다.

아직 자랄 수 있는데 까지 자라지도 못한 채, 아직 배우려는 것을 채 배우지도 못한 채, 장래에 좋은 일꾼이 되리라 기대 했으나 훌쩍 떠나고 나니 주님의 뜻이 어디에 있는지 알 길이 없어 이 못난 죄인은 주님 앞에 답답하여 견딜 수 없는 심정을 내어쏟지 않을 수 없나이다.

주여!

제 아이가 주님 품으로 간 것을 확신하지만 어찌하여 이렇게 빨리 데려가셨나이까?

주님의 뜻을 알려 주시옵소서.

이 죄인이 깨닫지 못하니 슬픔이 더하고 답답함이 심하나이다.

주님은 어떤 뜻이 반드시 계실 것이오니 그 뜻을 알려 주시옵소서. 사람의 생명은 주님께 속한 것이기에 주님이 하시는 일을 항거할 수 없음을 깨닫습니다.

그러나 이 못난 죄인이 말할 수 없는 슬픔가운데 잠겨 있사오니 위로하여 주시기를 원합니다.

| 참고 성구 |
시 65:4, 66:10-12; 사 57:1-2; 잠 3:1-2; 요 14:1-2;
롬 8:28; 고전 10:13; 벧전 5:10

　실족하여 믿음의 길을 떠나는 일이 없게 하여 주시고, 잘 이겨 갈 수 있도록 도와주시옵소서. 이일로 인하여 가족 가운데 실족하여 넘어진 자도 있습니다.
　주님이 일으켜 주시고 주님을 떠나지 않도록 강하게 붙들어 주시옵소서.
　욥도 많은 시련을 당했으나 믿음으로 잘 극복함으로 보다 큰 축복을 받은 것을 기억합니다. 말로다 형언할 길이 없는 이 슬픈 사건이 주님의 새로운 은총을 받는 기회가 되게하여 주시옵소서.
　언젠가는 이 못난 죄인에게 주님의 깊으신 뜻을 깨닫게 하여 주실것을 믿사옵고 생명의 주인이 되신 예수 그리스도의 이름으로 기도합니다. 아멘.

자녀가 방황할 때

(겔 33:11)

"주 여호와의 말씀이니라 나의 삶을 두고 맹세하노니 나는 악인이 죽는 것을 기뻐하지 아니하고 악인이 그의 길에서 돌이켜 떠나 사는 것을 기뻐하노라."

사랑이 많으신 하나님 아버지!

회개할 것 없는 의인 아흔 아홉이 있어도 죄 짓고 방황하는 한 영혼을 잊지 않으시고 기다리시고, 찾으시는 그 놀라우신 사랑을 생각할 때 감사하지 않을 수 없사옵니다.

그 동안 어린 자녀의 영혼을 놓고 주님을 간절히 찾지 못했던 것을 생각할 때 아이가 방황하는 것은 전적으로 이 못난 부모 때문인 것을 깨닫습니다. 자녀가 품안에 있을 때 진지한 관심을 보이지 못했던 이 못난 죄인을 용서하여 주시옵소서.

긍휼이 풍성하신 하나님!

제 곁을 떠나 방황하는 아이를 생각할 때마다 마음이 몹시도 아파옵니다. 이 시간 주님 앞에 간절히 기도하오니 방황하는 제 아이를 불쌍히 여겨 주시옵소서.

이제껏 착실히 학업에 전념하고 아름답게 신앙생활을 해온 아이였는데 어쩌다가 좋지 못한 길로 빠져들고 말았습니다. 그 마음에 온유함이 사라지고 반항적으로 변해가고 있고 불량한 아이들과 어울리는 것을 즐기고 있으니 한 아이의 부모 된 제 마음이 너무도 아픕니다.

| 참고 성구 |
시 80:3; 눅 5:32; 딤후 2:25-26; 벧후 3:9

　그 동안 아이에게 수차례 설득하고, 훈계하고, 매도 들어 봤으나 점점 더 반항적으로 변해갈 뿐 아무 소용이 없었나이다.
　주여!
　이제 전적으로 주님의 손에 맡깁니다. 그 완악한 마음을 돌이켜 주시옵고, 그 어두운 마음에 주님의 빛을 비쳐 주시기를 원합니다. 그 아이의 눈을 밝혀 주셔서 자신이 가고 있는 길이 멸망의 길임을 보게 하시옵소서.
　옳고 그릇됨을 분별할 수 있는 지혜를 주셔서 속히 멸망 길에서 돌이킬 수 있도록 도와 주시옵소서. 다시금 주님을 경외하며 믿음의 길을 잘 달려갈 수 있는 아이가 될 수 있도록 이끌어 주시옵소서.
　택한 자를 결코 버리지 아니하시는 우리 주님이 그 아이를 불꽃 같은 눈동자로 지키시고 계신 줄 믿습니다. 어서 속히 그 어두운 영혼을 밝게 하여 주시고 회복시켜 주시옵소서. 주님의 선하심을 믿사오며 예수 그리스도의 이름으로 기도합니다. 아멘.

자녀가 군에 있을 때

(수 1:9)

"내가 네게 명령한 것이 아니냐 강하고 담대하라 두려워하지 말며 놀라지 말라 네가 어디로 가든지 네 하나님 여호와가 너와 함께 하느니라 하시니라."

거룩하시고 사랑이 많으신 하나님 아버지!

주님이 선물로 주신 귀한 아들이 군에 입대하여 군복무중에 있습니다. 훈련소로 아이를 떠나 보낼 때 그토록 눈물이 쏟아졌었는데 이제 자대 배치를 받고 군 복무를 잘 한다는 소식을 들으니 한없이 기쁘기만 합니다.

사랑의 주님!

강건한 심령과 건강을 주셔서 능히 병사의 의무를 다하게 하시옵고, 순결한 정신으로 몸과 마음을 잘 보존할 수 있도록 인도하여 주시옵소서.

고된 훈련을 할 때 요령 피우지 않게 하여 주시고, 단체 생활을 할 때 낙오되는 일이 없도록 성실함을 더하여 주시기를 원합니다.

무엇보다도 아들의 신앙을 굳게 잡아 주셔서 군 생활을 통해서 신앙이 더 강하고 깊어지게 하시며 행여 신앙이 흔들려 주님을 망각하는 일이 없도록 붙들어 주시옵소서.

군인 정신도 투철해야 하겠지만 하나님의 종으로서 군대에 파송된 선교사라는 것을 잊지 말게 하시고, 때를 얻든지 못 얻든지 복음을 전하는 사명을 잘 감당하게 하시옵소서.

| 참고 성구 |
신 33:12,29; 수 1:8; 시 3:3, 16:1-2, 27:14;
대하 22:13; 고후 13:3; 딤후 2:1-4; 약 1:2-5

　어려운 일을 만난다 할지라도 굳건히 주님을 의뢰하고 담대하게 나아가게 하여 주시고, 오해가 발생한다 할지라도 변명을 앞세우기보다는 신실함을 보여줄 수 있는 아들이 되게 하여 주시옵소서.
　상관의 말에 절대 복종하는 아들이 되게 하여 주시고, 전우간에 화목에 힘쓰는 아들이 되게 하시옵소서. 군 생활을 통하여 몸과 마음과 의지가 더욱 성숙해지고, 금보다 귀한 믿음으로 다듬어지게 하실 것을 믿습니다.
　사랑하는 아들에게 행여 불미스러운 일이 발생하지 않도록 빛을 비추시고, 늘 건강으로 지켜 주실 것을 믿사오며 예수 그리스도의 이름으로 기도합니다. 아멘.

자녀가 시험을 앞두고 있을 때

(빌 4:7)

"그리하면 모든 지각에 뛰어난 하나님의 평강이 그리스도 예수 안에서 너희 마음과 생각을 지키시리라."

지혜와 지식의 근본이 되신 하나님 아버지!

이제껏 주님이 친히 양육하여 주셔서 믿음 안에서 올곧게 성장하게 하여 주심을 감사합니다.

자식이 귀중한 시험을 앞두고 있습니다. 이제껏 제 자식을 돌보신 우리 주님이 친히 이끄시고 인도하실 것을 조금도 의심치 않지만, 부모로서 자식을 위하여 기도하는 것이 지극히 당연한 것이기에 시험을 앞둔 자녀를 위하여 기도합니다.

시험을 위해서 최선의 노력을 다하며 애쓴 정성이 좋은 열매를 맺을 수 있도록 인도하여 주시옵소서. 공부도, 진학도 하나님의 영광을 위해서 하는 일임을 잊지 않고 학업에 전념해왔습니다.

승리와 형통함이 주님께 있음을 믿고 오직 주님께서 힘주시기를 기도하며 성실하게 학업에 힘써온 아이에게 평안과 담대함을 더하여 주시어서 기쁨의 열매를 맺을 수 있도록 도와주시옵소서.

끝까지 태만하지 않게 하여 주시고, 땀이 없는 결실을 바라는 일이 조금도 없게 하여 주시고, 성실한 대로 열매를 거둘 수 있도록 이끌어 주시옵소서. 추호라도 노력 없이 좋은 결과를 보는 것을 축복이라고 생각하는 일이 없게 하시며, 오직 정직하게 땀 흘려애쓴

| 참고 성구 |
신 29:9; 역대하 20:20; 시 1:3, 36:27;
사 26:3; 히 10:36, 12:1-2; 약 5:11

결과만이 합당하다는 것을 알게하여 주시옵소서.

항상 기도하는 마음으로 시험을 준비할 수 있도록 도우시고, 자기의 지식을 신뢰하기보다 지혜의 근본이신 주님을 더욱 신뢰할 수 있도록 그 생각을 지켜 주시옵소서. 시험을 준비함에 있어 지루함이 없게 하시고, 아는 것도 다시 살펴 볼 수 있는 꼼꼼함이 있게 하여 주시옵소서.

밤잠을 자지 못하며 시험 준비를 하고 있습니다. 건강에 적신호가 오지 않도록 그 몸을 강건하게 지켜 주실 것을 믿습니다. 주님이 이미 이 아이에게 승리를 약속하신 것을 믿습니다.

주님의 놀라우신 은혜를 다시 한번 체험하는 기회가 되게 하여 주시옵소서. 주님의 뜻대로 사는 백성을 축복 하시기를 즐겨 하시는 예수 그리스도의 이름으로 기도합니다. 아멘.

자녀가 시험에 합격했을 때

(잠 5:21)

"대저 사람의 길은 여호와의 눈 앞에 있나니 그가 그 사람의 모든 길을 평탄하게 하시느니라."

합력하여 선을 이루시는 하나님!

오래전부터 계획하고 준비해왔던 시험에 영광스러운 합격을 할 수 있도록 이끄신 하나님께 감사 드립니다.

승리와 형통함이 오직 주님께 있음을 깨닫습니다. 이와 같은 합격의 기쁨을 주셨사오니 하나님의 영광을 위하여 살아갈 수 있는 자녀가 될 수 있도록 인도하여 주시옵소서.

"주께서 심지가 견고한 자를 평강하고 평강하도록 지키시리니 이는 그가 주를 신뢰함이니이다."(사26:3)고 말씀 하셨사오니 인간의 얄팍하고 교만한 마음으로 생활하지 않게 하여주시고 더욱 주님을 의지하며 주님의 말씀대로 사는 자녀가 되게 하여 주시옵소서.

행여 방심하거나 자만하거나 자랑하지 않게 하여주시고, 새로운 출발이라 생각하고 생활하며 주님의 몸 된 교회와 선한 사업에도 최선을 다 할 수 있는 자녀가 되게 하여 주시옵소서.

"시냇가에 심기운 나무가 시절을 좇아 과실을 맺으며 그 잎사귀가 마르지 아니함 같이"(시1편) 늘 주님 안에 거하는 자녀가 되게 하여 주시어서 주님이 주시는 풍요와 형통함을 받아 누릴 수 있는 자녀가 되게 하여 주시옵소서.

| 참고 성구 |
잠 4:8,10,13,23, 6:16-19; 롬 14:18; 빌 2:12-15;
딤전 4:7-8; 히 3:14; 요일 2:14-17

 그 어떤 지식과 지혜보다 더욱 주님을 의뢰하게 하여 주시고 경험과 방법보다 더욱 주님의 능력을 신뢰할 수 있는 자녀가 되게 하여 주시옵소서.
 충실하고 성실함을 잃지 말게 하여주시고, 꾸준함과 참을성을 보일 수 있는 자녀가 되게 하여 주시옵소서.
 언제나 하나님 중심의 삶에서 떠나지 않도록 붙들어 주시고, 무엇을 하든지 믿음 위에 굳게 서서 빛의 자녀 됨을 증거 할 수 있는 자녀가 되게 하여 주시옵소서.
 영광과 존귀를 받으시기에 합당하신 예수 그리스도의 이름으로 기도합니다. 아멘.

자녀가 졸업을 했을 때

(잠 4:8)

"그를 높이라 그리하면 그가 너를 높이 들리라 만일 그를 품으면 그가 너를 영화롭게 하리라."

참 진리이시며 참 지혜이신 주님!

이제껏 사랑하는 자식에게 함께 하여 주시고, 붙들어 주셔서 학업을 잘 마치게 하여 주심을 감사 드립니다.

자녀가 학업을 잘 마치게 된 것은 전적으로 주님의 은혜임을 깨닫습니다. 주님이 붙들어 주시지 아니하셨더라면 그 긴 학업의 과정을 어떻게 잘 마칠 수 있었겠습니까?

지혜가 필요할 때 많은 것을 깨달아 알 수 있게 하여주시고, 노력이 필요할 때 건강한 육체를 주셔서 끈기가 있게 하시며, 인내가 필요할 때 건강한 정신과 용기가 있게 하여 주셔서 그 긴 학업의 과정을 무사히 마치게 된 것인 줄 확신합니다.

이제 모든 과정을 다 마치고 사회생활에 첫발을 내딛게 되었사오니 배운 학문과 실력을 신뢰하기에 앞서 언제나 주님의 지혜를 먼저 구할 수 있는 자식이 되게 하여 주시고, 주님을 의지하며, 주님의 말씀과 뜻을 먼저 깨닫는 자식이 되게 하여 주시옵소서.

사회생활을 하면서 출세만 하면 된다는 가치관에 빠지지 않게 하여 주시고, 먼저 올바른 인간, 올바른 그리스도인이 되어야 한다는 생각을 갖도록 하여 주시며, 정직함과 근면한 자세로 올바른

| 참고 성구 |
잠 4:13, 8:13; 롬 14:18; 빌 2:12-15; 딤전 4:7-8

사회생활을 가꾸어 나갈 수 있는 자녀가 되게 하여 주시옵소서.

무엇보다도 주님이 바라고 원하시는 일꾼이 되도록 하는데 힘쓰는 자녀가 되게 하여 주시고, 주님을 높이고, 주님을 증거 하는 일에 앞장설 수 있는 자녀가 되게 하여 주시옵소서.

또한 올바른 판단력을 주셔서 그리스도인으로서 해야 할 것과 하지 말아야 할것을 잘 구분할 수 있게 하여 주시고, 세상 풍조에 좌로나 우로나 치우치지 않도록 그 생각을 지켜주시옵소서.

모든 사람들에게 유익함을 주며, 신앙의 능력을 보여 줄 수 있는 자녀가 되게 하여 주실 것을 믿사옵고 예수 그리스도의 이름으로 기도합니다. 아멘.

자녀가 생일을 맞이했을 때

(시 127:3)

"보라 자식들은 여호와의 기업이요 태의 열매는 그의 상급이로다."

사랑이 풍성하신 하나님 아버지!

오늘도 이 가정에 평안을 주시며 온 가족이 건강하고 주님의 사랑 안에서 화목을 누리게 하여 주심을 감사 드립니다.

오늘은 특별히 주님이 이 가정에 기업으로 주신 저희 아이가 생일을 맞이하였습니다. 우리 주님이 이 시간까지 돌보아 키워 주시고 강건하게 붙들어 주시며 하나님을 경외하도록 이끌어 주심을 감사 드립니다.

사랑의 주님!

바라옵기는 이제까지 우리 주님이 저희 아이를 눈동자 같이 돌보아 키워주시고 주님을 잘 섬길 수 있도록 이끌어 주셨듯이 앞으로도 저희 아이의 삶을 인도하여 주시옵소서.

평생에 주님의 은혜에서 떠나지 않고 주님을 온전히 의지하는 삶을 살게 하시옵고, 주님의 생명이 넘치는 풍요한 삶이 되게 하여 주시옵소서.

패역하고 죄악 된 세상에서 주님께서 그 가는 길을 빛으로 인도하시며, 택하신 자녀에게 약속하신 기업의 풍성함을 영육간에 누리는 삶이 되게 하여 주시옵소서.

| 참고 성구 |
시 29:11; 사 49:1, 54:13; 눅 2:40; 살전 5:23; 벧후 1:2

　아직도 성장하는 단계에 있습니다. 뼈가 자라고 근육이 튼튼해져 건강하고 씩씩한 아이로 길러주시며, 지혜와 믿음이 성장하여 하나님의 사람으로 굳게 설 수 있도록 인도하여 주시옵소서.
　혹 유혹이 다가와도 믿음으로 물리칠 수 있는 아이가 되게 하여 주시고, 불의와 타협하지 아니하고 하나님의 정직을 심는 아이가 되게 하여 주시옵소서.
　자기 자신만을 아는 이기적인 아이가 되지 말게 하여 주시고, 남을 생각하고 배려할 줄 아는 아이가 되게 하여 주시옵소서. 특별히 만나는 사람마다 복을 심어 줄 수 있는 복의 근원이 되는 아이가 되게 하여 주시옵소서.
　부모 된 저희에게도 주님의 지혜를 가르칠 수 있는 지혜를 허락하여 주실 줄 믿고 생명이신 예수 그리스도의 이름으로 기도합니다. 아멘.

믿음이 약한 자녀를 위하여

(시 31:24)

"여호와를 바라는 너희들아 강하고 담대하라."

찬양과 영광을 받으시기에 합당하신 하나님 아버지!

저의 자식을 이제까지 눈동자 같이 돌보아 키워 주시고, 큰 어려움 없이 성장할 수 있도록 인도하심을 감사합니다.

하오나 아이가 그 키가 자라고 생각이 커짐에 따라 자꾸만 주님을 멀리하려 하고 있습니다. 어릴 때는 스스로 교회 가기를 힘쓰고 교회에서 배운 말씀과 찬양을 집에 와서도 부모가 보는 앞에서 보아란 듯이 발표하기를 좋아했는데, 이제는 교회 가기가 싫어서인지 엉뚱한 꾀를 내기를 좋아하고, 핑계를 앞세워 교회 가기를 기피하고 있습니다.

혹 교회를 가더라도 건성으로 예배드리는 것 같아 이를 지켜보고 있는 제 마음이 너무나 속상합니다. 아이의 주변에도 신앙의 친구들보다는 불신 친구들이 점점 더 많아지는 것 같습니다.

한참 감수성이 예민한 때에 믿음의 길을 벗어나서 잘못된 길로 빠지는 것은 아닐까 몹시 안타깝기만 합니다. 그 동안 아이의 신앙만을 너무 믿고 기도하기를 게을리 했던 이 못난 죄인의 책임도 너무 크다는 생각을 갖습니다. 어찌 보면 아이의 신앙을 제대로 관리해 주지 않았던 이 죄인의 책임이 너무 크다는 것을 깨닫습니다.

| 참고 성구 |
욥 6:29; 시 32:5; 잠 1:23; 겔 14:6; 막 1:15;
눅 5:32; 롬 2:4-5; 딤후 2:25; 벧후 3:9

회개하오니 용서하여 주시옵고, 제 자식의 식어 가는 믿음을 다시 회복시켜 주시옵소서.

교회를 떠나서 세상 재미에 마음을 빼앗기지 않게 하시고, 교회를 그리워하고 주님의 은혜를 사모하는 마음이 있게 하여 주시옵소서. 지금 무엇을 심든지 그 마음에 그대로 뿌리내려지는 때가 아닙니까?

그 심령에 악이 심겨지지 않도록 악의 씨앗을 뿌리는 사단으로부터 철저하게 보호하여 주시옵고, 지켜 주시기를 원합니다. 진심으로 하나님을 경외하는 아이가 되게 하여 주시옵소서.

주님의 인도함을 받는 길을 걸어가게 하시며, 주님께 귀하게 쓰임 받는 그릇이 될 수 있도록 사랑하여 주시기를 원합니다.

주여!

제 아이를 불쌍히 여겨 주시옵소서. 믿음의 길을 떠나지 않도록 붙들어 주시옵소서. 그 아이의 생각을 붙드시고, 그 아이의 마음을 지켜 주시옵소서. 간절히 소망합니다.

예수 그리스도의 이름으로 기도합니다. 아멘.

자녀가 장애를 갖고 있을 때

(삿 3:15)

"여호와께서 그들을 위하여 한 구원자를 세우셨으니 그는 곧 베냐민 사람 게라의 아들 왼손잡이 에훗이라."

자비로우신 하나님 아버지!

저희 가정에 기업으로 귀한 아이를 주셔서 감사 드립니다. 하오나 우리 주님은 제 아이가 평생을 장애인으로 살아야만 하는 고통이 있음을 아시지요?

이제껏 주님의 은총과 은혜 가운데 아무 탈 없이 무럭무럭 성장하고 있지만, 자신이 갖고 있는 신체적인 장애 때문에 마음의 상처를 받는 일이 발생 되지는 않을까 늘 마음 조리며 살고 있습니다. 간혹 아이가 자신이 갖고 있는 장애에 대하여 물어올 때 하나님이 그렇게 만들어 주신 것이라고 설명해 주곤 했지만 자신의 신체적 장애로 인하여 괴로워 할 것을 생각하니 부모인 제 가슴이 답답하기만 합니다.

아이가 장애를 갖게 된 것이 전적으로 이 못난 부모 때문인 줄 알기에 저 자신도 죄책감을 떨쳐버리지 못하고 있습니다. 간혹 아이가 철없는 친구들로부터 놀림을 받고 집에 왔을 때 제 눈치를 보며 "하나님이 왜 나만 모자라게 만들어 주셨는지 하나님이 정말 싫다"고 속상해하며 흐느끼는 모습을 볼 때면, 제 마음도 갈래갈래 찢겨지는 괴로움과 밀려오는 슬픔을 감출길 없었나이다.

| 참고 성구 |
창 32:25-32; 삼하 9:7

　주여!
　장애를 갖고 있는 아이를 볼 때마다 밀려오는 안타까움과 가슴이 미여지는 아픔을 우리주님도 아시지요? 제 아이를 위하여 기도할 때마다 주님 앞에 한번도 건성으로 나가본 적이 없었고, 마음을 쏟고 영혼을 쏟으며 주님께 강청의 기도를 드리지 않은 적이 없었나이다. 지금껏 살아온 날보다 앞으로 살아야 할 날이 많은 제 아이를 불쌍히 여겨 주시옵소서.
　정신마저 장애가 되지 않도록 주님의 놀라운 지혜로 함께하여 주시옵고, 성품이 삐뚤어지지 아니하도록 주님의 성품을 닮아가게 하시옵소서.
　제 아이가 철이 들면서 장애도 하나님이 주신 귀한 은사임을 깨닫게 하시고, 몸이 불편하지만 그것을 기회로 하나님 앞에 드리면 장애 없는 사람이 꿈도 못 꿀 일을 할 수 있다는 것을 깨닫게 하시옵소서. 장애는 불편한 것이지 불행한 것이 아님을 깨닫게 하시옵소서. 아이를 주님을 위하여 귀하게 쓰임 받는 그릇으로 빚어 주실 것을 믿사옵고 예수 그리스도의 이름으로 기도합니다. 아멘.

☙ 자녀의 생명이 위태로울 때

(시 11:4)

"여호와께서는 그의 성전에 계시고 여호와의 보좌는 하늘에 있음이여 그의 눈이 인생을 통촉하시고 그의 안목이 그들을 감찰하시도다."

생명을 주관하시는 하나님 아버지!

이제껏 하나님을 그토록 간절히 찾아본 적이 없었지만, 처음이자 마지막인 심정을 가지고 하나님을 간절히 찾습니다. 저는 하나님에 대해서 잘 모릅니다. 이제껏 하나님을 간절히 찾아야 한다는 절박한 마음도 없었습니다. 하나님의 손길에 대해서 피부 깊숙이 경험해 본 적도 없었습니다. 신앙의 뜨거움도 없었고, 신앙인이라 말하기에도 어울리지 않는 삶을 살아왔습니다.

그렇기 때문에 지금 하나님 앞에 무릎 꿇은 제 모습도 너무나 엉성하고 서툴기만 합니다. 어떻게 기도해야만 하나님이 들으실지도 잘 모르겠습니다. 하오나 이 순간 만큼은 제 생애에 있어서 가장 진실하게 하나님 앞에 서고 싶습니다.

하나님!

제 자식을 살려 주시옵소서. 자식의 생명이 몹시 위태롭습니다. 전능하신 하나님께서는 모든 것을 다 하실 수 있지 않습니까?

자식의 생명을 소생시킬 수만 있다면 무엇이든지 하겠습니다. 제 생명과 바꾸셔도 상관 없습니다. 제 자식을 살려 주시옵소서. 너무나 불쌍하지 않습니까?

| 참고 성구 |

시 103:2, 144:3-4; 전 9:12; 사 2:22; 렘 10:23-24; 겔 24:16-17;
요 10:10, 11:25-26, 14:6; 행 27:22; 롬 8:2

　죽음을 알고, 죽음을 맞이하기엔 너무나 어렵니다. 자라는 생명을 꺾어버리지 마시옵소서. 지금껏 살아온 날 보다 앞으로 살아가야 할 날이 더 많은 아이 아닙니까?

　제발 살려 주시옵소서. 부모인 제가 죄가 많은 까닭이라면 저를 벌하여 주시고, 자식을 살려 주시옵소서. 간구합니다. 애원합니다. 호소합니다. 긍휼을 베풀어 주시옵소서. 외면치 마시옵소서. 건져 주시옵소서. 한번만 기회를 주시옵소서.

　이제부터 정신 차리고 주님을 잘 믿겠나이다. 주님을 위하여 무엇이든지 섬기며 봉사하겠습니다. 제 생명보다 먼저 거두어 가지 마시옵소서.

　주여!

　은총을 베풀어 주시옵소서. 제 자식에게 생명의 풍성함을 주시옵소서. 이 죄인도 주님의 사랑을 입은 자이며, 주님의 사랑 한복판에 서 있음을 느끼게 하여 주시옵소서. 주님을 믿사오며 예수 그리스도의 이름으로 기도합니다. 아멘.

☛ 자녀가 해외에 있을 때

(사 26:3)

"주께서 심지가 견고한 자를 평강하고 평강하도록 지키시리니
이는 그가 주를 신뢰함이니이다."

하나님이 기업으로 주신 사랑하는 자녀를 주님의 넓으신 품에 품어주시고 갈 길을 밝히 인도하심을 감사드립니다. 또한 저희 가족 모두가 한 집에 모여 있지는 못해도 사랑하는 마음으로 언제나 하나된 것을 감사 드립니다.

주님!

외국에 홀로 나가 공부하고 있는 자녀를 위하여 주님께 간구합니다. 홀로 외국 땅에서 낯선 환경과 문화에 적응하며 외롭게 생활하고 있사오니 주님께서 친히 아이를 보호하여 주시고, 잘 견디어 낼 수 있도록 지혜를 주시옵소서. 고국의 생활이 생각나고 부모의 품이 그리워 질 때마다 인자하신 우리 주님이 친히 품어 주셔서 그리움에 눈물 흐리는 일이 없게 하여 주시옵소서.

그곳 언어도 빨리 익혀서 학교에서 수업을 받을 때 언어장벽으로 인한 안타까움이 발생되지 않게 하여 주시고, 공부하고픈 의욕이 넘쳐 나는 학교생활이 될 수 있도록 이끌어 주시옵소서.

좋은 친구도 만나게 하여 주셔서 고립된 대인관계가 되지 않게 하여 주시고, 인격적인 결함이 발생하지 않도록 그 마음을 지켜 주시옵소서.

| 참고 성구 |
수 1:9; 시 16:8, 27:1; 잠 13:3, 18:10, 22:6

　단지 지식을 습득하기 위한 수단으로만 유학생활을 하는 것이 되지 말게 하여 주시고, 다양한 경험도 습득하고 시각을 넓힐 수 있는 계기로 삼을 수 있게 하시옵소서. 혹 나쁜 꾀임에 빠지거나 악한 길로 접어들지 않도록 생각을 지켜 주시고, 그 발걸음을 인도하여 주시옵소서. 무엇보다도 믿음을 잃지 않은 자식이 되기를 원합니다.
　간섭하는 부모가 없다고 하여 방만한 신앙생활을 하지 않게 하여 주시고, 주일 성수 잘하고 주님을 잘 섬기고 봉사할 수 있도록 큰 은총을 더하여 주시옵소서.
　어렵고 힘든 일이 발생할 때 주님께 도움을 요청할 수 있는 자녀가 되게 하여 주시고, 주님이 주시는 능력으로 잘 이기고 나갈 수 있게 하여 주시옵소서. 목표한 학업을 완성하는 그날까지 언제나 아침 저녁으로 기도하기를 쉬지 않게 하여 주시고, 주님의 말씀을 주야로 묵상할 수 있는 자식이 되게 하여 주시옵소서.
　주님을 영화롭게 하며, 세상에 유익함을 줄 수 있는 자녀가 되게 하여 주실 것을 믿사옵고 예수 그리스도의 이름으로 기도합니다.
　아멘.

⊷ 자녀가 결혼을 앞두고 있을 때

(마 19:6)

"그런즉 이제 둘이 아니요 한 몸이니 그러므로 하나님이 짝지어 주신 것을 사람이 나누지 못할지니라 하시니."

참으로 좋으신 하나님!

주님의 사랑을 입은 자들에게 좋은 것을 아끼지 아니하시고 후히 주시며 자손 천대에 이르기까지 은혜를 베푸시는 좋으신 하나님께 감사와 찬송과 영광을 돌립니다.

저희들에게 허락하신 자식을 이처럼 장성하게 하시고 주님께서 택하신 배필을 맞게 하시니 감사합니다. 결혼을 앞두고 있는 자식을 위하여 기도합니다. 이제 믿음의 반려자를 만나 새로운 인생을 시작하는 자식에게 평강과 형통의 길을 주시옵소서.

한 몸을 이루어 한마음으로 살게 하신 주님의 크신 뜻을 먼저 깨달아 알게 하셔서 인간의 욕심과 정욕대로 살지 않게 하여 주시고 하나님을 경외하고 섬기는 믿음의 가정이 되게 하여 주시옵소서.

서로 다른 문화적인 환경 속에서 생활하였으므로 성격도 다르고 기호도 다르지만 사랑으로 모든 차이를 극복하고 하나로 연합할 수 있도록 도와주시옵소서.

또한 결혼을 앞두고 몸과 마음을 깨끗이 지켜 앞으로 이룰 그들의 가정이 주님의 뜻을 이루는데 조금도 부족함이 없는 순결한 가정이 되게 하시옵소서.

| 참고 성구 |
창 2:18; 잠 10:12, 11:16, 21:19, 25:24;
고전 13:4-7; 고후 5:18; 빌 5:33

  자식이 주님 안에서 이루게 된 가정을 행복하게 이끌 수 있도록 도와주시고 평생 주님의 은혜를 떠나지 아니하고 주님께 신실한 믿음의 가정이 될 수 있도록 이끌어 주시옵소서.
  혼수를 준비하는 가운데 있습니다. 중요한 것은 혼수가 아니라 서로를 아끼고 위하는 사랑의 마음이 앞서야 함을 깨닫게 하시고, 온정과 이해로 꼭 필요한 것만 준비할 수 있도록 지혜를 더하여 주시옵소서.
  한 가정을 이루어 나갈 때 더 많은 이해가 필요한 줄 압니다. 더 많은 양보가 필요한 줄 압니다. 더 많은 자기 희생과 오래 참음이 필요한 줄 압니다. 상대방을 충분히 배려할 줄 아는 마음을 주셔서 행복과 사랑이 넘치는 가정을 이루게 하여 주시옵소서.
  또한 주님이 주시는 복으로 충만한 가정이 되게 하여 주시고, 주님의 선하신 뜻을 이루는 가정이 되게 하여 주시옵소서. 예수 그리스도의 이름으로 기도합니다. 아멘.

기도는 하나님의 은사입니다.

기도는 하나님의 은사입니다.
우리는 기도를 통하여 언제든지
하나님 앞에 나아갈 수 있습니다.
기도는 영적인 훈련입니다.
그 안에는 헌신과 노력과 인내가 필요합니다.
우리의 삶에 생명력을 불어넣는 원동력이 됩니다.

기도는 성도의 생활에 필수적인 것입니다.
성도의 영적생활의 근원은 그리스도안의 하나님입니다.
기도의 능력을 활용하지 않는 그리스도인은 실패합니다.
왜냐하면 주님 안에서 주님을 통하여 살지 않는 한
그리스도인의 생활은 불가능하기 때문입니다.

결혼, 수태, 해산했을 때의 기도문

(1) 배우자를 위하여
(2) 결혼을 앞두고 있을 때
(3) 신혼 가정을 꾸미게 되었을 때
(4) 자식을 원할 때
(5) 태중의 아이가 위태로울 때
(6) 해산을 앞두고 있을 때
(7) 해산을 했을 때

배우자를 위하여

(잠 19:14)

"집과 재물은 조상에게서 상속하거니와 슬기로운 아내는 여호와께로서 말미암느니라."

은혜로우신 하나님 아버지!

저를 고아와 같이 버려두지 아니하시고 늘 이끄시고 인도하심을 감사합니다. 이제껏 믿음의 길을 잘 달려올 수 있도록 축복하심도 감사합니다.

성년이 되는 때부터 지금까지 배우자를 위하여 주님께 기도하고, 저에게 합당한 배우자를 주실 것을 간구 하였지만, 결혼 적령기를 훨씬 넘긴 지금까지 한 몸이 되어 한 가정을 이룰 배우자를 만나지 못하였습니다.

결혼하지 않는 것이 주님의 뜻이라면 그 뜻하심을 어찌 제가 거역할 수 있겠습니까? 하오나 한 가정을 이루어 주님을 섬긴다면 더욱 주님께 영광돌리는 삶이될 것이라고 확신합니다.

우리 주님께서는 이 땅을 창조하시고 사람을 지으실 때 하나님의 형상을 따라 남자와 여자를 지으시고 서로 도우며 하나님의 지으신 모든 만물을 관리하고 생육하고 번성하여 하나님께 영광을 돌리는 삶을 살라고 하지 않으셨습니까?

이제도 간구하옵는 것은 제게 돕는 배필을 허락하여 주시기를 원합니다.

| 참고 성구 |
창 2:23, 24:16, 63-67; 시 128:1-6; 잠 18:22; 마 19:4-6;
고전 7:3-5, 11:7; 엡 5:22-23; 히 13:4

　믿음의 가정을 이루어 서로 사랑하고 도우며 주님의 영광을 위하여 살게 하시옵소서. 제 욕심대로 배우자를 찾고 싶지만 주님의 뜻을 거스리는 행동을 하고 싶지 않습니다.
　부모님도 제 결혼이 늦어지니 몹시 안타까워하고 계십니다. 연로하신 부모님께 불효하는 것 같아 제 마음이 너무 무겁습니다.
　주님!
　원하옵고 간구하오니 마음과 뜻을 함께 하며 전심으로 주님을 섬길 수 있는 신실한 믿음의 배우자를 허락하여 주시옵소서. 함께 기도하고 사랑하며 선한 일에 힘쓸 수 있는 믿음의 배우자를 허락하여 주시옵소서.
　주님께서 저를 위해 합당한 배우자를 준비하시고, 예비하신 것을 믿사옵고 예수 그리스도의 이름으로 기도합니다. 아멘.

결혼을 앞두고 있을 때

(아 2:10)

"나의 사랑하는 자가 내게 말하여 이르기를 나의 사랑, 내 어여쁜 자야 일어나서 함께 가자."

사랑이 많으신 하나님 아버지!

주님의 섭리하심 가운데 좋은 사람을 만나게 하여 주심을 감사합니다.

주님 안에서 교제하며 사랑을 키우다가 주님이 맺어주신 관계임을 확신하고 한 몸, 한 가정을 이루고자 뜻을 모았습니다. 이제 주님 안에서 새롭게 출발할 결혼을 앞두고 있습니다.

이제껏 저희 두 사람을 사랑하셔서 서로 아름다운 관계를 맺도록 도와주시고, 한 몸을 이룰 수 있도록 인도하셨사오니 많은 사람에게 축복 받을 수 있는 결혼예식을 치를 수 있게 하여 주시고, 힘을 다하여 주님의 영광을 위하여 살 수 있는 저희 두 사람이 되게 하여 주시옵소서.

결혼식이 있기까지 서로에 대해 더욱 믿음이 깊어지게 하여 주시고, 사사로운 오해가 발생하지 않도록 서로에 대하여 더욱 이해하고, 함께 하며 주님의 뜻을 구하는 태도를 잃지 않게 하여 주시옵소서.

이제껏 주님 안에서 건전하고 아름다운 교제에 힘써왔듯이 끝까지 이 마음가짐을 유지할 수 있도록 저희 두 사람의 마음을 다스

| 참고 성구 |
창 2:24; 수 23:12; 잠 18:22; 고전 7:8-9,36

려 주시옵소서. 결혼을 하고서도 더욱 함께 기도하고 사랑하며 선한 일에 힘쓸 수 있는 저희 두 사람이 되게 하여 주시고, 주님의 교회를 위해서도 힘을 다하여 봉사에 힘쓸 수 있는 저희 두 사람이 되게 하여 주시옵소서.

혹 살다가 어려운 일이 발생한다 할지라도 서로에게 격려와 위로를 아끼지 않게 하여 주시고 영적으로 인격적으로 성숙되어지는 계기로 삼게 하시옵소서.

주님이 제정하신 결혼 예식이 있기까지 양가에서 준비할 것이 많은 줄 압니다. 혼수 준비로 인하여 서로가 마음 상하는 일이 없게 하여 주시고, 꼭 필요한 것만 준비할 수 있도록 생각을 지켜주시옵소서. 한 가정을 이루게 하신 예수 그리스도의 이름으로 기도합니다. 아멘.

☙ 신혼 가정을 꾸미게 되었을 때

(창 2:24)

"이러므로 남자가 부모를 떠나 그의 아내와 합하여 둘이 한 몸을 이룰지로다."

창세전부터 가정의 제도를 세워 주신 하나님 아버지!

저희 두 사람을 사랑하여 주셔서 새로운 가정의 보금자리를 마련해 주신 감사합니다. 주님이 만들어 주신 복되고 아름다운 가정, 사랑과 은혜가 넘치는 가정이 될 수 있도록 저희 두 사람을 축복하여 주시옵소서.

고린도전서 13장의 말씀대로 언제나 오래 참고, 온유하며, 시기하지 않으며, 교만하지 않으며, 무례히 행치 않으며, 내 유익만 구치 않으며, 성내지 아니하며, 진리와 함께 기뻐할 수 있는 저희 두 사람이 되게 하여 주시어서 온전한 사랑을 이루게 하시옵소서.

성 프란시스의 평화의 기도처럼 미움이 있는 곳에 사랑을 심어주고, 상처가 있는 곳에 용서를 심어주고, 분열이 있는 곳에 일치를 심어주고, 의혹이 있는 곳에 믿음을 심을 수 있는 저희 두 사람이 되게 하여 주시옵소서.

오류가 있는 곳에 진리를 심어주고, 절망이 있는 곳에 희망을 심어주고, 슬픔이 있는 곳에 광명을 심어줄 수 있는 저희 두 사람이 되게 하여 주시옵소서. 이해 받기보다는 이해하며 사랑 받기보다는 사랑하며, 하나님의 영광을 위하여 저희 자신을 온전히 내어 줄 수

| 참고 성구 |
잠 3:14, 5:21, 10:22, 11:16, 15:31, 16:31; 욥 8:5-7; 시 144:12-14;
고전 7:1-6; 고후 9:8; 엡 5:33; 빌 1:2; 살후 3:16; 벧전 4:7-8

있는 삶을 살게 하시옵소서. 또한 어떠한 사단의 세력도 저희 가정의 평화와 질서를 깨뜨리지 못하게 하시며, 주님의 날개 아래 안전하게 거할 수 있는 가정이 되게 하여 주시옵소서.

태의 열매도 허락하여 주시어서 거룩한 자손의 복을 받게 하여 주시고, 위로는 하나님을 경외하며, 부모님께 효도하는 저희 두 사람이 되게 하여 주시옵소서.

브리스길라와 아굴라 부부처럼 주님의 몸 된 교회를 위하여 충성할 수 있는 저희 두 사람이 되게 하여 주시옵소서.

예수 그리스도의 이름으로 기도합니다. 아멘.

⚜ 자식을 원할 때

(삼상 1:20)

"한나가 임신하고 때가 이르매 아들을 낳아 사무엘이라 이름하였으니 이는 내가 여호와께 그를 구하였다 함이더라."

은혜로우신 하나님 아버지!

저희 부부를 사랑하셔서 주님의 넘치는 은혜와 축복 속에 살게 하심을 감사 드립니다. 또한 주님만 섬기는 복된 부부가 되게 하심을 감사 드립니다.

사랑의 하나님!

주님이 저희 부부를 한 몸으로 맺어 주신지가 퍽 오래 되었는데 아직 사랑의 열매가 없습니다. 시간이 지날수록 불안과 초조함이 마음을 사로잡습니다. 남편에게 눈치가 보이고 미안한 마음이 앞섭니다. 남편은 합력하여 선을 이루시는 하나님의 뜻이 있을 것이라고 저를 위로하고 달래지만 제 마음은 한없이 무겁기만 합니다.

주여!

주님께 간곡히 간구하오니 저희 부부를 사랑하셔서 태의 문을 열어 주시기를 원합니다. 기업을 이을 수 있도록 은총을 베풀어 주시옵소서.

이삭의 아내 리브가가 잉태치 못하였다가 주님께 간구함으로 잉태하였고(창25:21), 사무엘의 어머니 한나도 주님께 통곡하고 부르짖으며 간구하다가 주님의 응답을 받아 훌륭한 아이를 얻게 된

| 참고 성구 |
창 13:16; 출 1:20-21; 신 28:9,11; 시 102:28,
13:17-18, 128:3-6; 사 66:22

것을(삼상1:10) 믿사오니 주여! 이 연약한 딸에게 놀라운 은총을 허락하셔서 한나와 같이 주님을 향한 감격의 찬양이 흘러 넘치게 하여 주시옵소서.

주님은 온 세상의 창조자이시며 주인이심을 믿습니다. 주시기도 하시고 취하시기도 하시는 주관자이심을 믿습니다. 주님의 화원에 한 송이 꽃처럼 어여쁜 아기를 허락하여 주셔서 주님의 각별하신 사랑과 섭리가 있음을 깨달아 알게 하시옵소서.

필요한 모든 것을 넘치게 채워주시고 부르짖는 기도를 외면치 아니하시는 예수 그리스도의 이름으로 기도합니다. 아멘.

태중의 아이가 위태로울 때

(마 10:29)

"참새 두 마리가 한 앗사리온에 팔리지 않느냐 그러나 너희 아버지께서 허락하지 아니하시면 그 하나도 땅에 떨어지지 아니하리라."

번성의 축복을 주신 하나님!

저희 가정을 일찍부터 사랑하시고 택하셔서 이모저모로 지켜주시고 보호하여 주신 은혜를 감사 드립니다. 또한 귀한 생명을 허락하셔서 기업을 잇게 하심도 감사 드립니다.

항상 저희 가정이 주님의 넘치는 은혜 속에 있음을 깨닫습니다. 하오나 주님이 저희 가정에 기업으로 주신 태중의 아이가 매우 위태로운 가운데 있습니다.

주님이 주신 귀한 생명이라서 주님의 사랑을 조금도 의심치 않지만 태중의 아이가 유산될 수도 있다는 의사의 말을 들으니 놀란 가슴을 진정시킬 수 없나이다.

주여!

주님의 강하신 팔로 태중의 아이를 붙들어 주시고 지켜 주시옵소서. 죄악이 많은 이 세상에 태어나지 않은 것이 복되다고 하지만 주님이 생명을 베푸시고 부여해 주신 것은 특별하신 섭리가 있음을 깨닫습니다.

생(生)이 곧 명(命)이기에 이 아이가 감당할 사명이 있기 때문에 생명을 허락하신 것을 믿습니다.

| 참고 성구 |
수 1:9; 사 41:10; 마 7:7-10; 히 11:7

주여!

이 연약한 딸의 태를 강하게 강화시켜 주시고, 아이의 생명줄을 지켜 주시옵소서, 주님께 기도하면서 얻은 아이입니다. 주님이 저희 부부를 사랑하셔서 기쁨을 더하여 주시려고 주신 아이인 것을 믿습니다. 하오니 그 귀한 생명이 생명을 놓지 않도록 붙들어 주시옵소서.

출산하는 날까지 아무 일 없게 인도하시옵소서. 신체의 모든 부위가 온전하게 형성되어 가도록 도와 주시옵소서. 주님의 뜻 안에서 발육되며 생명의 능력과 건전한 영혼을 이룰 수 있도록 이끄실 것을 믿습니다.

주님!

제 모든 사정과 형편을 아시지요? 꼭 지켜 주세요. 꼭 도와 주세요. 꼭 붙들어 주세요. 태중의 아이를 영원토록 지키실 예수 그리스도의 이름으로 기도합니다. 아멘.

해산을 앞두고 있을 때

(눅 1:42)

"큰 소리로 불러 이르되 여자 중에 네가 복이 있으며 네 태중의 아이도 복이 있도다."

사랑의 하나님!

아이를 갖기 원했던 제게 새 생명을 잉태할 수 있는 큰 은총을 베푸신 것을 생각할 때 다시 한번 하나님께 영광을 돌리며 찬양 드립니다.

주님의 은혜의 손길을 따라 생명의 소중함을 느끼며 달 수가 차기까지 태교를 쉬지 않았습니다. 태아가 귀기울일 것을 생각하며 무엇보다도 말씀을 많이 들려주었고, 주님의 영광을 노래하는 찬양도 많이 들려주었습니다.

이제 출산일이 얼마 남지 않았습니다. 이제껏 생명을 잉태케 하시고 지켜주신 우리 주님이 순산할 수 있도록 섭리하실 것을 굳게 믿고 있지만 첫 경험인지라 두려움도 마음 한구석에 자리 잡고 있습니다.

은혜의 하나님!

이제껏 주님의 은총으로 산모인 저와 태아를 보호하시고 지켜 주셨사오니 끝까지 함께 하여 주시옵소서. 주님이 주신 귀한 생명, 생김새가 어떨지 설레이는 가슴 감출 길 없습니다.

아들인지, 딸인지 몹시 궁금하기도 합니다. 그러나 사랑이 풍성하신 우리 주님은 저희 가정에 꼭 필요한 생명을 주셔서 기업을 잇게 하실 것을 확신합니다.

| 참고 성구 |
삿 13:7; 삼상 2:1-11; 눅 1:45-55,58

　주님이 주신 생명, 아들 딸 구별하지 않고 정성껏 기르겠습니다. 평생에 주님을 잘 섬기는 아이로 양육할 것이며, 주님을 기쁘시게 하는 아이로 최선을 다하여 양육하겠습니다.
　주님의 말씀과 훈계를 떠나지 않는 아이가 되도록 부모 된 책임을 다하겠습니다.
　주님을 의지하오니 남아있는 달 수도 아무 일 없도록 보호하시고, 건강한 아이를 출산할 수 있도록 은총을 더하여 주시옵소서.
　산모인 제게도 두려움 없게 하여 주시고 주님의 도우심을 굳게 믿고 기도하며 준비하게 하시옵소서. 이 아이가 주님과 이 가정에 큰 기쁨이 되게 하실 것을 믿사옵고 예수 그리스도의 이름으로 기도합니다. 아멘.

해산을 했을 때

(요 16:21)

"여자가 해산하게 되면 그 때가 이르렀으므로 근심하나 아기를 낳으면 세상에 사람 난 기쁨으로 말미암아 그 고통을 다시 기억하지 아니하느니라."

생명의 창조자이신 하나님 아버지!

저희 가정에 귀한 생명을 선물로 주심을 감사합니다. 새 생명의 탄생을 어찌 천하의 모든 것과 비교할 수 있겠사오리까?

주님이 선물로 주신 귀한 생명으로 인하여 저희 가정에 기쁨이 넘치게 하시니 생명의 축복을 주신 하나님께 다시 한번 감사와 영광을 돌립니다.

아기를 위하여 간구합니다.

잘 먹고, 잘 자고, 잘 자라게 하시고, 질병 없이 성장할 수 있도록 늘 지켜 주시옵소서. 그 키가 자라감에 따라 지혜와 명철이 있게하시고, 사랑스러움이 더하여지게 하시옵소서.

부모 된 저도 이 아기를 사랑과 믿음으로 잘 양육할 수 있도록 이끌어 주시고, 하나님의 은혜를 알고 그 길에서 떠나지 않으며 하나님을 경외할 줄 아는 삶을 지도할 수 있도록 도와 주시옵소서.

또한 이 아기가 성장하면서 나쁜 것에 길들여지지 않도록 그 생각을 지켜 주시옵고, 좋고 옳은 것만 본받게 하셔서 주님이 보시기에 보배롭고 존귀한 아이가 되게 하여 주시옵소서.

해산의 고통을 겪은 저에게도 함께 하시길 원합니다.

| 참고 성구 |

창 12:1-3; 출 23:25-26; 신 6:4-6; 삼상 1:11-20;
대상 4:9; 눅 1:8, 2:40,52; 갈 4:7; 딤후 3:15-17

　빠른 회복이 있게 하시고, 아기가 먹고 싶을 때에 언제나 모유를 줄 수 있도록 젖샘이 풍부하게 하여 주시옵소서.
　주여!
　이제껏 저와 아기가 아무 탈 없이 안전하고 건강하게 순산할 수 있도록 지켜주신 주님의 은혜를 감사하오며 귀한 아기를 선물로 주셔서 기업을 이을 수 있도록 큰 은총을 허락하신 예수 그리스도의 이름으로 기도합니다. 아멘.

기도의 사람이 되게 하소서

주여,
　나로 기도의 사람이 되게 하소서.
　나로 당신이 기뻐하시는 사람이 되게 하소서.
　나로 당신의 마음에 합한 자가 되게 하소서.

주여, 나의 간절한
　나의 간절한 기도로 내 가정을 성령 충만케 하소서.
　나의 간절한 기도로 내 교회를 부흥케 하소서.
　나의 간절한 기도로 내 교회가 성령 충만케 하소서.
　나의 간절한 기도로 지금부터 부흥케 하소서.
　나의 간절한 기도로 캠퍼스를 복음화시키게 하소서.
　나의 간절한 기도로 이 민족을 복음화시키게 하소서.
　나의 간절한 기도로 땅 끝까지 이르러 증인이 되게 하소서.

주여,
　나로 기도의 사람이 되게 하소서.
　나로 당신의 사람이 되게 하소서.

사업, 실직, 취직, 승진 했을 때의 기도문

(1) 사업의 축복을 위하여
(2) 사업이 잘 될 때
(3) 사업에 실패했을 때
(4) 사업 실패의 어려움이 있을 때
(5) 실직을 당했을 때
(6) 취직을 했을 때
(7) 승진을 했을 때
(8) 모든 것이 잘 된다고 생각될 때

사업의 축복을 위하여

(잠 16:3)

"너의 행사를 여호와께 맡기라 그리하면 네가 경영하는 것이 이루어지리라."

만물의 주인이 되시며 섭리하시는 하나님 아버지!

주님의 사랑과 크신 지혜와 측량할 수 없는 은혜를 찬양합니다. 죄로 말미암아 죽을 수밖에 없는 이 죄인을 사랑하셔서 주님의 백성으로 삼아주시고 주님이 약속하신 귀한 복을 누리게 하여 주심을 감사 드립니다.

주님이 주신 생업을 위하여 기도하기를 원합니다. 원컨대 이 사업을 통하여 주님이 이루고자 하시는 뜻을 이루어 주시옵소서. 개인의 출세를 위해서만 운영되는 사업이 되지 않기를 원합니다. 이 사업을 통하여 많은 사람들에게 유익을 주고, 이웃을 부요케 할 수 있는 사업이 되게 하여 주시옵소서.

모든 일과 계획이 주님을 영화롭게 하는 일에 초점을 맞추게 하시고, 이 사업을 주님이 맡겨주신 성직으로 알아 주님의 나라와 그 의를 생각하며 경영할 수 있도록 도와주시옵소서.

이 사업장에 출입하는 모든 사람에게 살아 계신 주님을 만날 수 있는 구원의 문이 열리게 하여 주시고 주님의 능력을 체험할 수 있는 믿음의 눈이 열려지게 하시옵소서.

많은 사람에게 복을 심어 줄 수 있는 사업이 되게 하여 주시고,

| 참고 성구 |
창 1:28, 8:17, 48:4; 레 26:9; 신 7:13;
잠 11:28; 빌 4:17; 히 6:14

이 사업장만 잘 되는 것이 아니라 거래하는 모든 곳도 주님의 복을 심는 사업장이 되게 하여 주시옵소서.

사랑의 하나님!

혹 이 사업으로 인하여 주님의 일을 소홀히 하지 않도록 마음을 강하게 하여 주시옵고, 더욱 충성 된 일꾼으로 쓰임 받게 하여 주시옵소서.

기도하는 일과 전도하는 일에 게을리 하지 않게 하시고, 주일 성수와 십일조, 그리고 구제와 선교하는 일에 최선을 다할 수 있도록 인도하여 주시옵소서.

주님의 말씀대로 이 사업을 일구어 나갈 때에 주님의 능력을 체험하고 주님께 큰 영광 돌리는 사업이 되게 하여 주실 것을 믿습니다. 이 사업체의 주인이신 예수 그리스도의 이름으로 기도합니다.

아멘.

☙ 사업이 잘 될 때

(레 26:3~4)

"너희가 내 규례와 계명을 준행하면 내가 너희에게 철따라 비를 주리니 땅은 그 산물을 내고 밭의 나무는 열매를 맺으리라."

만복의 근원이신 하나님 아버지!

주님의 사랑과 그 크신 은혜를 감사드립니다. 새로운 사업을 준비케 하여주시고, 시작케 하셔서 주님의 약속하신 귀한 복을 누리게 하심을 감사 드립니다.

이 사업을 통하여 더욱 주님께 많은 영광을 돌리게 하시고 선한 일에 참여 할 수 있도록 함께 하시옵소서. 사업이 잘 풀린다고 하여 인본주의적인 생각이 앞서지 않게 하여주시고, 항상 주님의 지혜를 구할 수 있도록 이끌어 주시옵소서.

"부한 형제는 자기의 낮아짐을 자랑하라"(약1:10)고 하셨사오니 사업이 잘 될수록 더욱 낮아짐의 본을 보이게 하시옵소서.

"사람의 마음에는 많은 계획이 있어도 오직 여호와의 뜻만이 완전히 서리라"(잠 19:21)고 하셨사오니 아무리 좋은 계획일지라도 주님의 뜻을 앞서지 않게 하시옵소서.

사업이 잘 된다고 하여 주님이 형통케 하시는 것을 망각하고 주님의 일을 소홀히 하는 일이 없게 하여주시고 어려울 때 주님을 찾았던 그 간절함으로 언제나 주님을 가까이 하게 하시옵소서.

주님이 주신 재물을 성실히 관리할 수 있도록 더욱 이 심령을

| 참고 성구 |
레 19:35-36, 25:13; 신 8:17-18, 11:13-17; 삼상 16:7;
시 62:10, 128:2; 잠 3:9-10, 16:1,3,9; 마 6:33; 행 6:14

 복되게 하시고, 주님의 은혜를 먹고 사는 자로서 욕심이 앞서지 않게 하여주시고, 주신 물질을 잘 깨뜨릴 수 있는 종이 되게 하시옵소서.

 "너희가 헤아리는 그 헤아림으로 너희도 헤아림을 도로 받을 것이니라"(눅6:38)고 하셨사오니 연약한 자를 넉넉히 헤아릴 수 있는 사업체가 될 수 있도록 인도하여 주시옵소서. 더 나은 이익이 보장된다고 하여 불의와 타협하지 않게 하여주시고 언제나 하나님의 뜻에 맞추어 정직을 심을 수 있는 사업체가 되게 하시옵소서.

 아침 예배로 영업을 시작하고, 저녁예배로 영업을 마무리 하는 것을 언제나 쉬지 않게 하시옵소서. 이 사업을 통하여 주님만이 제 삶의 주관자이시며, 제 힘이 되시고, 능력이 되심을 더욱 고백하는 삶이 되게 하여 주실 것을 믿습니다.

 성실을 심으시고, 성실로 인도하시는 예수 그리스도의 이름으로 기도합니다. 아멘.

사업에 실패했을 때

(시 5:12)

"여호와여 주는 의인에게 복을 주시고 방패로 함 같이 은혜로 그를 호위하시리이다."

자비로우신 하나님 아버지!

환난 날에 피난처가 되시며 새 힘과 능력을 주시는 여호와 하나님께 감사와 찬양을 올립니다.

막상 사업에 실패하고 보니 낙심과 절망이 온통 마음을 사로잡고 있지만 그래도 주님을 향하여 두 손을 들 수 있도록 이끌어 주시니 하나님의 그 크신 사랑 앞에 몸둘 바를 모르겠나이다.

지난 시간을 돌이켜 보건대 사업을 한다면서 주님의 일에 소홀히 했음을 솔직히 시인하지 않을 수 없나이다. 바쁜 사업을 핑계삼아 예배생활, 기도생활에 소홀히 했고, 주님이 맡겨주신 직분을 마지못해 억지로 감당했었습니다. 참회하오니 긍휼을 베푸셔서 용서하여 주시옵소서.

사랑의 주님!

사업에 실패한 것이 주님의 뜻이란 것을 믿습니다. 이 못난 죄인이 주님을 멀리하고 세상적으로 너무 기울어지는 것을 그대로 지켜보고만 있을 수가 없으셔서 사랑의 채찍을 드신 것이라 것을 믿습니다. 그러나 사랑하는 자를 징계하심이 주님의 본심이 아니시란 것을 믿습니다.

| 참고 성구 |
시 9:10; 잠 3:12; 고후 1:20; 갈 5:16-17;
히 11:6, 12:5; 약 4:6; 벧전 2:20; 벧후 3:9

 이번의 실패로 주님의 뜻을 철저히 깨닫게 하시고, 이 병든 영혼이 치료되는 역사가 있게 하여 주시옵소서. 이 못난 죄인의 영혼이 주님 앞에 바로 서기만하면 범사가 잘되고 강건케 하시는 길로 인도하실 것을 믿습니다.
 이 죄인의 삶을 은혜 안에서 승리로 이끌어 주실 것을 믿습니다. 합력하여 선을 이루어 주시는 주님의 은혜가 넘치게 하여 주실 것을 믿습니다.
 이 죄인이 주님 앞에 바로 설 때까지 더욱 더 연단 시켜 주시옵고 교만의 찌꺼기들이 말끔히 씻겨질 수 있도록 주님의 겸손을 철저히 본받게 하시옵소서.
 생명의 길, 은혜의 길로 이끄시는 예수 그리스도의 이름으로 기도합니다. 아멘.

사업 실패의 어려움이 있을 때

(시 9:10)

"여호와여 주의 이름을 아는 자는 주를 의지하오리니 이는 주를 찾는 자들을 버리지 아니하심이니이다."

나의 반석, 나의 산성이신 하나님!

저의 실패를 주님의 십자가 앞에 가지고 나왔습니다. 곤경과 낙심과 절망 중에 부르짖사오니 제게 귀를 기울여 주시옵소서.

주여!

무엇을 어떻게 해야 할까요? 사업의 실패를 경험한지 수일(數日)이 흘렀는데 아직도 실패로 인한 상처가 아물지 않고 오히려 더욱 깊어지고 있습니다. 이러다가 주님을 원망하게 되는 것은 아닐까 두려움이 앞섭니다.

이 못난 죄인을 불쌍히 여기셔서 이 어두움의 늪에서 건져주시옵소서. "일을 행하시는 여호와, 그것을 만들며 성취하시는 여호와, 그의 이름을 여호와라 하는 이가 이와 같이 이르시도다 너는 내게 부르짖으라 내가 네게 응답하겠고 네가 알지 못하는 크고 은밀한 일을 네게 보이리라"(렘33:2,3)하셨사오니 마음을 쏟아 간구하는 이 죄인의 기도에 귀를 기울이사 응답하여 주시옵소서.

이번 실패를 딛고 일어설 수 있는 용기를 주시옵소서. 이 죄인은 무엇을 어찌해야 좋을지 아무것도 모르겠습니다. 재기하기 위하여 기도하면서 열심히 뛰어다니고 있지만 눈에 보이는 것이 없고, 귀에

| 참고 성구 |
민 23:19; 욥 8:5-6; 시 37:3-5, 48:14, 84:11-12, 105:8, 125:1; 잠 16:9; 히 10:36; 약 1:5-6; 벧후 3:9

들이는 것이 없고, 손에 잡히는 것이 없습니다. 주님의 선하심을 생각하며 주님을 굳게 믿고 있지만 아직도 이 죄인이 믿음이 한없이 연약한가 봅니다.

　주님만을 굳게 의지할 수 있도록 이 죄인의 믿음을 강화시켜 주시옵소서. 또한 주님께 영광 돌리며, 주님의 뜻을 심을 수 있는 새로운 사업을 허락하여 주시옵소서. 새로운 사업에 대한 아이디어를 주시고 필요한 사업자금과 거래처와 성실한 일꾼들을 공급하여 주시옵소서. 이 못난 죄인을 불쌍히 여기셔서 복을 더하여 주시기를 원합니다.

　주님의 뜻에 합당한 방향으로 인도하실 것을 믿습니다. 주님의 역사를 체험케 하여 주실 것을 믿습니다. 이 영혼에 밝은 빛을 비쳐 주실 것을 믿습니다. 하나님께서는 주의 백성을 사랑하사 복주시고 복주시기를 원하신다고 말씀하셨사오니 더 이상 이 죄인이 주님의 영광을 가리우는 길로 가지 않도록 인도하여 주시옵소서. 나의 반석, 나의 산성이신 예수 그리스도의 이름으로 기도합니다. 이멘.

실직을 당했을 때

(시 37:5~6)

"네 길을 여호와께 맡기라 그를 의지하면 그가 이루시고 네 의를 빛 같이 나타내시며 네 공의를 정오의 빛 같이 하시리로다."

선한 목자이신 주님!

어떻게 해야 합니까? 주님이 주신 일터라 생각하며 평생을 몸바쳐 일하던 일터를 잃어버렸습니다. 저희 온 가족이 이 일터를 통하여 주님이 주시는 만나를 공급 받았는데 이제 더 이상 주님이 주시는 만나를 공급 받을 수 없게 되었습니다.

저는 낙심이 되고 가족들에 대한 책임감으로 인해 마음이 무겁습니다. 제가 무엇을, 어떻게 해야 할지 아무것도 모르겠습니다.

주여!

가야 할 길을 몰라 두려워하고 있사오니 선한 목자이신 우리 주님이 길 잃은 어린양을 인도하여 주시옵소서. 우리 주님은 저의 영혼이 잘되고 범사가 잘되고 강건하기를 원하시며, 생명을 얻되 넘치도록 얻으며 승리의 삶을 살 수 있도록 인도하심을 믿습니다.

주님!

가족의 생계가 막막합니다. 가장으로서 가족의 생계를 책임질 수 있도록 지혜를 주시고, 무엇을 해야 할지를 가르쳐 주시옵소서.

제게 주님이 새롭게 예비하신 일터를 주시고 주님의 놀라우신 은총을 체험케 하시옵소서.

| 참고 성구 |
신 32:12-14; 시 23:1-6, 37:5, 104:24, 107:30, 149:10

주님을 더 잘 섬기며 하나님께 더 가까이 나아갈 수 있는 좋은 일터를 예비하신 것을 믿습니다. 두려워 말고 믿기만 하라고 말씀하신 주님, 주님의 섭리하심을 조금도 의심치 않기를 원합니다.

주님의 이끄심을 확신하는 믿음 안에 온전히 거하게 하여 주시옵소서. 반드시 주님이 먹이시고 입히시는 새로운 일터를 주실 것을 믿습니다. 일할 수 있는 대로 힘써 일하여 수고의 열매를 먹을 수 있는 좋은 일터를 주실 것을 믿습니다.

가족들에 대한 저의 책임과 의무를 다할 수 있도록 인도하실 것을 믿습니다. 그리하여 오늘은 어제 보다 낫고 내일은 오늘보다 나은 복과 승리의 삶을 살게 하여 주시옵소서.

예수 그리스도의 이름으로 기도합니다. 아멘.

취직을 했을 때

(욥 42:12)

"여호와께서 욥의 곤경을 돌이키시고 여호와께서 욥에게 이전 모든 소유보다 갑절이나 주신지라."

좋으신 하나님!

저의 부르짖는 간구와 기도를 들으시고 새로운 직장을 허락하심을 감사합니다. 또한 저희 가정을 풍성하신 긍휼을 베푸셔서 물질로 인하여 고통당하지 않도록 이끄심을 감사드립니다.

우리 주님이 좋은 직장을 허락하여 주셨사오니 맡겨진 일에 감사함으로 최선을 다하게 하여 주시고, 성실을 심을 수 있는 주님의 사람이 되게 하시옵소서.

주님의 사람으로서 부끄러운 행동을 보이지 않게 하여 주시고, 저의 잘못된 행동으로 인하여 우리 주님이 능욕을 당하는 일이 없게 하시옵소서.

세상 권세 자도 주님이 세우셨고, 그 권세 앞에 복종하는 것이 성경의 가르침 일진대 모든 것을 주님 앞에 맡기고 먼저 된 자에게 순복 할 수 있는 은혜를 더하여 주시고, 감정을 자극하는 일이 발생한다 할지라도 상대방을 온유함으로 감화시킬 수 있는 주님의 사람이 되게 하여 주시옵소서.

미워하고 괴롭히는 사람이 있다 할지라도 그를 위하여 축복하고 기도할 수 있게 하여 주시고, 사랑으로 품어 줄 수 있도록 더욱 큰

| 참고 성구 |
시 1:3; 잠 6:6-10, 10:4; 마 5:21; 골 3:22-25; 살후 3:7-10

　사랑의 은사를 더하여 주시옵소서. 의견 대립이 발생할 수도 있을 것입니다. 저의 고집만 앞세우지 않게 하여 주시고, 먼저 상대방에게 양보하며 이해해 줄 수 있는 아름다운 미덕이 있게 하여 주시옵소서.
　불협화음이 발생할 수 도 있을 것입니다. 먼저 화해의 손을 내밀 수 있는 주님의 사람이 되게 하여 주시고, 선으로 악을 이기게하여 주시옵소서.
　주어진 일에 잘 적응이 안된다고 하여 생각 없이 그만두지 않게 하여 주시고, 인내함으로 주님의 뜻을 온전히 이룰 수 있는 주님의 사람이 되게 하여 주시옵소서. 막막하기만 했었는데 가족의 생계를 책임질 수 있도록 인도하심을 감사드립니다.
　가족들에게 가장으로서의 책임과 의무를 다할 수 있도록 인도하심을 감사드립니다. 언제나 놀라우신 주님의 은총에 감사하오며 예수 그리스도의 이름으로 기도합니다. 아멘.

승진을 했을 때

(잠 22:4)
"겸손과 여호와를 경외함의 보상은 재물과 영광과 생명이니라."

존귀와 영광을 받으시기에 합당하신 하나님 아버지!
주님의 지극히 높으신 이름을 찬양합니다. 오늘 주님의 도우심과 이끄시므로 승진을 하게 되었습니다. 저를 높여 주신 것은 전적으로 주님의 은혜와 은총임을 깨닫습니다.
한낱 질그릇에 지나지 않는 저를 모든 사람 앞에서 이토록 존귀하게 만들어 주시니 주님의 한량없으신 은혜에 소리 높여 찬양하고 감격할 뿐입니다. 이 모든 영광을 다시 한번 주님께 돌립니다.
주님!
이제껏 겸손하고 성실한 모습으로 업무에 임해왔듯이 앞으로도 그 모습 그 태도가 변치 않기를 원합니다. 일에 대한 책임도 그만큼 커졌사오니 지혜를 주셔서 주어진 일에 성실로 최선을 다할 수 있도록 도와주시옵소서. 사람에게 보이기 위해서가 아니라 주님 앞에서 충성하는 신실한 청지기가 되게 하여 주시옵소서.
주님!
겸손으로 허리를 동이기를 원합니다. 주위가 높아졌다고 하여 낮은 자리에 있는 사람들을 가볍게 보는 태도가 없게 하여 주시고, 주님을 섬기듯이 겸손과 온유로 대할 수 있게 하여 주시며, 상대방의

| 참고 성구 |
삼상 2:7; 대상 29:25; 시 15:4, 20:1, 75:7, 89:17, 92:10;
잠 4:8, 15:33; 겔 21:26; 마 23:12; 롬 2:10, 11:20;
약 4:10; 벧전 5:6

마음을 헤아릴 수 있는 덕과 아량이 있게 하여 주시옵소서. 매일 업무를 시작할 때에 주님의 뜻을 묻는 기도를 쉬지 않게 하여 주시고, 업무를 마칠 때에 주님의 인도하심을 감사하는 기도를 잊지 말게 하여 주시옵소서.

직장에서 언제나 주님을 높이는 생활을 잊지 말게 하여 주시고, 믿음의 사람으로도 인정받기에 부족함이 없도록 이끌어 주시옵소서. 혹여 이번 승진으로 인하여 주님의 일을 소홀히 하는 일이 없게 하여 주시고, 더욱 힘써서 주님의 은혜를 감당하는 종이 되게 하여 주시옵소서.

저를 높여주신 하나님께 다시 한번 감사와 영광을 돌리오며 예수 그리스도의 이름으로 기도합니다. 아멘.

모든 것이 잘 된다고 생각될 때

(고전 10:12)

"그런즉 선 줄로 생각하는 자는 넘어질까 조심하라."

사랑하는 자에게 은혜와 복을 더하시는 하나님 아버지!

하나님의 뜻을 따라 사는 것이 너무도 부족한 저에게 넘치는 은혜와 복을 더하시니 주님의 사랑 한복판에 서있음을 깨닫습니다.

모든 것이 잘 풀린다고 생각될 때 교만해질까 두렵습니다. 죄의 유혹을 이기기에 한없이 연약한 제 마음을 붙들어 주셔서 교만에 이르지 않게 하여 주시옵소서.

하나님의 은혜와 복을 분별없이 고백하고 간증함으로 어려움 당하는 형제의 마음을 실족케 하거나 넘어지게 하는 일이 없게 하여 주시고, 오히려 어렵고 힘들 때 강하게 붙들어 주신 하나님의 손길을 고백할 수 있는 입술이 되게 하여 주시옵소서.

주님!

지나친 욕심에 사로잡히지 않기를 원합니다. 현재 있는 것에 만족하지 못하여 때를 따라 넉넉하게 채우시는 하나님의 은혜를 앞서는 삶이 되지 말게 하여 주시고, 언제나 주님의 은총 앞에 순복하는 삶이 되게 하여 주시옵소서.

받은 것이 넉넉하다고 하여 무사안일주의에 사로잡히지 않기를 원합니다. 때를 얻든지 못 얻든지 시간을 잘 활용하여 주님께 영광

| 참고 성구 |
잠 3:34, 16:18, 24:9, 29:23; 눅 6:38; 엡 4:2; 살전 5:21; 벧전 2:8

돌리는 삶이 있게 하여 주시고, 주님의 은혜에 보답하는 삶이 되게 하여 주시옵소서.

주님!

스스로 잘났다고 설쳐대는 거만함이 없게 하여 주시고, 약한 자를 무시하는 오만한 죄악의 행동을 저지르지 않게 하여 주시옵소서. 넉넉할 때 없이 살았던 때를 기억하여 가난한 자와 없는 자를 헤아릴 수 있는 삶이 되게 하여 주시고, 주님의 사랑의 손길을 힘써 보여 줄 수 있는 넉넉함이 있게 하여 주시옵소서.

바쁘다고 하여 은혜의 생활을 멀리하는 간사함이 없게 하여 주시고, 주님의 몸 된 교회를 위해서도 더욱 저의 모든 것을 깨뜨려 아낌없이 봉사하고 충성할 수 있는 선한 청지기가 되게 하여 주시옵소서.

언제나 좋은 것으로 채워 주시는 예수 그리스도의 이름으로 기도합니다. 아멘.

품어 주소서

-마틴루터-

주님이여 들어주소서. 빈그릇은 채워져야 하오니,
나의 주님이시여 채워 주옵소서.
주여 저는 믿음이 약합니다. 저를 강하게 하옵소서.
사랑 가운데서 냉정함을 잃지 않게 하소서.
저를 따듯하게 하시고 이웃을 향해 나갈 수 있도록
저의 사랑을 강렬하게 인도하여 주소서.
저는 강하고 확신하는 신앙이 없습니다.
저는 번번이 불신하고 주님께 대한 신뢰를
간직할 수가 없나이다.
주님이시여 도우소서.
주님께 두는 제믿음과 신뢰를 강하게 하옵소서.
제가 지닌 모든 제보들은 주님께 바쳤습니다.
저는 비천합니다.
주님은 풍요하시니 가난한자에게 행운을 주시옵소서.
저는 죄인 이지만 주님은 정직합니다.
제게는 죄가 많지만
주님은 정의가 가득할 뿐이옵니다.
그리하여 저는 은혜를 받기 위해
주님의 품에 남아 있사옵니다.
저를 아무에게도 주어비리지 마옵소서.
오직 주와 함께 있게 하시옵소서.

이사, 믿음의 성장을 위한 기도문

  (1) 새집으로 이사하게 되었을 때
  (2) 이사를 하게 되었을 때
  (3) 셋방살이를 하게 되었을 때
  (4) 이사 했을 때
  (5) 믿음이 약해질 때
  (6) 믿음의 성장을 위하여
  (7) 열심히 식어졌을 때
  (8) 새벽기도 참여를 위하여
  (9) 날마다 새벽기도를 위하여
(10) 특별 새벽기도회 참여를 위하여
(11) 기도원에 가고 싶을 때

◦• 새 집으로 이사하게 되었을 때

(시 127:1)

"여호와께서 집을 세우지 아니하시면 세우는 자의 수고가 헛되며 여호와께서 성을 지키지 아니하시면 파수꾼의 깨어 있음이 헛되도다."

만복의 근원이 되시는 하나님 아버지!

자비하시고 긍휼이 풍성하신 하나님께 감사와 찬양을 드립니다. 주님이 저희 가정에 평안과 복을 주셔서 때를 따라 하늘의 신령한 복과 땅의 기름진 것을 누릴 수 있도록 하시니 감사드립니다.

무엇보다도 새집을 장만하여 이사할 수 있도록 인도하심을 감사드립니다. 주님이 저희 가정의 소득과 물질을 지켜주신 결과인 것을 확신합니다. 주님이 베푸신 은혜를 잊지 않는 저희 가정이 되게 하여 주시옵소서.

새로운 장막이 더욱 하나님을 경외할 수 있는 처소가 되게 하여 주시고, 예배와 찬송이 가득한 처소가 되게 하여 주시옵소서. 육신의 편안함만 누릴 수 있는 장막이 아니라 영혼의 참 안식을 누릴 수 있는 장막이 되게 하여 주시고, 튼튼하고 아름다운 신앙의 집이 되어서 하나님의 영광을 나타내는 처소가 되게 하여 주시옵소서.

교제의 처소가 되기를 원합니다. 이웃과의 교제가 아름답게 이루어지는 장막이 되게 하여 주시고, 주님과의 교제도 아름답게 이루어지는 기도의 처소, 응답의 처소가 되게 하여 주시옵소서. 선한 일에 부하고 선한 일에 힘쓰는 장막이 되기를 원합니다.

| 참고 성구 |
신 8:12; 삼상 25:28; 왕상 2:4; 시 112:3;
잠 3:33; 사 32:18; 마 7:24; 눅 6:48, 19:9

　　주님의 복된 말씀을 전하는 복음의 전진기지가 되게 하여 주시고, 죽어 가는 많은 생명을 살릴수 있는 구원의 처소가 되게 하여 주시옵소서.
　　주님!
　　육신의 장막에 너무 애착을 갖지 않기를 원합니다. 이 땅의 장막 집은 잠시 거하는 처소일 뿐 영원한 것이 되지 못함을 깨닫고 있을진대 영혼의 장막을 위하여 열심을 다할 수 있는 저희 가정이 되게 하여 주시옵소서.
　　육신의 집에 쌓이는 재물을 인하여 기뻐하는 것이 아니라 영혼이 잘되는 것과 영혼의 장막을 채우시는 주님의 신령한 은혜를 인하여 기뻐할 수 있는 저희 가정이 되게 하여주시옵소서.
　　새로운 장막을 주심을 감사하오며 예수 그리스도의 이름으로 기도합니다. 아멘.

이사를 하게 되었을 때

(히 6:13)

"이르시되 내가 반드시 너에게 복 주고 복 주며 너를 번성하게 하고 번성하게 하리라 하셨더니."

반석이신 주님!

어려움 중에서도 겸손한 자들을 인도하시고 어둠속에서도 밝은 등불을 비추시는 주님이심을 믿습니다.

새집을 장만하여 가는 것은 아니지만 형편에 따라서 주님이 예비하여 주신 새로운 장막으로 이사를 하게 되었습니다. 그곳에 가서도 변함없이 주님을 잘 섬길 수 있는 저희 가정이 되게 하시고, 다소 불편함이 있고 적응하기가 힘들다 할지라도 주님이 이 땅에 계실 때 머리 둘 곳조차 없이 사셨던 그 모습을 생각하며 감사할 수 있는 저희 가정이 되게 하여 주시옵소서.

평생을 나그네로 살아왔던 아브라함도 장막을 옮길 때마다 단을 쌓고 제사를 드린 것을 기억합니다. 어떤 형편에 처하든지 주님을 원망하거나 불평하는 일이 없게 하여 주시고, 감사의 제사를 주님께 드릴 수 있는 저희 가정이 되게 하여 주시옵소서.

초라한 장막일지라도 새로운 거처가 축복과 은혜의 온실이 되기를 원합니다. 언제나 합력하여 선을 이루시는 주님의 손길을 느낄 수 있게 하여 주시고, 때를 따라 입히시고 먹이시는 주님의 은혜를 온몸으로 체험 할 수 있게 하시옵소서.

| 참고 성구 |
창 46:1-8; 시 23:6, 27:4-5, 91:10-11, 127:1-5; 잠 8:20-21;
마 7:24-27; 고전 3:10-15; 고후 3:5, 5:1-3; 히 11:13-16

　영혼의 깊은 곳에서 깊은 가락이 울려 나기를 원합니다. "초막이나 궁궐이나 내 주 예수 모신 곳은 그 어디나 하늘나라"라는 찬양이 늘 고백되어지게 하여주시고, 신앙생활이 더욱 성장할 수 있는 복된 처소가 되게 하여 주시옵소서.
　진정한 윤택함이 무엇인지를 깨닫습니다. 넉넉한 형편은 아닐지라도 선한 사업에 부하게 하여주시고, 주안에서 형제 자매들을 즐거이 대접하는 처소가 되게 하여 주시옵소서.
　주님의 몸 된 교회를 섬기는 데에도 부족함이 없게 하여 주시고 자녀들의 교육과 가정의 생업과 직장도 지켜 주시기를 원합니다.
　예수 그리스도의 이름으로 기도합니다. 아멘.

셋방살이를 하게 되었을 때

(마 8:20)

"예수께서 이르시되 여우도 굴이 있고 공중의 새도 거처가 있으되 인자는 머리 둘 곳이 없다 하시더라."

사랑이 많으신 하나님 아버지!

하나님의 한 없으신 자비와 긍휼하심을 찬양 드립니다. 죄악 중에 방황하다가 영원히 멸망 받을 수밖에 없는 저를 구원하셔서 영생을 주시고 영혼이 잘되고 범사가 잘되며 생명을 얻되 넘치도록 얻게 하심을 감사드립니다.

주님!

이제 사정과 형편에 따라서 셋방살이를 하게 되었습니다. 제게 주어진 현실을 백번이고 부인하고 싶지만 현실을 받아들이며 감사하기로 했습니다.

주님은 머리 둘 곳조차 없이 사셨는데 초막이면 어떻고 궁궐이면 어떻겠습니까? 길거리에 나앉게 되지 않은 것만으로도 주님께 감사할 뿐입니다. 이 땅의 장막은 잠시잠깐 거하는 처소일 뿐 주님께서 예비해 놓으신 하늘의 처소가 있지 않습니까?

그 처소를 바라보고 변함없이 열심을 가지고 주님을 사랑할 수 있게 하여 주시고, 섬길 수 있게 하시옵소서. 더 낮아지는 한이 있더라도 주님을 모시고 사는 마음 변치 않게 하여 주시고, 주님 중심으로 생활할 수 있도록 도와 주시옵소서.

| 참고 성구 |
창 23:4; 잠 24:3-4; 행 7:1-7; 고후 5:1-3;
딤전 6:7; 히 11:8-16; 벧전 2:5

　아무리 열악한 환경일지라도 그리로 인도하신 주님의 섭리하심을 깨닫게 하여 주시고, 부요할 때 보지 못했던 것을 볼 수 있는 계기가 되게 하여 주시며, 풍족할 때 듣지 못했던 것을 들을 수 있는 계기가 되게 하여 주시옵소서.
　저희 식구들이 갑자기 달라진 환경에 적응하기가 어려울 것입니다. 상처받은 마음을 싸매 주시고 위로하여 주셔서 새로운 환경에 잘 적응 할 수 있도록 새 힘을 주시옵소서.
　때로 불평이 나오고 원망이 있을지라도 잠시 잠깐일 수 있게 하여 주시고, 부하게도 하시고 가난하게도 하시는 주님의 주권을 기억하게 하시옵소서.
　변함없이 주님의 몸 된 교회를 섬기기를 원합니다. 육신적인 생활은 가난해졌을지라도 영적인 생활은 날마다 부요함을 경험하게 하여 주시옵소서.
　예수 그리스도의 이름으로 기도합니다. 아멘.

이사 했을 때

(시 73:28)

"하나님께 가까이 함이 내게 복이라 내가 주 여호와를 나의 피난처로 삼아 주의 모든 행적을 전파하리이다."

피난처가 되시며 환난 중에 큰 도움이신 하나님 아버지!
주님이 섭리하셔서 새로운 장막으로 이사 오게 하심을 감사드립니다. 이전에도 함께 하셨던 임마누엘의 하나님이 이 곳에서도 변함없이 저희 가정과 함께 하실 것을 믿습니다.
새로운 환경에 적응하기가 힘이 들고 시간이 다소 걸린다 할지라도 잘 인내할 수 있게 하여 주시고, 잘 참아낼 수 있게 하셔서 주님의 자녀로서 아름다운 믿음을 보여줄 수 있는 저희 가정이 되게 하여 주시옵소서.
주님이 이 곳에서도 함께 교제하며 믿음의 떡을 뗄 수 있는 선한 이웃을 주님이 준비해 놓으신 줄 믿습니다. 믿음의 좋은 동역자를 붙여 주셔서 결코 외롭지 않게 하실 것을 믿습니다.
새로운 환경에 불평 없게 하여 주시고, 이곳으로 인도하신 주님께 더욱 깊은 감사를 드릴 수 있는 저희 가정이 되게 하여 주시옵소서. 무엇보다도 아이들을 붙들어 주시기를 원합니다.
감수성이 예민한 시기인지라 새로운 환경에 적응하기가 매우 어려울 것입니다. 새로운 학교에서 새롭게 공부해야만 하고, 새로운 친구를 사귀어야만 하는 심리적 부담이 매우 클 줄 압니다. 그러나

| 참고 성구 |
창 46:1-8; 수 1:5-9; 전 5:15; 사 7:3-4; 행 7:1-7; 롬 8:29; 고후 5:1-3

능력의 주님이 아이들의 마음을 붙들어 주셔서 잘 적응할 수 있도록 인도하여 주실 것을 믿습니다.
　주님!
　이곳에서도 하나님을 경외하는 마음이 늘 변함 없게 하여주시고 생업 위에도 은혜를 더하여 주셔서 수고와 기쁨의 열매를 맺어 주님께 영광을 돌리게 하시옵소서. 이사를 할 때마다 이 땅의 장막이 영원한 것이 아님을 깨닫게 하여 주시고, 우리도 언젠가는 육신의 장막을 떠나 주님께서 예비해 놓으신 천국에 간다는 소망과 확신이 더욱 넘치게 하여 주시옵소서.
　이곳에서도 변함 없이 주님의 뜻을 따르고 교회를 가까이 하는 생활이 되게 하여 주시옵소서.
　예수 그리스도의 이름으로 기도합니다. 아멘.

믿음이 약해질 때

(벧전 2:2)

"갓난 아기들 같이 순전하고 신령한 젖을 사모하라 이는 그로 말미암아 너희로 구원에 이르도록 자라게 하려 함이라."

믿음의 주요 온전케 하시는 예수님!

영원히 죽을 수밖에 없는 이 죄인을 구원하셔서 영생의 복을 주신 그 크신 은혜를 찬양하며 감사 드립니다.

주님!

신앙의 위기가 오고 있음을 깨닫게 하심을 감사 드립니다. 주님의 한없으신 은혜 앞에 이 죄인은 너무나 부끄럽사옵니다. 믿음이 식어지고 있는 것도 느끼지 못할 정도로 영적인 무감각증에 걸려 있는 것을 생각 할 때 주님을 향하여 얼굴을 들지 못하겠나이다.

주여!

이 못난 죄인을 용서하여 주시옵소서. 무디어진 이 죄인의 심령을 기경하여 주시옵소서. 딱딱하게 굳어가고 있는 이 영혼의 각질을 벗겨 주시옵소서.

주님을 놓치게 될까 심히 두렵습니다.

주님의 영광이 떠나게 될까 심히 두렵습니다.

주님이 얼굴은 돌리시는 것은 아닐까 심히 두렵습니다. 천국에 없는 자가 될까 심히 두렵습니다. 예전같이 불꽃처럼 활활 타오를 수 있는 믿음으로 회복시켜 주시옵소서.

| 참고 성구 |
창 3:8-9; 레 16:1-10; 시 32:5-11; 사 43:1-7; 요 15:1-15; 롬 12:11

　무엇을 말씀하시든지 그 말씀에 즉각 순종할 수 있는 믿음이 되게 하여 주시옵소서. 주님의 일에 앞장서서 일할 수 있는 믿음이 되게 하여 주시옵소서.
　주님께 예배하는 자리에 언제나 제가 있게 하여 주시고, 말씀을 듣는 자리에 언제나 제가 있게 하여주시옵소서. 몸을 깨뜨려 봉사하는 자리에 언제나 제가 있게 하여주시고, 전도하는 자리에 언제나 제가 있게 하여 주시옵소서.
　오! 주님,
　이 죄인의 어두운 영혼에 빛을 비쳐 주시옵소서. 주님의 음성을 듣게 하여주시옵소서. 성령의 감동하심을 주시옵소서. 믿음의 기초를 다시 세워 주시옵소서. 주님만을 의뢰합니다. 주님만 바라봅니다.
　새롭게 하시는 예수 그리스도의 이름으로 기도합니다. 아멘.

믿음의 성장을 위하여

(롬 1:17)

"복음에는 하나님의 의가 나타나서 믿음으로 믿음에 이르게 하나니 기록된 바 오직 의인은 믿음으로 말미암아 살리라 함과 같으니라."

믿는 자마다 힘과 능력을 주시는 하나님 아버지!

죄 중에 방황하는 인생을 구원하여 주셔서 하나님의 자녀로 삼아 주심을 감사 드립니다.

해를 거듭하고 있지만 믿음이 성장하지 않는 것 같아 주님 앞에 간구합니다. 이 죄인의 연약한 믿음을 불쌍히 여기셔서 큰 믿음으로 자랄 수 있도록 도와 주시옵소서.

날마다 제자리 걸음만 하고 있는 것 같아 너무나 답답하고 안타깝기만 합니다. 신앙의 연조만 깊어질 뿐 믿음의 깊이는 아직 갓난 아이와 다름없사오니 이 죄인이 성숙한 믿음이 될 수 있도록 도와 주시옵소서.

말씀을 들어도 감동이 없고, 찬송을 불러도 기쁨이 없고, 기도를 드려도 뜨거움이 없습니다. 헌금을 드려도 감사가 없습니다. 주일 날 교회 나가는 것이 힘겨워 질 때도 있습니다. 주님께 봉사하는 것이 겁이 날 때도 있습니다. 육신의 정욕 앞에 잘 쓰러지고, 이생의 안목 앞에 너무 쉽게 넘어집니다.

세상과 너무 쉽게 타협합니다. 세상 앞에 너무 쉽게 무너집니다. 이 죄인을 불쌍히 여겨 주시옵소서. 주님께 인정받는 믿음을 갖고

| 참고 성구 |
롬 10:17; 엡 4:15; 히 10:22; 11:1-3, 12:2;
벧전 1:6-7, 2:2; 유 1:20-21

싶습니다. 주님께 칭찬 받고, 주님을 감동시키는 믿음을 갖고 싶습니다. 이 죄인의 믿음이 성숙할 수 있도록 이끌어 주시옵소서.

세상과 싸워 이겨 나가며 주님의 인도함을 받는 믿음이 되게 하여 주시옵소서. 요동하거나 흔들리는 믿음이 되지 않게 하여 주시고, 그 어떤 유혹 앞에서도 쉽게 넘어지지 않는 믿음이 되게 하여 주시고, 믿음의 부요함이 넘치게 하여 주시옵소서.

말씀을 들을 때에 감동이 있게 하시고, 찬송을 부를 때에 뜨거운 감격이 있게 하여주시고, 기도할 때에 주님의 응답하심을 체험하게 하여 주시옵소서.

주님 앞에 헌금을 드릴 때 감사가 넘치게 하여 주시고, 봉사할 때 기쁨이 샘솟게 하여 주시옵소서. 혹 눈에 보이는 것이 없고, 귀에 들리는 것이 없고, 손에 잡히는 것이 없어도 언제나 주님만을 바라보고 의지하는 믿음이 되게 하여 주시옵소서.

믿음의 주요 온전케 하시는 예수 그리스도의 이름으로 기도합니다. 아멘.

열심히 식어졌을 때

(계 3:19)

"무릇 내가 사랑하는 자를 책망하여 징계하노니 그러므로 네가 열심을 내라 회개하라."

은혜로우신 아버지 하나님!

만백성 가운데서 저를 부르셔서 영원한 생명을 주심을 감사합니다.

또한 무가치하고 무자격한 이 죄인에게 주님을 위하여 충성 봉사할 수 있도록 귀한 사명을 주심을 감사합니다. 하오나 이 죄인은 주님이 주신 사명을 망각한 채 저 자신을 위해서만 분주하게 살아왔음을 고백하지 않을 수가 없나이다.

사명의 자리를 고의적으로 피한 것은 아니오나 제 개인 생활에 우선권을 두다 보니 영적인 일에 소홀하게 되었나이다. 이 못난 죄인을 용서하여 주시고 긍휼을 베풀어 주시옵소서.

주님!

이제라도 이 죄인이 신앙이 식어지고 있다는 사실을 깨닫고 다시 영적인 일에 열심을 내고자 기도할 수 있게 하시니 감사합니다.

주여!

이 죄인의 식어진 믿음에 불을 붙여 주셔서 주님을 위하여 열심을 다할 수 있도록 이끌어 주시옵소서. 주님을 위해 사는 것이 바른 인생관임을 깨닫습니다.

| 참고 성구 |
고후 7:7,11; 딛 2:14; 벧전 3:13

　주님께 충성하는 것이 인생의 본분임을 깨닫습니다. 제게 있는 재능과 물질과 시간을 온전히 주님을 위해서 드릴 수 있게 하여 주시고, 진실한 마음으로 주님을 섬기게 하시옵소서.
　주님께 예배와 기도와 전도의 생활이 온전히 드려질 수 있게 하여 주시고, 의의 열매를 풍성히 맺는 삶이 되게 하여 주시옵소서.
　주님의 몸 된 교회와 믿음의 권속들을 위하여 수고의 땀을 흘리는 자리라면 적극 참여할 수 있는 사람이 되게 하여 주시고, 저로 인하여 실족케 되는자, 상처 받는 자가 없도록 믿음의 본을 잘 보일 수 있는 주의 사람이 되게 하여 주시옵소서.
　누구나 본받고 싶은 아름다운 열심히 저에게 있게 하여 주시고, 누구에게나 아름다운 신앙인이라 칭찬 받을 수 있는 주의 사람이 되게 하여 주시옵소서.
　예수 그리스도의 이름으로 기도합니다. 아멘.

새벽기도 참여를 위하여

(시 57:8)

"내 영광아 깰지어다 비파야, 수금아, 깰지어다 내가 새벽을 깨우리로다."

새벽에 한적한 곳에서 습관을 좇아 기도하신 주님!
한없이 부족한 저를 더욱 성숙된 신앙의 자리로 이끌어 주셔서 새벽 시간에 기도할 수 있게 하시니 감사합니다.
새벽기도가 얼마나 중요한 것인지를 잘 알면서도 육체의 나약함 때문에 새벽을 깨우지 못했습니다. 매일 밤 새벽에 일어나기를 기도하고 다짐하며 잠자리에 들었지만 잠에 취하여 번번이 주님과의 그 귀한 교제의 시간을 마귀에게 내어 주고 말았습니다.
오! 주님,
주님의 본을 따라 새벽을 깨우는 기도의 종이 되게 하여 주시옵소서. 새벽 기도로 하루를 시작하고 저녁의 기도로 하루를 마칠 수 있는 은혜를 더하여 주시옵소서.
아침 이슬을 먹는 풀과 같이 새벽길을 걷는 성도의 발걸음에 새벽별 같은 주의 은혜를 더하실 것을 생각하니 새벽잠에 취한 이 연약한 종의 모습이 한없이 원망스럽기만 합니다.
졸지도 아니하시고 주무시지도 아니하시며 저희를 지켜 주시는 주님의 은총에 조금이라도 보답하는 삶을 살 수 있게 하여 주시옵소서.

| 참고 성구 |
창 19:27, 28:18, 28:20-22, 32:31,36; 출 14:21, 16:7,21, 19:6, 24:4, 34:6; 삼상 17:49; 대하 29:20-24; 욥 1:5; 시 57:8, 90:14, 108:2; 렘 15:20; 단 6:10, 9:19,24; 막 1:35, 16:2,9; 눅 22:39; 요 20:1

    가장 신선하고 가장 좋은 시간을 주님께 드릴 수 있도록 인도하여 주시옵소서. 하루의 첫 시간을 성전에 오르며 일과를 시작할 수 있도록 이끌어 주시고 새벽을 거룩히 구별하여 주님께 드릴 수 있도록 도와 주시옵소서.

    새벽잠을 희생할 수 있는 의지를 주시옵소서.

    이 연약한 종에게 새벽을 축복하여 주시옵소서.

    더욱 큰 영적인 부담이 밀려와 새벽잠을 이루지 못하게 하여 주시옵소서. 새벽에 주님을 찬양할 수 있도록 이끌어 주실 것을 믿사옵고 예수 그리스도의 이름으로 기도합니다. 아멘.

☙ 날마다 새벽기도를 위하여

(시 90:14)

"아침에 주의 인자하심이 우리를 만족하게 하사 우리를 일생 동안 즐겁고 기쁘게 하소서."

사랑하는 자에게 은혜 베푸시기를 즐겨 하시는 하나님 아버지! 하루의 일과를 시작하기 전, 매일 새벽마다 주님의 전에 나아가 하나님께 예배할 수 있게 하시니 감사합니다.

또한 새벽 이슬을 맞은 풀을 먹은 양이 하루 종일 목마르지 않 듯이, 매일 새벽마다 새벽 이슬 같은 주님의 말씀을 먹고 하루를 시작하게 하셔서 목마르지 않는 삶이 되게 하여주시니 너무도 감사합니다.

새벽기도를 하면서 저의 하루 생활은 너무나 즐겁고 평안하기만 합니다. 오늘도 주님이 붙들어 주시고, 보호하여 주실 것이라는 확신 속에 한 날을 시작하니 제게는 전혀 두려움이 없나이다.

또한 새벽에 주님과 교제하며 저의 모든 것을 주님께 맡기고 한 날을 시작하니 제게는 근심과 걱정이 없나이다. 주님이 제 생명을 부르시는 그 날까지 새벽을 사랑하고, 새벽을 깨우는 사람으로 살아갈 수 있도록 도와 주시옵소서.

제가 주님께 받을 축복 중에 새벽 제단을 쌓을 수 있도록 도우시는 하나님의 은총을 가장 큰 축복으로 생각하고 감사하며 살겠나이다. 제 평생에 새벽제단을 쌓지 못하는 걸림돌이 없게 하여 주시옵소

| 참고 성구 |
출 14:21, 16:7,21; 대하 29:20-24; 시 57:8,
90:14, 108:2, 막 1:35, 16:2,9; 눅 22:39

서. 가난해도, 병이 들어도, 시련의 밤이 어둡고 깊은 때가 있어도 변함없이 새벽에 주님을 찾을 수 있도록 힘주셔서 언제나 새벽에 주님의 음성을 들으며 살다가 이 세상을 떠나 주님 앞으로 갈 때에도 새벽기도 하다가 보좌에 앉으신 주님을 만날 수 있게 하여 주시옵소서.

사랑하는 자식들에게도 살아있을 때 새벽정신을 가르치는 부모가 되게 하여 주시고, 이 세상 떠날 때 물질의 유산은 남겨주지 못한다 할지라도 평생에 새벽기도를 통하여 하나님과 동행하는 법을 유산으로 물려줄 수 있는 부모가 되게 하여 주시옵소서.

또한 새벽에 도우시는 하나님의 은혜와 사랑을 유언으로 남길 수 있는 부모가 되게 하여 주시옵고, 제 묘비명에도 새벽의 사람으로 기록될 수 있게 하여 수시옵소서. 새벽기노에 늘 승리하는 삶이 되기를 원합니다.

예수 그리스도의 이름으로 기도합니다. 아멘.

특별 새벽기도회 참여를 위하여

(호 6:3)

"그러므로 우리가 여호와를 알자 힘써 여호와를 알자 그의 나타나심은 새벽 빛 같이 어김없나니 비와 같이, 땅을 적시는 늦은 비와 같이 우리에게 임하시리라 하니라."

은혜가 풍성하신 하나님 아버지!

지난 밤 동안에도 주님의 품안에서 편히 쉬게 하여 주시고 또한 이 새벽에 주님의 거룩한 집에 나와서 기도하게 하시니 감사 드립니다.

하나님 아버지!

오늘부터 특별 새벽기도회가 시작됩니다. 그 동안 제 자신이 육신의 안목을 위해서는 너무나 많은 애착을 가졌지만 영적인 일에 너무나 나태했었습니다. 용서를 구하오니 긍휼히 여겨주시옵소서.

이번 특별 새벽기도회를 통하여 새롭게 변화 받기를 원합니다. 성령의 단비를 내려 주셔서 마른풀이 단비를 맞아 소생하듯이 저의 영육이 새롭게 변화되어 소생케 되는 역사가 있게 하여주시옵소서.

하나님께서 이스라엘 백성들을 광야 40년 동안 새벽에 일어나도록 훈련 시키신 것을 기억합니다. 이번 특별 새벽기도회가 하나님께서 저에게 그와 같은 훈련을 시키시기 위해서 준비하신 줄 믿습니다. 이번 기회에 새벽기도회를 통하여 훈련되게 하여 주시고 계속적으로 주님 앞에 새벽기도를 드릴 수 있는 확실한 새벽 사람으로 거듭나는 역사가 있게 하여 주시옵소서.

| 참고 성구 |
시 57:8, 119:147

 또한 하나님께서 새벽에 이적을 행하심으로 새벽을 깨우는 종들로 하여금 하나님의 능력과 성호를 찬양하게 하셨듯이 저에게도 동일한 축복이 있게 하여 주시옵소서.
 아울러 그 옛날 한국강산의 영적 대각성 운동이 새벽기도를 통하여 불씨를 당겼듯이 이번 특별 새벽기도회가 제2의 영적 대각성 운동을 일으키는 불씨가 되게 하여 주시옵소서. 그리하여 저 개인은 물론 온 교우와 교회도, 이 지역과 사회도, 더 나아가 전 세계에까지도 성령의 불길로 활활 타오르게 하여 주시옵소서.
 말씀을 전하시는 목사님을 능력의 팔로 강하게 붙들어 주시기를 원합니다. 언제나 능력의 말씀을 전하시기에 조금도 피곤함이 없게 하여 주시고, 말씀을 듣는 자의 심령마다 성령의 불을 체험케 되는 역사가 있게 하여 주시옵소서.
 시간 시간 마다 풍성한 은혜를 내려주실 것을 믿사옵고 예수 그리스도의 이름으로 기도 드립니다. 아멘.

기도원에 가고 싶을 때

(마 1:35)

"새벽 아직도 밝기 전에 예수께서 일어나 나가 한적한 곳으로 가사 거기서 기도하시더니."

사랑이 많으신 하나님 아버지!

곤고함 속에서도 주님을 찾을 수 있도록 인도해주시니 감사합니다. 처해진 환경이 어떠하든지 언제나 주님을 가까이 하는 삶이 되게 하시옵소서.

주님!

일이 손에 잡히지 않을 정도로 견딜 수 없는 심령의 괴로움이 있어 기도원에 올라 가려고 합니다. 물론 교회에서 기도해도 되겠지만 집중이 안되고 마음의 평안을 찾을 수 없어 한 주간 동안 뜻을 정하여 강청하는 기도를 드리고 싶어서 기도원에 올라가기로 작정하였습니다.

견딜 수 없는 갈급함을 가지고 기도원에 올라가는 저를 궁휼히 여겨 주시고 크신 은혜를 내려 주시옵소서. 그 동안 제 자신도 모르게 침체되어 있던 신앙이 회복될 수 있는 계기가 되게 하여 주시옵고 깊은 기도의 자리로 나아가는 계기가 되게 하여 주시옵소서.

이 못난 죄인에게 참으로 문제가 많았음을 깨닫습니다. 제 삶에 견딜 수 없는 아픔들이 많이 있는 것을 절감합니다. 그로 인하여 가시로 폐부를 찌르는 듯한 고통을 느끼고 있는 것도 사실입니다.

| 참고 성구 |

출 2:23-25; 삼상 1:10-13; 시 62:8; 막 11:23;
눅 18:1-8; 행 12:5; 히 12:2

하오나 그것은 죄인이 그 동안 주님을 가까이 하는 생활을 하지 않았기 때문에 저를 주님께 엎드리도록 하시기 위해서 허락하신 사랑의 채찍인줄 믿습니다. 짧은 기간이지만 저를 온전히 깨뜨려 주셔서 주님과 늘 교제하며 기도에 전념하는 삶이 될 수 있도록 이끌어 주시옵소서.

부르짖고 간구하는 가운데 세상에 대한 모든 욕심과 미련이 사라지게 하여 주시고, 오직 이 죄인의 영을 새롭게 하시는 주님만 보이게 하여 주시며, 주님만 그리워하는 삶이 되게 하여 주시옵소서.

제 삶의 모든 아픔들은 주님과의 교제가 온전히 회복되기만 하면 거두어 주실 것을 확신합니다. 먹구름만 가득한 인생이 변하여 빛으로 인도함을 받는 인생이 되게 하여 주실 것을 믿습니다.

게으르고 나태함이 변하여 교회와 가정을 위하여 책임을 다하고 충성스런 일꾼으로 거듭나게 하여 주실 것을 믿습니다. 갈급한 심령에 은혜의 단비를 내리시는 예수 그리스도의 이름으로 기도합니다. 아멘.

품어 주소서

-아브라함 링컨-

나는 주일을 거룩하게 지키며
예배 생활에 힘쓸 것이다.

나는 날마다 하나님의 말씀인 성경을 묵상하고
그 말씀을 실천할 것이다.

나는 도움을 베풀어 주시는 하나님 아버지께
날마다 겸손히 기도할 것이다.

나는 나의 뜻이 아니라 하나님의 뜻에 순종할 것이다.

나는 하나님께서 베풀어 주신 은혜를 기억하며
감사할 것이다.

나는 연약하지만 하나님의 도우심을 의지할 것이다

나는 하나님만을 높여 드리고
그분께만 영광을 올려 드릴 것이다.

나는 하나님 안에서 우리 모두는 자유로우며
평등하다고 믿는다.

나는 형제를 사랑하고, 이웃을 사랑하라는
주님의 명령을 실천할 것이다.

나는 이 땅 위에 하나님의 진리와 공의가
실현되도록 기도할 것이다

기도, 은혜, 신앙의 열정을 위한 기도문

(1) 기도의 문이 열리지 않을 때
(2) 기도가 힘들어질 때
(3) 대표기도를 처음 할 때
(4) 깊은 기도를 하고 싶을 때
(5) 금식기도를 하고 싶을 때
(6) 세례를 받게 되었을 때
(7) 감사를 위하여
(8) 은사를 위하여
(9) 은사를 깨닫기 위하여
(10) 은혜를 깨닫기 위하여
(11) 헌신을 위하여
(12) 직분감당을 위하여
(13) 충성을 위하여
(14) 순종을 위하여
(15) 축복을 위하여
(16) 성령의 충만을 위하여
(17) 십일조 생활을 위하여
(18) 헌금 생활을 위하여

기도의 문이 열리지 않을 때

(마 6:33)

"그런즉 너희는 먼저 그의 나라와 그의 의를 구하라 그리하면 이 모든 것을 너희에게 더하시리라."

사랑이 풍성하신 하나님 아버지!

주의 흘리신 보혈로 죄 사함 받고 영원한 천국의 소망을 가지고 살게 하여 주신 은혜를 감사합니다. 또한 주님의 보좌 앞으로 나아갈 수 있는 은총을 허락하여 주셔서 언제나 주님과 신령한 교제를 나눌 수 있게 하심을 감사 드립니다.

은혜로우신 하나님 아버지!

깊은 기도를 하기 위하여 주님께 아룁니다. 오랫동안 기도를 하고 싶은데도 기도의 문이 열리지 않아 몇 마디 아뢰고 나면 더 이상 기도할 내용이 생각나지 않습니다.

정말 기도를 잘하고 싶은데 늘 건성으로 주님을 마주하고 있는 것 같아 죄만 짓는 것 같습니다.

오랫동안 기도하는 사람들을 보면 너무 부럽고, 몇 마디 아뢰고 나면 더 이상 아뢸 기도제목이 없는 제 자신이 너무 속상합니다. 주님 제 자신이 아직도 믿음이 연약하기 때문이겠지요. 아직도 회개하지 못한 죄가 제 마음 속에 가득 차 있기 때문이겠지요. 아직도 여전히 제 중심에 주님을 온전히 모시지 못하고 저의 고집과 아집으로만 똘똘 뭉쳐 있기 때문이겠지요.

| 참고 성구 |
시 145:18-19; 잠 15:29; 사 30:19, 58:9, 65:24; 렘 33:3;
마 7:7-8; 막 11:24; 요 15:7, 16:23-24; 요일 5:14-15

주여!

이 못난 죄인을 긍휼히 여기셔서 이 때묻은 영혼을 맑게 하여 주시고 주님과 깊은 교제를 할 수 있도록 기도의 문을 열어 주시옵소서. 유창한 기도는 못할지라도 마음을 쏟는 기도를 하고 싶습니다.

오래도록 기도하지는 못할지라도 감사의 제목이 늘어나는 기도를 하고 싶습니다. 제 영혼 깊숙이 영적인 부담이 밀려오는 기도를 하고 싶습니다.

기도의 영에 사로잡혀서 주님과의 신령한 교제가 온전히 이루어지는 영적체험을 하고 싶습니다. 기도를 통하여 제게 향하신 주님의 뜻을 확실히 깨달아 온전한 순종을 드릴 수 있는 신앙생활을 하기를 원합니다.

주여!

입술을 열어주셔서 기도의 내용이 있게 하여 주시고, 귀를 열어 주셔서 주님의 음성을 듣게 하시옵소서. 주님의 능력이 깃 드는 기도가 있게 하시옵소서. 지금도 하늘보좌 우편에서 저희를 위하여 간구하시는 예수 그리스도의 이름으로 기도합니다. 아멘.

기도가 힘들어질 때

(시 107:9)

"그가 사모하는 영혼에게 만족을 주시며 주린 영혼에게 좋은것으로 채워주심이로다."

사랑의 주님!

주님의 은총으로 보잘것없는 저에게 믿음을 주시고 주님의 은혜를 먹고사는 백성이 되게 하심을 감사 드립니다. 또한 주님과 교제할 수 있는 특권을 허락하여 주셔서 주님의 사랑을 날마다 피부 깊숙이 느낄 수 있도록 은혜 베푸심을 감사 드립니다.

그런데 지금 이 못난 죄인은 주님과 교제하는 그 영광된 자리를 등지고 있습니다. 기도하는 자리로 나아가야 하는데 마음 뿐이지 행동으로 옮기지 못하고 있습니다.

영적인 부담을 갖고 영혼을 쏟고 마음을 쏟으며 부르짖고, 간구해야만 할 기도의 제목들이 산을 이루고 있는데 이 못난 죄인은 기도의 자리로 나아가지 못하고 있습니다.

오! 주여,

이 죄인이 왜 이리 교만해 졌는지 모르겠습니다. 주님께 기도하지 않는 것은 힘들어서가 아니라 마음에 교만이 자리잡고 있기 때문인 줄 압니다. 입술에 죄가 가득 찼기 때문인 줄 압니다. 이 죄인의 교만함을 용서하여 주시옵고, 이 죄인의 무릎을 꺾어 주시옵소서. 이 죄인의 입술을 성령의 인두로 지져 주시옵소서.

| 참고 성구 |
시 4:3-5, 66:18, 145:18-21; 렘 33:2-3; 마 6:7-8;
눅 18:1-8; 엡 6:18; 살전 5:17; 요일 3:20-22

　이 병든 영혼을 안타까워하며 통곡이 쏟아지게 하시고, 마음의 문을 활짝 열어 주를 모실 수 있게 하옵소서. 이 죄인의 입술을 주장하사 주님과의 깊은 교제가 다시 이어지게 하시고 영적인 대화가 이루어짐으로 주님의 음성을 듣는 삶이 되게 하시옵소서.
　그 동안 기도하지 못함을 인하여 깊은 탄식이 나오게 하여 주시고, 기도에 대한 목마름이 영혼 속으로 밀려들게 하시옵소서.
　기도를 쉬는 것도 범죄 하는 것이라고 말씀 하셨사오니 다시는 기도하는 것을 쉬지 않도록 이 죄인을 채찍질하여 주시옵소서.
　기도하는 한 사람이 기도 없는 한 민족보다 강하다는 것을 깨닫습니다. 주님 이 죄인을 기도의 전사로 만들어 주시옵소서. 마귀의 공격에 기도의 철퇴를 가할 수 있는 종이 되게 하시옵소서.
　예수 그리스도의 이름으로 기도합니다. 아멘.

대표기도를 처음 할 때

(요일 5:15)

"우리가 무엇이든지 구하는 바를 들으시는 줄을 안즉 우리가 그에게 구한 그것을 얻은 줄을 또한 아느니라."

은혜로우시고 자비로우신 하나님 아버지!

이 죄인을 사랑하셔서 예배 중에 회중을 대표하여 기도할 수 있는 은총을 허락하여 주심을 감사합니다.

하오나 기도생활이 온전치 못한 제가 회중을 대표하여 기도를 하게 되니 두렵고 떨리는 마음을 감출 길 없습니다. 저는 생각도 아둔하고, 입술도 둔하여 개인기도도 제대로 못하고 있습니다.

이런 제가 대표 기도를 잘할 수 있을지 걱정이 앞섭니다. 모든 것을 주님에게 맡기면 된다고 하지만 한없이 연약한 존재인지라 자꾸만 인간적인 마음이 앞섭니다. 대표기도 때문에 고민한 나머지 밥맛도 잃어 버렸고, 밤잠도 제대로 청할 수가 없나이다.

주님!

대표기도를 바르게 하기 위하여 더욱 경건에 이르는 연습을 게을리 하지 않고 있습니다. 어쩌다 한번 기도하던 습관을 바꿔서 매일 기도하기 위하여 성전을 찾고 있습니다.

기도하는 마음으로 기도문을 작성해 보기도 하고 외우기도 해봅니다. 그러나 주님이 도와주지 않으시면 이 모든 수고가 무슨 소용이 있겠습니까?

| 참고 성구 |
민 6:24-26; 역대하 20:20하; 시 18:2, 37:5, 50:15,
145:18; 잠 3:18; 사 40:31; 요 15:5-8

주여!

이 연약한 종을 도와 주시옵소서. 기도의 문을 열어주셔서 대표 기도 할 때에 주님께 아뢸 수 있는 기도의 내용들을 생각나게 하여 주시고, 긴장하여 더듬거리거나 말문이 막히지 않도록 붙들어 주시옵기를 원합니다.

기도하다가 생각이 흐려지지 않도록 영으로 충만하게하여 주시옵고, 하늘의 천군 천사를 동원시켜 주셔서 떨리는 이 죄인을 호위하여 주시옵소서. 반복되는 기도의 내용이 없게 하여 주시고, 기도가 너무 길어짐으로 말미암아 목사님의 설교시간을 침범하지 않도록 도와주시옵소서.

사람을 의식하거나 사람에게 잘 보이기 위해서 기도하지 않도록 도와주시고, 주님이 인정하시는 진실한 기도가 나올 수 있도록 이 죄인의 입술에 파수꾼을 세워주시옵소서.

주님께 향기로운 기도가 되게 하여주시고, 모든 회중이 아멘으로 화답할 수 있는 기도가 되게 하여 주시옵소서.

예수 그리스도의 이름으로 기도합니다. 아멘.

깊은 기도를 하고 싶을 때

(출 33:11)

"사람이 자기의 친구와 이야기함 같이 여호와께서는 모세와 대면하여 말씀하시며 모세는 진으로 돌아오나 눈의 아들 젊은 수종자 여호수아는 회막을 떠나지 아니하니라."

사랑의 하나님!

항상 기도하게 하여 주시고, 언제나 주님과 교제하는 삶을 살게 하여주심을 감사합니다. 기도야말로 주님께 가까이 나아가는 거룩한 은혜의 통로임을 깨닫습니다. 주님, 깊은 기도를 하기 위하여 주님께 간구합니다.

기도할 때마다 깊은 기도를 하지 못하는 것이 늘 아쉽습니다. 퍽 오래 기도하였다고 생각되어 시간을 보면 한 시간도 채 되지 않았음을 확인할 때가 많았습니다. 그때마다 기도의 영에 온전히 사로잡히지 못하고 경박했던 이 죄인의 기도 모습이 너무나 부끄러워 견딜 수가 없었습니다.

주여, 때우기 식의 기도가 되는 것 같아 이 죄인의 마음이 몹시 안타깝습니다. 오랜 기도를 하면서도 짧게 느껴지는 것이 아니라, 짧은 기도를 하면서도 오래기도한 것처럼 느껴지니 이 죄인의 기도가 얼마나 형편 없는지를 깨닫지 않을 수가 없나이다.

주여!

기도에 취할 수 있는 은혜를 허락하여 주시옵소서. 밤새도록 기도하여도 기도의 시간이 짧게만 느껴지는 깊은 기도가 있게 하여

| 참고 성구 |
창 32:36; 수 10:12; 느 4:23; 대하 32:24-26; 사 62:6-7;
렘 29:13; 마 6:33; 막 11:24, 14:36; 요 15:7,16; 빌 4:6;

주시옵소서. 이 죄인이 부르짖는 기도가 하늘 보좌에 이르는 것을 느낄 수 있는 기도가 되게 하여 주시옵소서. 말만 많이 쏟아 놓은 기도가 되지 말게 하시고, 주님의 음성을 듣는 기도가 되게 하여 주시옵소서.

　요구사항만 늘어놓은 기도가 되지 말게 하여 주시고, 주님의 뜻을 담아낼 수 있는 기도가 되게 하여 주시옵소서. 기도하다가 주님의 음성을 들을 수 있게 하여 주시고, 기도의 줄기를 타고 주님의 능력이 깃 드는 것을 체험케 하여 주시옵소서.

　야곱과 같은 기도의 사람이 되기를 원합니다. 모세와 같은 기도의 사람이 되기를 원합니다. 여호수아와 같은 기도의 사람이 되기를 원합니다. 더 나아가 주님의 기도를 닮는 기도가 되기를 원합니다. 이 죄인에게 깊은 기도를 할 수 있는 은혜를 부어 주시옵소서.

　일평생 기도에 헌신을 드릴 수 있는 기도의 종으로 사용하여 주실 것을 믿사옵고 예수 그리스도의 이름으로 기도합니다. 아멘.

금식 기도를 하고 싶을 때

(시 35:13)

"나는 그들이 병 들었을 때에 굵은 베 옷을 입으며 금식하여 내 영혼을 괴롭게 하였더니 내 기도가 내 품으로 돌아왔도다."

몸을 깨뜨려 부르짖는 자에게 은혜를 더하시는 주님!

그 동안 영적으로 어두워져 나태한 신앙생활을 했던 이 죄인을 사랑하셔서 시련을 주시고, 그 시련을 통하여 다시 주님을 찾게 하심을 감사 드립니다.

그 동안 귀가 있어도 주님의 음성을 듣지 못하고 입이 있어도 주님께 아뢰지 못했던 이 못난 죄인을 용서하여 주시옵소서. 이 죄인이 이대로 주님 앞으로 나아가 가벼운 마음으로 기도한다는 것이 도무지 있을 수 없는 일이라서 금식하며 기도하기를 원합니다.

그 동안 주님의 말씀에 귀 멀고, 주님의 선하신 뜻에 마음을 닫았던 이 죄인이 어찌 뻔뻔스럽게 주님과 마주할 수 있겠습니까?

주님을 밀어내고 제 자신을 가장 중심에 두고 살았던 죄인입니다. 믿음으로 주님을 의지하기 보다 계산이나 잇속에 따라 살려고 했던 죄인이었습니다.

주여!

몸을 깨뜨려 금식하며 기도하기를 원합니다. 이 죄인을 불쌍히 여기사 외면치 마시고 함께 하시옵소서. 금식하며 기도할 때에 철저하게 뉘우치는 회개가 있게 하여주시고, 영혼의 찌든 때가 말끔

| 참고 성구 |

삼상 7:6; 삼하 12:16-17; 왕상 21:27; 스 8:21; 느 1:4-11;
에 4:3; 단 9:3; 욜 1:14; 욘 3:5; 마 4:2, 6:16-18; 행 13:8

히 벗겨지며, 영혼을 새롭게 하시는 주님의 은혜를 체험케 하시옵소서. 마음의 모든 우상들이 철저히 깨지게 하여주시고, 흘러 넘치는 감사가 회복되게 하시옵소서. 주님의 놀라우신 사랑을 뼈 속 깊숙이 체험하게 하여 주시고, 고통을 다루시는 주님의 손길을 피부 깊숙이 체험케 하여 주시옵소서.

주님!

금식하는 기간동안 이 죄인의 피부를 윤기 있게 하셔서 아무도 금식하는 것을 모르게 하여 주시옵소서. 금식하는 동안 변함 없이 맡은바 직분을 잘 감당할 수 있도록 힘을 주시고, 더욱 온전한 순종을 드릴 수 있도록 도와 주시옵소서.

이번 계기를 통하여 꾸준한 기도생활이 회복되게 하여 주실 것을 믿습니다. 놀라운 심령의 부흥이 있게 하여 주실 것을 믿습니다.

합력하여 선을 이루시는 주님이 이 죄인이 겪고 있는 시련도 만져 주셔서 승리케 하실 것을 믿습니다. 이 죄인을 사랑하시는 예수 그리스도의 이름으로 기도힙니다. 아멘.

세례 받게 되었을 때

(행 2:38)

"베드로가 이르되 너희가 회개하여 각각 예수 그리스도의 이름으로 세례를 받고 죄 사함을 받으라 그리하면 성령의 선물을 받으리니."

구원의 하나님!

하나님의 아들 예수 그리스도를 저의 구세주로 영접하게 하시고 믿음이 자랄 수 있도록 인도하심을 감사드립니다.

교회를 통하여 꾸준히 신앙생활 하는 가운데 이제 주님이 정하신 뜻을 따라 거룩한 예식인 세례를 받게 되었습니다. 세례를 받는다고 생각하니 너무나 기쁘고 가슴 벅찬 감격을 지울 길 없나이다.

제 평생에 가장 소중하고 의미 있는 날이 될 것입니다. 간구 하옵기는 세례 예식이 있기까지 자기 성찰을 잘할 수 있도록 도와주시기를 원합니다.

지은 죄에 대하여 하나도 숨김없이 철저히 회개할 수 있도록 더 깊은 깨달음을 주시고, 제게 구원을주시려고 기꺼이 십자가를 지신 주님의 놀라우신 사랑과 은혜에 더 깊은 감사와 찬양이 있게 하여 주시옵소서.

세례는 하나님의 백성으로 인정받는 귀한 예식임을 깨닫습니다. 단지 세례를 받는 것으로 끝나지 않게 하여 주시고, 사도들의 신앙고백이 저의 신앙고백이 되게 하여 주시며, 주님을 향한 저의 열심이 더욱 뜨거워질 수 있게 하여 주시옵소서.

| 참고 성구 |
막 1:6; 눅 3:12,21; 행 2:38,41, 9:18, 11:16, 16:15;
롬 8:6-7; 고전 1:17, 10:2, 12:13; 갈 3:27;
엡 2:8, 4:5; 빌 3:20; 골 2:12; 벧전 3:21

　지금까지는 저와 제 가정만을 위해서 살아왔지만, 이후로는 이웃과 하나님의 영광을 위하여 사는 삶이 되게 하여 주시옵소서.
　이제까지는 육신의 정욕과 안목의 정욕, 그리고 이생의 자랑이 제게 추구하는 전부였지만, 세례를 받은 이후로는 땅에 것만을 구하지 않고 하늘의 것을 구하며 살게 하여 주시옵소서.
　또한 언제나 회개에 합당한 열매가 있게 하여 주시고 성령을 좇아 행하는 삶이 되게 하여 주시옵소서. 세상 관습보다 주님의 말씀과 법에 늘 우선권을 두는 결단이있게 하여 주시고, 어떠한 경우라도 주님을 부인하거나 주님을 욕되게 하는 일이 없도록 제 마음을 성령님이 강력하게 다스려 주시옵소서.
　죄에 종노릇 하는 것이 아니라 은혜에 종노릇하게 하여 주시고, 주님을 위하여 제 자신을 온전히 드리는 삶이 되게 하여 주시옵소서. 예수 그리스도의 이름으로 기도합니다. 아멘.

감사를 위하여

(살전 5:18)

"범사에 감사하라 이것이 그리스도 예수 안에서 너희를 향하신 하나님의 뜻이니라."

사랑의 하나님!

제게 하박국 선지자와 같은 감사가 있게 하여주시옵소서. 부요해도 감사하게 하여주시옵소서. 가난해도 감사하게 하여주옵소서.

건강해도 감사하게 하여주시옵소서. 병들어도 감사하게 하여 주시옵소서. 많아도 감사하게 하여주시옵소서. 없어도 감사하게 하여주시옵소서. 이익이 있어도 감사하게 하여주시옵소서.

손해가 나도 감사하게 하여주시옵소서. 하는 일이 잘 풀려도 감사하게 하여주시옵소서. 안 풀려도 감사하게 하여주시옵소서. 기뻐도 감사하게 하여주시옵소서. 슬퍼도 감사하게 하여주시옵소서.

즐거워도 감사하게 하시옵소서. 괴로워도 감사하게 하여주시옵소서. 강건해도 감사하게 하여주옵소서. 힘들어도 감사하게 하여주시옵소서. 순탄해도 감사하게 하여주시옵소서. 불편해도 감사하게 하여주시옵소서.

평안해도 감사하게 하여주시옵소서. 고독해도 감사하게 하여주시옵소서. 만족해도 감사하게 하여주시옵소서. 실망해도 감사하게 하여주시옵소서. 인정받아도 감사하게 하여주시옵소서. 멸시받아도 감사하게 하여주시옵소서.

| 참고 성구 |
단 4:34; 합 3:17-19; 고전 1:4; 고후 6:3-10; 빌 4:6; 딤전 2:1

 사랑 받아도 감사하게 하여주시옵소서. 핍박 받아도 감사하게 하여주시옵소서. 기도의 응답을 받아도 감사하게 하여주시옵소서. 무응답이어도 감사하게 하여주시옵소서. 주님이 제 마음을 다 아시고 함께 하시는데 감사하지 못할 이유가 어디에 있습니까?
 주님이 제 삶을 주관하시고 이끌고 계시는데 감사하지 못할 이유가 어디에 있겠습니까?
 주님이 저와 동행하시고 제 손을 잡아 주시는데 감사하지 못할 이유가 어디에 있겠습니까?
 무슨 일이 있든지 언제나 감사하게 하셔서 주님의 주권을 인식하는 삶이 되게 하시고, 주님께 온전한 감사를 드릴 수 있게 하여주시옵소서.
 범사에 감사하는 삶을 살다가 훗날 주님 앞에 서게 될 때에 감사의 종으로 인정받게 하여주시옵소서.
 예수 그리스도의 이름으로 기도합니다. 아멘.

은사를 위하여

(고전 12:31)

"너희는 더욱 큰 은사를 사모하라 내가 또한 가장 좋은 길을 너희에게 보이리라."

사랑의 주님!

세상의 바람 앞에 쉽게 넘어지고 깨어져 버릴 수밖에 없는 질그릇 같은 저를 택하여 주셔서 다시금 향기 나는 꽃으로 피어나게 하시고, 주님의 영광을 나타내는 도구로 사용하심을 감사 드립니다.

주님!

간구 하옵기는 주님의 영광을 나타내는 온전한 도구로 쓰임 받기 위하여 더욱 큰 은사를 사모합니다. 제게 은사를 넘치도록 부어 주셔서 주님을 위하여 죽도록 충성할 수 있는 종이 되게 하여 주시옵소서.

제일 큰 은사가 사랑인데 제게 아직도 사랑이 한없이 부족함을 느낍니다. 제게 사랑의 은사를 부어 주셔서 주님의 사랑을 보여줄 수 있는 도구로 쓰임 받게 하여 주시옵소서.

지혜도 필요합니다. 주님의 몸 된 교회를 위하여 봉사할 때에 지혜가 부족하여 주님을 욕되게 하는 일이 있을까 염려되오니 제게 넘치는 지혜가 있게 하셔서 봉사의 아름다움을 보여줄 수 있는 도구가 되게 하여 주시옵소서.

참는 은사도 필요합니다. 오래 참는 은사를 부어 주셔서 십자가

| 참고 성구 |
고전 12:4; 고후 1:11; 딤후 1:6; 약 1:17; 벧전 4:10

에서 죽으시기까지 오래 참으셨던 주님의 겸손을 보여줄 수 있는 도구가 되게 하여 주시옵소서. 기도의 은사도 필요합니다.

제게 기도의 영을 충만케 하셔서 주님과 더 깊은 교제를 나눌 수 있게 하여 주시고, 기도가 필요한 자들을 위하여 기도의 헌신을 드릴 수 있는 도구가 되게 하여 주시옵소서.

전도도 잘할 수 있기를 원합니다. 제게 전도의 은사를 부어주셔서 많은 영혼을 주님께로 돌아오게 하는 영혼 구원을 위한 도구로 쓰임 받게 하여 주시옵소서.

물질도 필요합니다. 제게 물질의 은사를 더하여 주셔서 주님 앞에 힘써서 드리게 하여주시고, 도움이 필요한 곳에 주님의 손길을 대신할 수 있는 도구가 되게 하여 주시옵소서.

사랑하는 자에게 은사 주시기를 아끼지 아니하시는 예수 그리스도의 이름으로 기도합니다. 아멘.

은사를 깨닫기 위하여

(고후 12:9)

"나에게 이르시기를 내 은혜가 네게 족하도다 이는 내 능력이 약한 데서 온전하여짐이라 하신지라."

전능하신 아버지!

죄의 종으로 살던 이 죄인을 구속하여 주셔서 주님의 거룩한 자녀로 다시 살게 하심을 감사 드립니다. 또한 이 땅에 살아가는 동안 주님의 영광을 위하여 살아갈 수 있는 복되고 놀라운 특권을 주심을 감사 드립니다. 주님께 영광 돌리며 주님의 뜻을 따라 사는 삶이 되기 위하여 은사를 깨달아 알기 원합니다.

사람들은 가난을 싫어하지만 제가 가난에 처하게 되면 가난도 주님이 주신 은사임을 깨닫게 하여 주시옵소서. 가난에 굴하지 않고 청렴하고 깨끗하게 주님을 잘 섬기며 주님께 영광 돌릴 수만 있다면 행복한 사람이 돌리는 영광에 절대로 부족하지 않다는 것을 깨닫게 하여 주시옵소서.

사람들은 병든 것을 싫어하지만 제게 병이 찾아오면 질병도 주님이 주신 은사임을 깨닫고 질병에 굴하지 않고 변함없이 주님께 감사하며 영광 돌릴 수만 있다면 건강한 사람이 돌리는 영광에 절대로 부족하지 않다는 것을 깨닫게 하여 주시옵소서.

사람들은 고난을 싫어하지만 제게 고난이 찾아오면 고난도 주님이 주신 은사임을 깨닫게 하여 주시옵소서. 고난 앞에 넘어지지

| 참고 성구 |
마 5:3-12; 고후 6:1-10; 딤전 6:8

않고 주님을 잘 섬기며 주님께 영광 돌릴 수만 있다면 평안한 사람이 돌리는 영광에 절대로 부족하지 않다는 것을 깨닫게 하여 주시옵소서.

　사람들은 불행을 싫어하지만 제게 불행이 찾아와도 불행 또한 주님이 주신 은사임을 깨닫게 하여 주시옵소서. 불행 중에 흔들리지 않고 주님을 잘 섬기며 주님께 영광 돌릴 수만 있다면 행복한 사람이 돌리는 영광에 절대로 부족하지 않다는 것을 깨닫게 하여 주시옵소서.

　사람들은 장애를 싫어하지만 제가 장애인이 된다면 장애도 주님이 주신 은사임을 깨닫게 하여 주시옵소서. 장애에 굴하지 않고 주님을 잘 섬기며 주님께 영광 돌릴 수만 있다면 정상인이 돌리는 영광에 절대로 부족하지 않다는 것을 깨닫게 하여 주시옵소서.

　예수 그리스도의 이름으로 기도합니다. 아멘.

은혜를 깨닫기 위하여

(시 116:12)

"내게 주신 모든 은혜를 내가 여호와께 무엇으로 보답할까."

자비로우시고 은혜로우신 하나님 아버지!
저에게 구원의 은혜를 베풀어주시고 주님의 백성으로 살아갈 수 있는 은총을 베푸심에 감사 드립니다.
주님의 백성으로서의 합당한 삶을 위하여 주님의 은혜를 깨닫게 하여 주시옵소서.
겸손하지 못하고 도리어 교만하거나 자만할 때가 많습니다.
감사하지 못하고 도리어 불평과 원망을 늘어놓을 때가 많습니다.
사랑하지 못하고 도리어 미워하고 비판할 때가 많습니다.
부지런하지 못하고 도리어 게으르거나 나태할 때가 많습니다.
적극적이지 못하고 도리어 소극적일 때가 많습니다.
믿음 위에 서지 못하고 도리어 유혹에 휩쓸릴 때가 많습니다.
이해하지 못하고 도리어 정죄하거나 판단할 때가 많습니다.
정직하지 못하고 도리어 속일 때가 많습니다.
칭찬하지 못하고 도리어 시기하거나 질투할 때가 많습니다.
용서하지 못하고 도리어 분노심에 사로잡힐 때가 많습니다.
신뢰하지 못하고 도리어 의심할 때가 많습니다.
기도하지 못하고 도리어 근심할 때가 많습니다.

| 참고 성구 |
시 136:2; 잠 14:9; 슥 8:21; 고전 15:10;
갈 2:9; 엡 2:5; 히 12:28

 봉사하지 못하고 도리어 핑계 댈 때가 많습니다.
 전도하지 못하고 도리어 전도의 방해꾼이 될 때가 많습니다.
 주여!
 이 죄인이 은혜를 먹고사는 종임을 깨닫게 하여 주시고, 은혜를 아는 종이 되게 하여 주시옵소서.
 그리하여 은혜의 승리를 보여주는 삶이 되게 하여 주시옵소서.
 예수 그리스도의 이름으로 기도합니다. 아멘.

헌신을 위하여

(롬 12:1)

"그러므로 형제들아 내가 하나님의 모든 자비하심으로 너희를 권하노니 너희 몸을 하나님이 기뻐하시는 거룩한 산 제물로 드리라 이는 너희가 드릴 영적 예배니라."

말로다 형용할 수 없는 희생을 보여주신 주님!
이 죄인에게 향하신 주님의 사랑하심과 인자하심이 크고 놀라우심을 다시 한번 깨닫습니다.
주님의 은혜를 먹고사는 주님의 백성으로서 조금이라도 주님의 은혜에 보답하는 삶을 살고자 기도하기를 원합니다.
아브라함이 이삭을 바친 것처럼 저의 삶 전체를 주님께 드리기를 원하여 간구하오니 이 죄인의 기도를 받아 주셔서 주님을 위하여 헌신이 넘치는 신앙생활이 될 수 있도록 이끌어 주시옵소서.
주님의 일을 하기 위해 저의 건강을 드리며 사랑의 전도자가 되기 위해 저의 발을 드리기를 원합니다. 제가 가지고 있는 재능과 시간과 물질을 주님을 위해서 드리기를 원합니다.
주님께 받은 모든 달란트를 그 양의 크고 작음에 관계없이 주님을 위하여 드리기를 원하오니 주님을 위하여 모든 것을 드릴 수 있는 헌신의 사람이 되게 하여 주시옵소서.
한 알의 밀이 땅에 떨어져 죽을 때에 많은 열매를 거두게 된다는 진리의 말씀을 마음에 새기기를 원합니다.
이 말씀대로 이 죄인에게 희생적인 삶의 모습이 넘쳐 나게 하셔

| 참고 성구 |
창 22:1-19; 출 32:29; 고후 6:1-10, 23; 갈 2:20; 골 1:24

서 주님처럼 희생의 욕구를 충족시켜 나갈 수 있는 주의 사람이 되게 하여 주시옵소서.

 수많은 신앙의 사람들처럼 그 어떤 삶의 위기가 찾아온다 할지라도 주님을 위한 헌신의 자리는 비우지 않게 하여 주시고. 주님을 위하여 죽도록 충성할 수 있는 주의 사람이 되게 하여 주시옵소서.

 행여나 주님께 헌신하는 일이 어떤 의무감 때문에 하는 것이 되지 않게 하여 주시고 주님께서 저를 구원해 주신 구속의 은총에 감격하여 드릴 수 있는 헌신의 생활이 되게 하여 주시옵소서.

 주님께 헌신 하기를 원하는 저의 심령이 항상 변함이 없도록 강하게 붙들어 주실 것을 믿사옵고 예수 그리스도의 이름으로 기도합니다. 아멘.

직분 감당을 위하여

(고전 4:2)
"그리고 맡은 자들에게 구할 것은 충성이니라."

자비로우신 하나님 아버지!

저를 일찍이 주님의 백성으로 불러 주시고 주님의 자녀로서 복된 삶을 살게 하여 주시니 감사합니다. 또한 날마다 성령의 인도하심과 보호 가운데 주님의 영광을 위해 살 수 있는 기회를 주시니 감사합니다.

사람의 제일 되는 목적이 주님을 영화롭게 하는 것임을 깨닫습니다. 이 땅에서 생명을 다하는 그 날까지 주님의 영광을 위하여 살 수 있도록 저의 영혼과 육체를 붙들어 주시옵소서.

주님의 백성으로서 주님의 영광을 위하여 사는 것도 너무나 감사한 일인데 티끌과도 같은 저를 충성된 자로 여기셔서 귀한 직분까지 맡겨 주심을 감사합니다.

하오나 너무나 부족함을 느낍니다. 그러나 내게 능력 주시는 자 안에서 내가 모든 것을 할 수 있느니라고 하셨사오니 주님의 거룩한 직분을 수행해 나가는데 있어서 부족함 없는 믿음을 주시고 오직 능력의 주님을 의지하고 바라볼 수 있게 하시옵소서.

행여 인간의 지식, 경험, 기술, 잔 재주, 테크닉 같은 것을 앞세우는 일이 없게 하시고, 진심으로 주님만을 의뢰하는 마음만 있게

| 참고 성구 |
민 12:7; 느 7:2, 9:8; 시 78:8; 잠 20:6, 28:20; 단 6:4;
마 24:45; 눅 16:10-12, 19:17; 고전 4:2;
갈 5:22; 딤전 1:12; 딛 2:10; 계 2:10

하시옵소서. 이 직분을 통하여 착하고 충성된 종으로 주님의 몸 된 교회를 섬기고 주님을 영화롭게 하는데 제게 있는 모든 것을 깨뜨리게 하여 주시고, 목사님의 말씀에 온전히 복종하며, 다른 교우와도 연합을 잘 이루어 주님의 선한 사업에 유익을 끼치게 하여 주시옵소서.

믿음의 형제들에게 항상 기도하는 모습을 보이게 하여 주시고 열심을 품고 주님을 섬기는 일에 모범을 보일 수 있게 하여 주시옵소서.

열심히 지나친 나머지 교만한 자리에 서지 않게 하여 주시고, 다른 형제를 실족케 하거나 마음 아프게 하는 일이 없도록 제 생각과 마음을 온전히 주장하여 주시옵소서.

언제나 겸손함으로, 언제나 낮아짐으로, 언제나 성실함으로, 언제나 진실함으로. 언제나 인내함으로 주님의 선하신 뜻을 분별하며 직분을 감당할 수 있도록 인도하여 주시옵소서.

예수 그리스도의 이름으로 기도합니다. 아멘.

충성을 위하여

(계 2:10)
"네가 죽도록 충성하라 그리하면 내가 생명의 관을 네게 주리라."

죽도록 충성하라고 말씀하신 주님!
주님께 충성을 다해야 하는데 자꾸만 나태해지려고 하는 저의 신앙생활인 것 같아 너무나 부끄럽습니다. 좀 더 뜨거운 열심을 가지고 주님을 섬기게 하여 주시옵소서.
차지도 않고 덥지도 않은 신앙생활이 되지 않기를 원합니다. 얍복 강가의 야곱과도 같이 전심을 다해서 주님을 의뢰하게 하여 주시고, 주님을 위하여 충성을 다했던 엘리야 선지자와 같이 주님을 위하여 불붙는 열심히 있기를 원합니다.
천국은 침노하는 자의 것이라고 하셨사오니 하늘나라의 상급을 받겠다는 신앙으로 열심히 봉사하게 하여 주시고 이웃을 사랑하며 전도하는 일에 최선을 다하게 하여 주시옵소서. 모든 예배와 봉사 활동에 빠지지 않게 하여 주시고, 모든 일에 불평하지 않고 최선을 다해 충성하게 하여 주시옵소서.
행여나 잘못된 열심히 주님의 영광을 가리우는 일이 없게 하여 주시고, 주님의 전을 더럽히는 일이 없게 하여 주시옵소서. 또한 제 자신을 드러내는 일에 열심을 내는 일이 없게 하여 주시옵소서.
신앙의 연조가 오래될수록 나태해지기 쉽고, 적당히 신앙생활

| 참고 성구 |
잠 28:20; 마 24:45; 눅 16:10, 19:17;
고전 4:2, 7:25; 갈 5:22; 딛 2:10

하려고 하는 습성이 있사오니 이러한 유혹에 넘어가지 않게 하여 주시며, 초신자와 같은 열심과 믿음을 가지고 주님의 일에 충성을 다하게 하여 주시옵소서.

비록 주님께 받은 은사가 적다고 할지라도, 불평하지 않게 하여 주시고, 시기심이나 질투심이 없게 하시며, 열심을 다하여 주님을 섬기게 하여 주시옵소서.

주님께 충성을 다하다가 혹 비난받는 일이 발생한다 할지라도 합력하여 선을 이루시는 주님을 끝까지 의지하며 승리하게 하여 주시옵소서.

이 죄인을 충성의 자리로 나아가게 하시는 예수 그리스도의 이름으로 기도합니다. 아멘.

순종을 위하여

(전 12:13)

"일의 결국을 다 들었으니 하나님을 경외하고 그의 명령들을 지킬지어다 이것이 모든 사람의 본분이니라."

순종이 제사보다 낫고 듣는 것이 수양의 기름보다 낫다고 하신 하나님!

주님의 말씀을 듣고, 읽고, 묵상하기는 했지만 그 말씀에 대한 온전한 순종이 없었던 이 죄인을 용서하여 주시옵소서.

말씀을 많이 아는 것이 믿음이 아니라 한 말씀이라도 그 말씀에 대한 순종이 있을 때 그것이 믿음인줄 알면서도 이 죄인은 그렇게 하지 못했습니다. 이 죄인을 긍휼히 여겨 주시옵소서.

주의 성령에 사로잡혀서 주님의 말씀을 지키지 않고는 견딜 수 없는 마음을 주시옵소서. 주님의 명령에 순종하되 억지로 하는 것이 아니라 기쁜 마음으로 순종할 수 있게 하여주시옵소서.

주의 말씀에 순종할 때에 작은 일이라는 것 때문에 무시하거나 불순종하는 일이 없게 하여주시고, 모든 말씀을 전심으로 지킬 수 있는 믿음을 주시옵소서.

제 마음에 합당한 것만을 순종하고, 마음에 거리끼는 것은 불순종하는 지극히 인본주의적인 신앙생활이 아니라, 비록 이성적으로 이해되지 않는 명령이라고 할지라도 순종할 수 있는 믿음이 있게 하여주시옵소서.

| 참고 성구 |
창 26:5; 신 28:62, 30:8; 삼상 15:22; 대상 29:23;
마 22:37-40; 행 5:29; 롬 5:19, 6:16, 16:19;
딛 3:1; 히 5:8; 벧전 1:14,22

   처음에는 순종하겠다고 결심했다가 나중에는 마음이 변하여 불순종하는 우유부단한 신앙생활을 하지 않기를 원합니다.
   설령 그 어떤 손해가 온다 할지라도 순종하기로 마음먹은 것은 끝까지 순종할 수 있게 하여 주시옵소서.
   순종의 본을 보이신 예수님을 온전히 닮기를 원하오며 예수 그리스도의 이름으로 기도합니다. 아멘.

축복을 위하여

(시 1:3)

"그는 시냇가에 심은 나무가 철을 따라 열매를 맺으며 그 잎사귀가 마르지 아니함 같으니 그가 하는 모든 일이 다 형통하리로다."

복의 근원이 되시는 하나님 아버지!

복 받기를 사모하는 저희 가정에 넘치는 크신 은총과 은혜를 베풀어주시기를 원합니다. 말씀에 순종할 때에 천대까지 은혜를 베푸신다고 약속하셨사오니 주님의 말씀대로 이루어지는 가정이 되게 하여 주시옵소서.

그러나 주님의 말씀에 대한 순종이 없으면 주님의 말씀대로 이루어지지 않음을 깨닫습니다.

주님이 주시는 복을 받기 전 항상 주님의 말씀에 온전히 순종하는 가정이 되게 하여주시고, 먹고 마시며 수고하는 가운데 심령의 기쁨을 누릴 수 있게 하여 주시며, 큰 복을 받아 수고함으로 즐거워하는 가정이 되게 하여 주시옵소서.

무엇보다도 영혼이 잘되고 강건한 복을 허락하여 주시기를 원합니다. 만군의 하나님이 함께 계시매 점점 강성해 갔던 다윗과도 같이 임마누엘의 하나님이 이 가정 위에 동행하시므로 날로 복이 있게 하여 주시옵소서.

또한 바라옵기는 건강의 복도 허락하여 주시기를 원합니다. 모든 질병을 이 가정에서 물리쳐 주시고, 영혼의 강건함은 물론이요

| 참고 성구 |
출 15:26; 신 5:10-16, 7:5; 삼하 5:10; 전 5:19; 롬 6:13; 히 6:14

육신의 건강도 있게 하여 주시어서 주님을 잘 섬기게 하여 주시옵소서.

건강한 육신을 죄의 병기로 사용하지 않기를 원합니다. 주님을 위한 의의 병기로 사용하게 하여 주시고, 주님께 죽도록 충성할 수 있는 가정이 되게 하여 주시옵소서.

주님의 몸 된 교회도 최선을 다하여 섬기기를 원합니다. 녹슬어 없어지는 인생이 되기 보다는 주님을 위하여 닳아서 없어지는 삶을 살 수 있도록 저희 가정에 하늘의 신령한 것과 땅의 기름진 것으로 채워 주시옵소서.

악인의 길에 서지 않기를 원합니다.

죄인의 자리에도 가지 않기를 원합니다.

오직 주님만을 위하여 살 수 있는 복 있는 가정이 되게 하여 주시옵소서.

예수 그리스도의 이름으로 기도합니다. 아멘.

성령의 충만을 위하여

(행 2:4)

"그들이 다 성령의 충만함을 받고 성령이 말하게 하심을 따라 다른 언어들로 말하기를 시작하니라."

능력의 주님!

언제나 주님의 은총 속에 부족함 없이 채우시는 주님의 은혜를 받아 누리며 살게 하시니 감사합니다. 저에게 주님의 은혜 주심에 부응하는 삶이 있어야 하는데 너무나 부족하고 연약한 제 자신을 발견합니다.

주님!

주신 사명을 감당 하는 삶을 살기 위하여 성령의 충만을 간구합니다. 아직도 제 몸 속에서 꿈틀거리고 있는 모든 정욕과 탐심을 깨끗이 씻어주시고 태워주셔서, 주님의 말씀이 제 안에 충만히 거하는 삶을 살게 하여 주시옵소서.

저의 속사람을 날마다 새롭게 변화 되게 하여 주셔서 하나님의 선하시고 기뻐하시고 온전하신 뜻을 분별하는 삶이 있게 하여 주시옵소서.

제 자신을 주님께 온전히 드리기를 원합니다. 성령의 충만함을 주셔서 주님께 순종할 수 있는 자리에 제가 있게 하여 주시고 헌신할 수 있는 자리에 제가 있게 하여주시며, 충성할 수 있는 자리에 제가 있게 하여 주시옵소서.

| 참고 성구 |

마 10:20; 막 3:29; 눅 11:13; 요 3:5,34, 14:26, 15:26, 16:13;
행 1:8, 2:4, 8:17, 9:17, 19:6; 롬 5:5, 8:2, 14:27;
딤전 4:1; 딤후 1:14; 히 2:4; 요일 3:24; 유 1:20

　주님을 위하여 달아서 없어지는 삶을 살 수 있는 주의 종이 되게 하여 주시옵소서. 주님을 사랑하듯이 형제를 사랑할 수 있게 하여 주시고, 주님을 섬기듯이 겸손과 온유로 형제를 섬길 수 있는 종이 되게 하여주시옵소서.
　또한 성령의 아홉 가지 열매도 맺기를 원합니다. 사랑과 희락과 화평과 오래 참음과 자비와 양선과 충성과 온유와 절제의, 거룩하고 아름다운 성령의 열매가 날마다 풍성히 맺혀지는 삶이 되게 하여 주시옵소서.
　갈 길 몰라 방황하는 영혼을 위해서도 그들을 주님 앞으로 잘 인도할 수 있는 전도자가 되게 하여 주시옵소서.
　더욱 성령 충만하게 하셔서 주님의 은혜와 사랑에 대하여 흘러 넘치는 고백이 있는 삶이 되게 하여 주실 것을 믿사옵고 예수 그리스도의 이름으로 기도합니다. 아멘.

십일조 생활을 위하여

(창 14:20)

"너희 대적을 네 손에 붙이신 지극히 높으신 하나님을 찬송할지로다 하매 아브람이 그 얻은 것에서 십분의 일을 멜기세덱에게 주었더라."

만복의 근원이 되시는 하나님 아버지!

예수 그리스도 안에서 택하시고 부르신 자녀들에게 하늘의 신령한 복과 땅의 기름진 것으로 복 주시는 하나님께 감사와 찬송을 드립니다. 저희 가정에 필요한 온갖 것들을 부족함 없이 채워주시고 때를 따라 필요한 은혜를 내려주시니 그 사랑을 무엇으로 표현 할 수 있겠습니까?

주님!

이 죄인이 주님의 크신 사랑과 은총을 받았음에도 불구하고 아직도 주님 앞에 온전한 십일조를 드리지 못하고 있습니다. 소득의 십분의 일을 주님께 드리지 못한다는 것은 온 우주 만물의 주인이신 하나님을 인정하지 않는 것이요, 하나님의 것을 도둑질 하는 것인데 이 못난 죄인이 손대지 말아야 할 십일조를 손을 대고 나의 주인이신 주님을 부정하는 죄를 저지르고 있나이다.

주여!

이 못난 죄인의 죄를 용서하여 주시고 불쌍히 여겨 주시옵소서. 하나님의 것을 인정하고, 주님을 위하여 물질을 깨뜨릴 수 있는 은혜를 더하여 주시기를 원합니다.

| 참고 성구 |
민 18:21; 신 12:6,17, 14:22-23; 대하 31:12;
느 12:44, 13:12; 암 4:4; 말 3:7-12; 눅 18:12

　인색한 마음을 넉넉한 마음으로 바꾸어 주시고, 계산하기에 약삭빠른 간사한 마음에 성령의 세례를 부어 주시어서 십일조 생활을 철저히 하게 도와주시옵소서.
　또한 대가를 바라는 마음으로 드리지 않게 하여 주시고, 주님의 백성으로서 마땅한 의무라는 것을 잊지 말게 하여 주시옵소서.
　저는 다만 주님의 것을 잠시 맡아서 관리하는 청지기임을 잊지 말게 하여주시고, 청지기의 본분을 다함으로 주인이신 주님을 기쁘게 해드리는 삶이 되게 하여 주시옵소서.
　한시도 주님의 은혜를 먹고사는 종임을 잊지 말게 하여주시고 물질의 십일조뿐만 아니라 시간의 십일조도 주님 앞에 드릴 수 있는 종이 되게 하여 주시옵소서.
　이제부터는 결코 주님의 것을 손대지 않는 사람이 되게 하여 주실 것을 믿사옵고 예수 그리스도의 이름으로 기도합니다. 아멘.

헌금 생활을 위하여

(고후 9:7)

"각각 그 마음에 정한 대로 할 것이요 인색함으로나 억지로 하지 말지니 하나님은 즐겨 내는 자를 사랑하시느니라."

모든 것의 주인이신 하나님 아버지!
때를 따라 은혜와 복을 내려주시고 물질로 인하여 고통당하는 일이 없게 하심을 감사 드립니다.
주님!
간구하옵는 것은 물질의 지배를 받지 않고 물질을 잘 다스릴 수 있는 지혜로운 삶이 되기를 원합니다. 사단의 유혹에 넘어가 물질로 인하여 시험 드는 일이 없게 하여 주시고, 물질에 얽매여 주님을 멀리하거나 신앙생활이 나태해지는 일이 없게 하여 주시옵소서.
하나님과 재물을 겸하여 섬길 수 없다고 하셨사오니 주님 앞에 물질을 잘 깨뜨리는 종이 되게 하셔서 주님이 모든 것의 주인 됨을 인정하는 삶이 되게 하여 주시옵소서.
언제나 주님 앞에 나올 때에 인색한 마음으로 나오지 않게 하여 주시며, 제 손이 주님의 은혜에 대하여 감사의 손길로 이어지게 하시며 회개하는 마음으로 힘써서 드릴 수 있게 하여 주시옵소서.
오직 너희 보물을 하늘에 쌓아 두라고 하셨사오니 헌금을 인하여 부담을 갖는 일이 없게 하여 주시고, 주님 앞에 향기로운 예물로 힘써서 드릴 수 있는 종이 되게 하여 주시옵소서.

| 참고 성구 |
시 37:25; 잠 30:8; 겔 28:5; 말 3:8; 마 6:20-24, 22:21;
막 12:44; 고후 8:2-3,23, 9:6; 빌 4:18

　때를 얻든지 못 얻든지 주님 앞에 힘써서 드리기에 인색함이 없게 하여 주시고, 어려운 가운데에서 모든 소유를 드렸던 과부와 같이, 어려울 때에도 더욱 힘써서 드림으로 온전한 감사가 넘치는 삶이 되게 하여 주시옵소서.
　언제나 제 손이 주님 앞에 부끄럽지 않게 하여 주시며 정직한 수고의 대가를 얻게 하셔서 깨끗한 물질로 주님을 기쁘시게 해드리는데 최선을 다하게 하여 주시옵소서.
　행여 헌금 생활로 인하여 제 마음이 교만해 지지 않게 하여 주시며 물질이 없어 연보하지 못하는 사람을 정죄하거나 판단하는 일이 없게 하여 주시옵소서.
　다른 교우들도 주님께 정성을 다하여 연보 할 수 있는 삶이 되게 하여주시고, 궁핍하다는 핑계로 주님의 주권을 부인하는 삶이 되지 않게 하여 주시옵소서. 소득이 있을 때마다 먼저 주님을 생각하는 마음이 항상 있기를 원합니다.
　예수 그리스도의 이름으로 기도합니다. 아멘.

기도하세요

-죠지 뮬러-

기도를 시작하세요
하나님은 기도를 가르쳐 주십니다.

낙심하지 마세요
하나님은 열매를 보여 주십니다.

항상 기도하세요
하나님은 염려를 없애 주십니다.

자주 하나님께 찾아가세요.
하나님은 자주 응답을 주십니다.

매일 기도하세요
하나님은 매일 도와주십니다.

일평생 기도하세요
하나님은 일평생 도와주십니다.

그리고 영원히 함께 하십니다.

성경, 말씀, 신앙의 의무를 위한 기도문

 (1) 성경공부를 위하여
 (2) 성경을 읽기 전에
 (3) 말씀을 묵상하는 생활을 위하여
 (4) 마귀를 대적하기 위하여
 (5) 이단에 미혹되지 않기 위하여
 (6) 바른 언어생활을 위하여
 (7) 예배가 힘겨워질 때
 (8) 유혹이 밀려올 때
 (9) 금연과 금주를 위하여
(10) 좋지 않은 습관을 끊고 싶을 때
(11) 설교시간에 졸음이 쏟아질 때
(12) 전도하기 위하여
(13) 전도의 열심을 위하여
(14) 전도가 힘들어질 때
(15) 성찬식 참여를 앞두고
(16) 교회 나가기 싫어질 때
(17) 미움이 들어올 때
(18) 교회가 멀리 있을 때

성경공부를 위하여

(계 1:3)

"이 예언의 말씀을 읽는 자와 듣는 자와 그 가운데에 기록한 것을 지키는 자는 복이 있나니 때가 가까움이라."

사랑의 하나님!

저에게 놀라운 구원의 은혜를 베풀어주시고, 주님의 진리의 말씀을 탐구해 갈 수 있는 은혜를 주심을 감사드립니다.

주님의 말씀을 공부할 때 세상 지식을 습득하듯이 단지 주님의 말씀에 대한 지식을 습득하기 위해서 공부하는 것이 되지 말게 하여 주시옵고 진리의 말씀을 깨달아 알므로 한 말씀이라도 그 말씀에 순종하는 삶을 살기 위하여 성경공부 한다는 자세를 잃지 않게 하여 주시옵소서.

주님의 말씀을 깨달아 아는 만큼 그 말씀이 저의 삶에서 나타날 수 있도록 말씀에 순종하는 생활이 있게 하여 주시고, 주님을 본받는 삶이 될 수 있도록 이끌어 주시옵소서.

또한 주님께서 계시된 말씀을 통하여 저에게 말씀하고자 하는 것이 무엇인지 그 음성을 들을 수 있게 하여 주시고, 말씀에 의지하여 기도하고, 말씀에 의지하여 전도할 수 있는 주의 사람이 되게 하여 주시옵소서.

또한 일평생 말씀중심의 신앙으로 신앙을 가꾸어 갈 수 있도록 이끌어 주시옵소서.

| 참고 성구 |
눅 24:32, 45; 행 17:15; 딤후 3:15

    저 뿐만 아니라 주님의 사랑을 입은 자들이 하나님을 힘써 아는 데 적극 참여하기를 원합니다. 말씀이 없으면 신앙의 성장도 없고 영혼이 피폐해질 수밖에 없음을 깨달아 주님의 말씀을 공부하는데 시간을 투자하고 마음을 쏟을 수 있는 주의 백성들이 되게 하여 주시옵소서.

    주님의 말씀을 배운다고 하지만 지혜가 부족합니다. 놀라운 지혜를 더하여 주셔서 주님의 귀한 말씀을 한 말씀이라도 놓치지 않게 하여 주시옵소서.

    성경공부를 인도하시는 목사님께도 주의 권능으로 함께 하셔서 가르치고 지도하시는데 조금도 부족함이 없게 하여 주시옵소서.

    예수 그리스도의 이름으로 기도합니다. 아멘.

성경을 읽기 전에

(눅 24:32)

"그들이 서로 말하되 길에서 우리에게 말씀하시고 우리에게 성경을 풀어 주실 때에 우리 속에서 마음이 뜨겁지 아니하더냐 하고."

말씀을 통하여 역사 하시는 하나님 아버지!

죄 많은 저를 구원하여 주시고 천국의 백성으로 삼아주셔서 주님의 말씀을 따라 살아갈 수 있도록 인도하시니 감사 드립니다.

주님의 계시된 말씀을 대하기 전에 기도합니다. 주님의 말씀을 사모하는 심령으로 말씀 앞에 섰사오니 주님의 말씀을 보고 읽는 것으로 그치지 않게 하여 주시고, 주의 말씀대로 살기를 애쓰며, 늘 저의 심중에 두게 하시옵소서.

말씀을 읽을 때에 전에 깨닫지 못하던 진리의 말씀을 밝히 알게 하여 주시고, 주님의 말씀이 제 마음속에 잘 박히는 못과 같아서 날마다 변화를 체험하는 삶이 되게 하여 주시옵소서.

주님의 말씀을 읽고 묵상할 때에 지혜를 주시옵고, 그 명철함이 세상의 스승보다 뛰어나게 하여 주시옵소서. 말씀을 보는 가운데 저의 고집과 교만이 깨어지게 하시며, 저를 향하신 주님의 사랑을 깊이 깨달아 알게 하여 주시옵소서.

성령의 감동을 주셔서 말씀으로 인하여 저의 심령이 뜨거워지게 하여 주시옵고, 아볼로 같이 성경에 능한 자가 되게 하시며, 어떠한 이단 사설에도 미혹되지 않고 말씀 위에 믿음의 뿌리를 든든히 세

| 참고 성구 |

시 40:8, 119:99; 잠 1:7; 마 13:23; 요 16:23;
행 18:24; 살전 2:13; 요일 5:13

우는 자가 되게 하여 주시옵소서. 시편 기자는 주의 말씀을 묵상하려고 그의 눈이 야경이 깊기 전에 깨었다고 했는데, 제게도 시시때때로 주의 말씀을 사모하게 하여 주시옵고, 규칙적으로 영의 양식을 먹는 자가 되게 하여 주시옵소서.

말씀 안에서 겸손하게 하여주시고 오늘 읽은 말씀으로 영생에 대한 소망을 더욱 확고히 할 수 있게 하여 주시옵소서. 조금도 말씀에 대한 의심이 없게 하여 주시고, 늘 마음을 집중하여 주님의 계시된 말씀으로 많이 아는 것을 만족해하기 보다는 한 말씀이라도 그 말씀에 대한 순종을 소중하게 여길 수 있게 하여 주시옵소서.

예수 그리스도의 이름으로 기도합니다. 아멘.

말씀을 묵상하는 생활을 위하여

(딤후 3:16)
"모든 성경은 하나님의 감동으로 된 것으로 교훈과 책망과 바르게 함과 의로 교육하기에 유익하니."

온 우주만물을 말씀으로 창조하신 하나님!
주님의 말씀으로 인하여 어둠과 절망 속에 헤매던 인류에게 한 줄기 밝은 빛을 주시고 절망 속에서 희망을 갖게 하며 영생을 얻게 하시니 감사와 찬송을 올립니다.
주님의 말씀을 날마다 묵상하는 생활을 하겠다고 다짐하면서도 매일 생활 속에서 말씀을 가까이하지 못하고 있습니다. 말씀을 가까이 해야만 주님의 뜻을 깨달아 알 수 있고, 믿음이 성장할 수 있는데 말씀을 멀리 하고 있는 이 못난 죄인을 용서하여 주시옵소서.
주님!
소원합니다. 인간의 마음은 주님의 말씀을 담지 않으면 다른 그 무엇으로도 채워질 수 없다는 것을 깨닫습니다. 세속의 욕망과 욕심으로 마음이 채워지기 전에 살아 계신 주님의 말씀을 마음에 채우게 하셔서 말씀의 지배를 받으며 사는 복된 삶이 되게 하여 주시옵소서.
주님의 말씀을 날마다 가까이 할 수 있도록 말씀에 대한 사모함이 넘쳐 나게 하여 주시고, 말씀 속에서 인생을 향하신 주님의 계시된 음성을 듣게 하여 주시며더 깊은 주님의 뜻을 깨달아 말씀의

| 참고 성구 |
시 119:105; 슥 6:15; 눅 24:32; 요 1:1;
행 17:11; 엡 6:17; 골 3:16; 딤후 3:15

사람으로 살기에 부족함이 없도록 이끌어 주시옵소서. 저를 넘어뜨리려고 안간힘을 쓰고 있는 마귀의 궤계를 능히 이기게 하여 주시고, 말씀으로 마귀를 제압하는 삶이 되게 하셔서 시험에 드는 일이 없게 하여 주시옵소서.

혹여 라도 말씀을 대할 때에 인간의 지식과 상식으로서만 이해하려는 어리석음이 없기를 원합니다. 늘 성령 충만하게 하셔서 성령의 감동하심으로 역동적인 주님의 말씀을 깨우치기에 부족함이 없게 하여 주시옵소서.

주님의 말씀은 내 발에 등이요, 내 길에 빛임을 고백합니다. 이 악하고 어두운 시대에 말씀의 실행자가 되게 하여 주시옵소서.

예수 그리스도의 이름으로 기도합니다. 아멘.

마귀를 대적하기 위하여

(엡 4:26~27)

"분을 내어도 죄를 짓지 말며 해가 지도록 분을 품지 말고 마귀에게 틈을 주지 말라."

그리스도의 좋은 군사가 되기를 원하시는 하나님!

세상은 날로 악해져만 가고 성도를 유혹하는 사단의 무리는 갈수록 극성을 부리고 있습니다.

수많은 성도들이 사단의 유혹에 넘어가고 있고, 문을 닫고 있는 교회들도 많아지고 있습니다.

하나님의 나라와 성도를 대적하는 마귀는 우는 사자와 같이 두루 다니며 삼킬 자를 찾고 있사오니 이러한 마귀를 능히 대적할 수 있는 하나님의 전신갑주를 입게 하여 주시옵소서.

마귀의 존재를 절대로 우습게 보거나 가볍게 보는 실수를 하지 않기를 원합니다. 마귀에게 영적인 틈을 보이지 않기 위하여 철저하게 말씀으로 철저히 무장하게 하여 주시옵고, 쉬지 않고 기도할 수 있는 끈기를 더하여 주시며, 겸손으로 허리를 동이게 하여 주시옵소서.

또한 제 마음에 마귀가 좋아하는 정욕이 틈타지 않도록 철저히 죽게 하여 주시고, 제 중심에 주님의 십자가만이 우뚝 서있게 하여 주시옵소서. 마귀가 좋아하는 것이라면 눈을 가리고 귀를 막게 하여 주시고, 마귀가 싫어하는 것이라면 힘을 다하고 최선을 다하여

| 참고 성구 |
마 4:10; 눅 10:18; 요 8:44; 고전 7:5; 고후 2:11, 11:4;
엡 4:27; 딤전 3:7; 히 2:14; 벧전 5:8; 약 4:7; 요일 3:8

 마귀의 사기를 땅에 떨어뜨리는 주의 사람이 되게 하여 주시옵소서. 주위에서 저를 넘어뜨리기 위해서 수많은 대적자가 일어난다 할지라도 절대로 마귀의 꾀임에 넘어가지 않게 하여 주시고, 믿음의 사람 욥과 같이 승리하게 하여 주시옵소서.
 마귀에게 철퇴를 가하고, 마귀의 진을 파하는 강력한 주의 사람으로 살게 하여 주실 것을 믿사옵고 예수 그리스도의 이름으로 기도합니다. 아멘.

이단에 미혹되지 않기 위하여

(골 1:23)

"만일 너희가 믿음에 거하고 터 위에 굳게 서서 너희 들은 바 복음의 소망에서 흔들리지 아니하면 그리하리라 이 복음은 천하 만민에게 전파된 바요 나 바울은 이 복음의 일꾼이 되었노라."

길과 진리요, 생명이신 주님!

제게는 주님만이 길과 진리와 생명이심을 믿습니다.

언제나 길 되신 주님을 좇아가는 삶이 되게 하여주시고, 진리로 거룩함을 입으며 굳세고 강한 믿음 안에 거하는 삶이 되게 하여 주시옵소서.

주위에 그릇된 영을 받은 이단들이 극성을 부리고 있습니다. 교패가 붙어있는 집집마다 찾아다니며, 거짓 사상으로 믿음 위에 서 있는 형제들을 흔들어 놓고 있습니다. 저희 집에도 매주 한 두 번은 꼭 찾아오고 있습니다. 집요하게 파고들며 미혹하고 있는 이단들이 때로는 무섭고 두렵게 까지 느껴지기도 합니다.

주님!

저 뿐만이 아니라 수많은 믿음의 형제들이 거짓된 영에 노출되어 있사오니 잘못된 가르침과 악한 영에 마음을 빼앗기지 않도록 진리의 말씀 위에 굳게 서게 하여 주시옵소서.

그릇된 무리의 유혹을 받고 믿음의 길에서 동요되는 일이 없게 하여 주시고, 오직 하나님 중심, 말씀중심, 교회 중심으로 신앙생활 할 수 있도록 이끌어 주시옵소서.

| 참고 성구 |

잠 12:26; 마 24:4; 딤전 4:1; 히 3:10; 요일 4:5

    결코 그들에게 믿음의 틈을 보이는 일이 없게 하여 주시고 그들을 가볍게 보거나 쉽게 생각하는 자만함도 없게 하여 주시옵소서. 구원은 말에 있는 것이 아니라 능력에 있음을 깨닫습니다.

    혹여 교만하여 그들과 변론하려는 욕심이 생기지 않을까 두렵사오니 성령님이 제 마음을 다스려 주시고, 제 영혼을 붙들어 주시옵소서.

    제 마음 가운데 주님 보다 더 사랑하는 그 어떤 것도 갖지 말게 하여 주시고 오직 주님만이 있게 하여 주시옵소서. 속히 이 땅 위에 거짓된 영이 물러가고 주님의 거룩한 나라가 회복되기를 원합니다.

    주님의 백성을 미혹하는 악한 영의 세력을 주님의 권능으로 멸하여 주시옵소서.

    예수 그리스도의 이름으로 기도합니다. 아멘.

바른 언어생활을 위하여

(잠 25:11)

"경우에 합당한 말은 아로새긴 은 쟁반에 금 사과니라."

사랑의 하나님!

제가 거룩한 하나님의 백성으로 살아가야 함에도 불구하고 아직도 입술이 성화 되지 못하여 말에 대한 실수가 많음을 고백하지 않을 수 없나이다.

저의 잘못된 습관으로 인하여 상대방이 상처를 받고 아픔을 겪게 된다면 주님의 영광을 가리우게 될 뿐만 이 아니라 엄청난 죄가 됨을 깨닫습니다.

주님!

부족한 저의 입술을 주장하여 주시기를 원합니다.

서로의 마음에 불쾌감을 주는 언행을 삼갈 수 있게 하여 주시옵고, 그 어떤 상황 속에서라도 필요 적절한 말을 할 수 있도록 도와주시어서 거룩한 주의 백성으로 생활하기에 조금도 부족함이 없게 하여 주시옵소서.

말에 실수가 없게 하여 주시고, 경우에 합당한 말만 할 수 있게 하여 주시며, 말 한마디 한마디에 조심성이 있게 하여 주시옵소서.

말이 많으면 허물을 면키 어렵다고 하였사오니 말을 하기 전에 상대방의 말을 끝까지 들을 수 있는 인내가 있게 하여 주시고 무슨

| 참고 성구 |
시 139:4; 잠 10:19, 15:1 약 3:2,10

말을 해야 할 것인가를 신중하게 생각할 수 있게 하여주시옵소서.

상대방에게 허물이 있다 할지라도 장점을 찾아서 칭찬해 줄 수 있는 입술이 되게 하여 주시고, 그 어떤 경우에라도 타인을 비방하는 일에는 동참하지 않게 하여 주시옵소서.

자녀들에게도 좋은 말, 고운 말을 함으로 본이 되게 하여 주시고 행여 무의식중에 내뱉은 욕설을 통하여 자녀 교육에 악영향을 끼치지 않기를 원합니다.

언제나 선한 말, 경우에 합당한 말을 함으로 인하여 주님께 기도하고, 주님을 찬양하는데 부끄럽지 않게 하여 주시옵소서.

예수 그리스도의 이름으로 기도합니다. 아멘.

예배가 힘겨워질 때

(요 4:24)

"하나님은 영이시니 예배하는 자가 영과 진리로 예배할지니라."

거룩하신 하나님 아버지!

죄 많은 저를 하나님의 거룩하신 자녀로 삼아주시고, 하나님께 예배하는 거룩한 종으로 불러주심을 감사합니다.

주님의 한없는 은혜만 생각하면 언제나 주님께 예배하고 주님이 허락하신 삶을 예배의 정신으로 살아야 함에도 불구하고 이 죄인은 예배와 멀어지는 삶을 살고 있습니다.

차츰 주님께 예배드리는 것이 힘들어지고 마지못해 억지로 예배에 참석하는 경우가 많습니다. 예배마저 드리지 않으면 무슨 일이 일어날 것만 같은 불안감에 교회에 나가지만 예배에 대한 감격이 없고, 그 짧은 한 시간이 왜 그리 길게 느껴지는지 모릅니다.

주여!

믿음이 식어진 이 죄인을 불쌍히 여겨 주시옵소서. 힘겨운 예배, 형식적인 예배만 반복하고 있는 이 죄인의 죄를 생각하며 참회하오니 용서하여 주시기를 간절히 원하오며, 예배의 회복을 허락하여 주시기를 원합니다.

무감각 한 상태로 예배에 참석하는 이 죄인을 변화시켜 주셔서 예배에 대한 간절함이 있게 하여 주시고, 기다려지는 예배가 되게

| 참고 성구 |
행 2:43-47; 롬 12:1; 히 13:15-16; 벧전 2:5

하여 주시옵소서. 예배드릴 때마다 주님의 임재하심을 강하게 느낄 수 있는 역동적인 예배가 되게 하여 주시고, 성령의 교통하심을 강하게 느낄 수 있는 예배가 되게 하여 주시옵소서.

주님!

말씀에 대한 감동과 뜨거움이 있게 하여 주시고 찬양에 대한 기쁨과 감격이 있게 하여 주시옵소서. 더 이상 사단에게 마음을 빼앗기지 않게 하여 주시고, 예배로 인하여 시험에 드는 일이 없게 하여 주시옵소서.

이 죄인의 심령에 부흥을 주셔서 주님께 예배드리는 시간이 기다려지게 하여 주시옵소서.

이 죄인을 진정한 예배자로 거듭나게 하여 주실 것을 믿사옵고 예수 그리스도의 이름으로 기도합니다. 아멘.

유혹이 밀려올 때

(엡 4:14)

"이는 우리가 이제부터 어린 아이가 되지 아니하여 사람의 속임수와 간사한 유혹에 빠져 온갖 교훈의 풍조에 밀려 요동하지 않게 하려 함이라."

악한자가 너를 꾈지라도 좇지 말라고 하신 하나님!
이 연약한 종에게 유혹의 손길이 다가오고 있습니다. 이 유혹을 물리칠 수 있도록 능력을 더하여 주시옵소서.
"오직 각 사람이 시험을 받는 것은 자기 욕심에 끌려 미혹됨이니"(약1:14)라고 하셨사오니 저의 죄악된 욕심으로 인하여 마귀가 쳐놓은 덫에 걸려 넘어지지 않게 하여 주시고, 옳고 그릇됨을 분별할 수 있는 지혜를 허락하여 주시옵소서.
예수님께서 사탄의 유혹과 시험을 하나님의 말씀으로 물리쳤듯이 부족한 저도 말씀으로 무장하여 그 어떤 유혹도 능히 물리치게 하여 주시옵고, 사도바울 같이 자족할 줄 아는 마음을 허락하여 주시옵소서.
"내가 원하는 바 선은 행하지 아니하고 도리어 원하지 아니하는 바 악을 행하는도다"(롬7:19)라고 했던 사도바울의 고백을 기억합니다. 선과 악의 갈등에서 악의 유혹에도 흔들림 없는 믿음을 갖기를 원합니다.
마음의 충동을 억제할 수 있는 강력한 의지력과 성령의 충만을 허락하여 주시옵고, 자만하거나 교만하지 않도록 마음을 잘 다스

| 참고 성구 |
잠 3:5-8, 4:14-15, 23,27, 5:1-14, 6:16-19; 엡 4:22; 히 3:13

릴 수 있는 지혜를 허락하여 주시옵소서. 육신의 정욕과 이생의 안목에 휩싸이지 않도록 복음의 전신갑주를 입혀 주시옵고, 주님보다 더 사랑하는 것이 없게 하여 주시옵소서.

유혹이 변하여 핍박이 된다 할지라도 그리스도를 위하여 받는 능욕을 애굽의 모든 보화보다 더 큰 재물로 여겼던 모세처럼 잘 이기게 하셔서 정금 같은 믿음으로 거듭나며, 주님의 기쁨을 더할 수 있는 신앙의 사람이 되게 하여 주시옵소서.

말씀으로 유혹을 물리치셔서 하나님의 뜻을 이루신 예수 그리스도의 이름으로 기도합니다. 아멘.

금연과 금주를 위하여

(고전 6:19)

"너희 몸은 너희가 하나님께로부터 받은 바 너희 가운데 계신 성령의 전인 줄을 알지 못하느냐 너희는 너희 자신의 것이 아니라."

긍휼이 풍성하신 하나님 아버지!

이 못난 죄인에게 향하신 주님의 높고, 깊고, 넓으신 긍휼하심과 사랑을 생각할 때 주님께 진심으로 감사와 영광을 돌리지 않을 수 없나이다.

미물만도 못한 이 죄인에게 천하 보다 귀한 사랑을 쏟아 부으셔서 주님의 귀한 자녀로 삼아 주시고, 천국을 소유한 백성으로 살게 하시니 주님의 그 크신 은혜를 어찌 다 말로 표현할 수 있을까요?

주님!

이 죄인이 그 귀한 특권을 누리고 있으면서도 아직도 악습관을 버리지 못하고 있나이다. 주님을 영접하면 믿음에 걸림돌이 되고 신앙생활에 악영향을 끼치는 악습관을 끊어버려야만 하는데 의지가 약하여 아직도 끊지 못하고 있나이다. 인간적인 방법으로 끊어보려고 수없이 결심하고 노력해 보았지만 끊기가 참으로 어렵습니다. 인간의 힘으로는 되지 않는 것 같습니다. 이렇게 연약한 인간이 었는지 제 자신에 대하여 너무도 실망했나이다.

주여!

이 죄인을 불쌍히 여겨 주시옵소서. 제 몸은 성령이 거하시는 전

| 참고 성구 |
창 9:22-23; 시 119:20, 33-35; 잠 20:7, 21:17, 23:29-34;
전 12:1; 마 13:22; 고전 5:11; 엡 5:8; 딤전 3:8

 일진대 저의 잘못된 악습관으로 인하여 주님의 전을 더럽히는 죄 짓는 생활을 해서야 되겠습니까?
 이 죄인에게 성령의 충만함을 허락하여 주셔서 오랜 전부터 몸속에 인 박혀 있는 이 더럽고 추한 것을 성령의 불로 녹여 주시고 태워 주시옵소서.
 간절히 생각날 때마다 유혹을 물리칠 수 있는 능력을 더하여 주시고, 예수 이름으로 이기게 하여 주시옵소서. 더 이상 양심을 속이는 일이 없도록 마음을 다스려주시고, 사람 앞에서나 하나님 앞에서 인정받을 수 있는 진실한 신앙인이 되게 하여 주시옵소서.
 주님께 충성할 수 있는 은혜의 사람이 되게 하여 주시고 주님만을 의지 할 수 있는 삶이 되게 하여 주시옵소서. 이 악습관에서 해방받고 싶습니다. 주님이 제 몸과 마음을 온전히 주상하여 주시옵소서. 예수 그리스도의 이름으로 기도합니다. 아멘.

⚘ 좋지 않은 습관을 끊고 싶을 때

(엡 4:24)

"하나님을 따라 의와 진리의 거룩함으로 지으심을 받은 새 사람을 입으라."

사랑이 풍성하신 하나님 아버지!

주님을 믿은지 오랜 세월이 지났지만 아직도 형편없이 살고 있는 이 죄인을 늘 품어주시고 긍휼을 베푸시는 주님의 사랑을 생각할 때 부끄러워 머리를 들지 못하겠나이다.

제게 좋지 못한 습관이 주님께 죄를 짓는 것이라는 것을 깨달은 날부터 끊어 보려고 수없이 노력을 해보았지만 여전히 그 깊은 유혹에서 벗어나지 못하고 있나이다. 날마다 결심하고, 날마다 넘어지고, 날마다 후회하고 있습니다.

주여!

너무나 오랫동안 이 죄인에게 인 박혀 있는 좋지 못한 악습관을 어떻게 해야만 단호히 끊어버리고 정결한 마음으로 주님을 뵈올 수 있겠습니까?

남들은 그 좋지 못한 습관을 너무나 쉽게 정리하고 아름다운 믿음의 길을 걸어가고 있는데, 이 죄인은 습관의 노예가 되어 신앙인으로서 부끄러움만 더하고 있나이다.

이 잘못된 습관으로부터 자유함을 얻기 위하여 작정 기도도 해보았고, 금식 기도도 해보았습니다.

| 참고 성구 |
시 7:9; 롬 8:35; 갈 5:16; 엡 4:27, 5:18

　기도원에 올라가서 주님께 밤낮으로 부르짖어보기도 하고 강청하기도 해보았습니다. 그러나 몸서리치도록 지겨운 습관으로부터 자유함을 얻지 못하고 아직까지 질질 끌려 다니고 있나이다.
　가족들에게도 부끄럽고, 교우들이 알까 봐 겁이 나기도 합니다. 이 죄인을 불쌍히 여겨 주시옵소서. 깨끗한 모습으로 주님을 더욱 정직하고 진실하게 섬기고 싶습니다. 감추고 숨기는 것 없이 솔직 담백한 신앙인의 얼굴을 갖고 싶습니다.
　하나님을 속이고, 사람을 속이는 양심을 잃어버린 사람이 되고 싶지 않나이다. 악습관을 고치기 위하여 수없이 싸워온 이 죄인을 긍휼히 여겨 주시옵소서.
　제 속에 있는 모든 악습관들을 성령의 불로 태워 주셔서 다시는 제 마음을 주장하지 못하게 하시옵소서. 성령의 열매를 거둘수 있는 성령의 사람이 되게 하여 주시고, 주님의 뜻을 따를 수 있는 믿음의 사람이 되게 하여 주시옵소서. 답답한 마음으로 간절히 애원합니다. 고쳐 주시옵소시.
　예수 그리스도의 이름으로 기도합니다. 아멘.

설교시간에 졸음이 쏟아질 때

(시 95:7)

"그는 우리의 하나님이시요 우리는 그가 기르시는 백성이며 그의 손이 돌보시는 양이기 때문이라 너희가 오늘 그의 음성을 듣거든."

말씀으로 천지 만물을 창조하시고 주관하시는 하나님 아버지!
연약하고 부족한 저를 항상 사랑으로 함께 하시고, 은혜로 이끄심을 감사합니다.
구원에 이르는 진리의 말씀을 잘 깨달을 수 있도록 이 죄인에게 계시된 주님의 말씀을 주셨지만 너무나 미련하고 둔하여 잘 듣지를 못합니다.
예배시간에 은혜의 말씀을 집중해서 들어야 하는데 졸음이 쏟아져서 목사님의 설교를 제대로 듣지 못하고 있습니다. 아무리 졸지 않으려고 애를 써도 저의 의지와는 상관없이 눈이 감기고, 고개조차 가누지 못할 때가 많습니다.
주여!
"믿음은 들음에서 나며 들음은 그리스도의 말씀으로 말미암았느니라"(롬10:17)고 하였는데 이 말씀에 대하여 귀가 닫혀 있으니 언제 믿음이 자라겠습니까?
이 못난 죄인을 불쌍히 여겨주시고 이 죄인의 어두운 영혼을 밝혀 주셔서 주님의 말씀을 잘 듣고 잘 깨달을 수 있도록 이끌어 주시옵소서.

| 참고 성구 |
삼상 3:9,11, 12:15; 대상 28:2; 시 119:105; 사 1:10; 렘 5:21;
전 5:1, 6:9; 슥 7:13; 마 13:19; 행 13:44; 엡 6:19

　말씀에 대한 깨달음이 없으니 맡은 직분인들 제대로 감당할 수 있겠나이까? 주님이 맡기신 직분은 은혜로 감당해야 하는데 체면 때문에 마지못해 억지로 감당하고 있으니 주님 앞에 죄만 더할 뿐입니다. 또한 이 죄인이 말씀 듣는 불량한 태도 때문에 다른 교우들도 실족할까 두렵습니다.
　주여!
　이 죄인에게 주의 영을 충만케 하여 주시어서 말씀을 들을 수 있는 귀를 열어 주시옵소서. 신앙의 연조만 깊어지는 것이 아니라 주님의 말씀에 대한 깨달음이 깊어질 수 있게 하여주시고, 말씀을 들을 때마다 감격이 넘치게 하여 주시옵소서.
　말씀을 통하여 이 죄인의 심령을 기경하시는 주님의 은혜를 누리게 하여 주시고, 변화시키시는 주님의 손길을 체험케 하여 주시옵소서. 그리하여 말씀의 지배를 받는 삶이 되게 하여주시고, 그리스도의 장성한 분량에까지 이를 수 있게 하여 주시옵소서. 우리 주 예수 그리스도의 이름으로 기도합니다. 아멘.

전도하기 위하여

(막 16:15)

"또 이르시되 너희는 온 천하에 다니며 만민에게 복음을 전파하라."

우리의 구원과 생명이신 주님!

영원히 죽을 수밖에 없는 인류의 죄를 대속하시기 위하여 십자가에 죽으셨다가 사망권세를 이기시고 부활하심으로 우리에게 영원한 생명을 주신 주님께 감사와 찬송과 영광을 돌립니다.

주님의 죽으심과 부활하심으로 제가 살고 이제 하나님 나라의 영원한 기업이 제게 있음을 감사 드립니다.

이 못난 죄인을 구원하여 주신 주님!

주님이 저를 먼저 부르셨음은 주님의 복음을 전하게 하려 하심 인줄 믿습니다. 저를 불쌍히 여기신 주님을 본받아 죄 중에 방황하는 영혼들을 불쌍히 여기고 사랑할 수 있는 은혜를 더하여 주시옵소서.

저처럼 반드시 지옥 가서는 안 될 영혼들이 얼마나 많습니까?

반드시 천국 가야만 될 영혼들이 얼마나 많습니까? 성령님께서 저와 함께 하여 주셔서 그들에게 주의 복음을 힘써서 전할 수 있도록 이끌어 주시옵소서.

복음을 전할 때 말로만 전하는 것이 아니라 주님의 능력으로 전할 수 있도록 인도하여 주시고 선한 행실과 본이 되는 생활을 보여

| 참고 성구 |
마 11:1, 12:41; 행 1:8, 5:42; 고전 1:17,21, 2:4-5, 9:14, 갈 1:7,9; 엡 6:19; 골 4:3; 살전 1:5, 2:9; 살후 1:8; 딛 1:3; 벧전 1:12; 계 14:6

줌으로 주님의 아름다움을 보여줄 수 있는 전도자가 되게 하여 주시옵소서. 주님의 사랑에 빚을 진자임을 항상 잊지 않고 복음사역에 모든 것을 드릴 수 있는 종이 되기를 원합니다.

영혼구원을 위해서 라면 물질도 아끼지 않게 하여 주시옵고, 시간도 아끼지 않게 하여 주시옵소서. 몸도 아끼지 않게 하여 주시옵고, 모든 것을 드려 영혼을 구원하는 일에 힘쓰는 전도자가 되게 하여 주시옵소서.

혹 전도의 열매가 없을지라도 낙심치 않기를 원합니다. 전하는 사명은 제게 있고, 그 심령을 변화시키는 것은 주님의 권한에 달려 있사오니 때를 얻든지 못 얻든지 주님의 복된 소식을 알리는데 힘쓰는 전도자가 되게 하여 주시옵소서.

복음 사역을 감당케 하시고 능히 이루시는 예수 그리스도의 이름으로 기도합니다. 아멘.

전도의 열심을 위하여

(골 4:3)

"하나님이 전도할 문을 우리에게 열어 주사 그리스도의 비밀을 말하게 하시기를 구하라 내가 이 일 때문에 매임을 당하였노라."

잃은 양을 찾으시는 구원의 주님!

못난 죄인을 구원하여 주시고 주님의 몸 된 교회를 위하여 구원의 역사를 감당하게 하시며, 복음의 빛과 진리의 등불을 밝히게 하시니 감사합니다.

주님은 영혼 구원의 결실을 맺기를 원하시는데 지금까지 복음을 담대히 외쳐 보지도 못했고, 복음을 위하여 시간과 물질, 몸을 드려 헌신하지 않았음을 솔직히 고백합니다. 복음을 전하기에 태만했던 이 죄인이 용서를 구하오니 긍휼히 여겨주시옵소서.

지금부터라도 영혼 구원을 위한 열정이 타오를 수 있도록 심령의 불을 붙여 주시옵소서. 주님처럼 한 영혼을 사랑하고 불쌍히 여기는 마음이 제 심령 깊숙이 젖어 들게 하시고, 주님의 사랑에 빚진 자임을 늘 깨달아 이 땅에 살아가는 동안 구원의 복을 힘써서 전할 수 있는 전도자의 사명를 감당케 하시옵소서.

주여!

복음 전도의 도구로 합당하게 쓰임 받기 위하여 저의 인격과 삶도 늘 변화되기를 원합니다. 주님을 믿는 자에게나 불신자들에게 늘 주님의 형상을 나타낼 수 있는 변화된 삶의 모습이 있게 하시고,

| 참고 성구 |
마 28:18-20; 막 1:14, 16:15; 행 1:8, 5:42, 8:12, 10:42;
롬 10:15; 고전 1:21-23, 2:4; 빌 1:15-18; 살전 2:9

 말과 행동 속에서도 주님의 형체를 드러낼 수 있는 전도자가 되게 하시옵소서.
 영혼을 사랑하는 마음으로 복음을 전하다가 그 어떤 핍박을 받는다 할지라도 주님의 피 묻은 십자가를 바라보며 위로를 얻게 하시고, 하늘의 상을 바라보며 끝까지 복음전도 사역을 감당할 수 있게 하시옵소서.
 영혼구원을 위하여 늘 기도하기를 원합니다. 영혼 구원에 대한 부담이 심령 속으로 밀려올 때에 한 영혼이라도 사랑할 수 있사오니 영혼구원을 위하여 영혼을 쏟고 마음을 쏟는 기도의 사람이 되게 하여 주시옵소서. 때를 얻든지 못 얻든지 힘써서 전도할 수 있도록 이끌어 주실 것을 믿습니다.
 예수 그리스도의 이름으로 기도합니다. 아멘.

전도가 힘들어 질 때

(고전 9:16)

"내가 복음을 전할지라도 자랑할 것이 없음은 내가 부득불 할 일임이라 만일 복음을 전하지 아니하면 내게 화가 있을 것이로다."

새 생명을 주신 주님!
값없이 주신 주님의 은혜만 생각하면 때를 얻든지 못 얻든지 그 복된 진리를 힘써서 전해야만 하는데 마음만 갖고 있을 뿐 행동으로 옮기지 못하고 있습니다.
오! 주여,
한없이 연약한 이 죄인을 불쌍히 여기사 긍휼을 베풀어주시옵소서. 영혼을 구원하는 전도야말로 우리 주님이 가장 좋아하시고, 기뻐하시는 것이 아닙니까?
주님!
저에게 영혼에 대한 타는 목마름이 있게 하여 주시옵소서. 구령의 열정을 회복시켜 주시고, 복음 전도에 불이 붙게 해주셔서 주님의 복음을 힘써서 전파할 수 있는 전도의 도구가 되게 하여 주시옵소서.
세상이 점점 더 어둠을 향해서 질주하고 있고, 악이 성행함으로 타락이 봇물을 이루고 있는데 이 죄인이 저 죽어 가는 자들의 영혼에 대하여 무관심한 죄를 범치 않게 하여 주시옵소서.
저들의 영혼을 생각할 때마다 주님의 아픔을 느낄 수 있는 종이

| 참고 성구 |
에 4:16; 마 4:19-20, 5:16, 10:19-20;
눅 12:11-12; 행 4:12; 롬 1:16

되게 하여주시고, 택하신 백성을 부르고 계시는 주님의 안타까운 음성을 듣게 하여 주시옵소서. 영혼에 대한 부담이 온통 심령 속으로 파고들어서 나가서 외치지 아니하고는 견딜 수 없는 구령의 열정이 회복 되게 하여 주시옵소서.

오! 주여

주님은 저를 구원하시기 위하여 겟세마네의 차가운 땅바닥에 앉으셨고, 수치스러운 십자가를 지심도 마다 않으셨는데 이 죄인이 주님의 은혜를 망각한 채 제 자신의 구원의 확고성만 지키기 위하여 신앙생활을 한다면 훗날에 주님을 어떻게 대할 수 있겠습니까?

사도바울과 같이 받을 상급을 바라보며 생명 있는 그 날까지 몸과 시간과 물질을 깨뜨려 복음을 전하는 일에 죽도록 충성할 수 있게 도와주시옵소서.

설령 열매가 주어지지 않는다 할지라도 쉬지 않고 주의 복음을 외칠 수 있도록 이끌어 주시옵소서. 생명을 구원하는 일에 모든 것을 드릴 수 있는 종으로 삼아주실 것을 믿사옵고 예수 그리스도의 이름으로 기도합니다. 아멘.

성찬식 참여를 앞두고

(요 6:56)

"내 살을 먹고 내 피를 마시는 자는 내 안에 거하고 나도 그의 안에 거하나니."

사랑의 주님!

저의 죄를 사하시기 위해 험한 십자가를 지신 주님을 생각 할 때마다 그 놀라우신 사랑과 은혜에 감사와 찬송을 올립니다.

저를 대신하여 십자가에서 몸을 찢으시고 물과 피를 흘리셨는데 이 죄인은 주님을 위하여 아무것도 한 것이 없습니다. 이 못난 죄인을 용서하여 주시옵소서.

돌아오는 주일에는 주님의 찢기신 살과 흘리신 피를 기념하는 성찬예식이 있습니다. 그 귀한 성찬예식에 건성으로 참여하게 될까 두려워 주님 앞에 간구합니다.

아무런 감각 없이 성찬예식에 참여하는 죄를 범하지 말게 하여 주시고, 주님의 상처를 진정으로 아파하고 주님의 죽으심을 진정으로 안타까워하며 성찬예식에 참여할 수 있도록 이끌어 주시옵소서.

또한 성찬의 의의가 무엇인지를 깨달아 주님처럼 제 자신을 내어주는 삶이 있게 하여 주시고, 수치와 모욕을 당하시면서도 끝까지 분노를 쏟지 않으셨던 그 인자하심을 본받아 겸손의 삶을 온전히 실천할 수 있는 주의 사람이 되게 하여 주시옵소서.

| 참고 성구 |
요 6:55; 고전 11:23-29

 성찬을 집례하시는 목사님께도 함께 하시기를 원합니다. 성령의 붙드심 아래 성찬을 집례하실 수 있도록 도와주시고, 성찬위원들에게도 그 생각과 중심을 붙들어 주셔서 목사님을 수종들 수 있게 하시옵소서.

 눈물로 회개하며 성찬의 떡과 잔을 받는 은혜의 종이 되게 하여 주실 것을 믿사옵고 예수 그리스도의 이름으로 기도합니다. 아멘.

교회에 나가기 싫어질 때

(시 27:4)

"내가 여호와께 바라는 한 가지 일 그것을 구하리니 곧 내가 내 평생에 여호와의 집에 살면서 여호와의 아름다움을 바라보며 그의 성전에서 사모하는 그것이라."

은혜의 주님!

이 못난 죄인이 주님의 은혜를 먹고살면서도 생각하고 행동하는 것은 주님의 은혜만 져버리는 것들뿐입니다.

특히 요즘 교회 나가기 싫다는 생각이 온통 제 마음을 지배하고 있습니다. 주님께 큰 죄를 짓는것인 줄 알면서도 왜 자꾸만 주님의 은혜에서 멀어지는 방향으로만 끌려가고 있는지 모르겠습니다.

주여!

이 못난 죄인을 불쌍히 여겨 주시옵소서. 이 영혼을 사랑하여 주셔서 주님이 희생하심으로 세우신 교회를 멀리하지 않도록 이끌어 주시기를 원합니다. 교회를 사랑하는 것이 곧 주님을 사랑하는 것 아닙니까?

주님을 사랑하는 마음이 교회를 사랑하는 모습으로 나타날 수 있도록 제 마음을 변화시켜 주시옵소서. 교회 나가기 싫은 것이 얼마나 무섭고 두려운 생각입니까?

주님을 향한 사랑도 식어지고, 주님의 은혜도 단절되고, 영혼의 양식도 끊기는 것이 아닙니까? 믿음도 흔들리고, 열심도 식어지고, 영혼이 병들어 죽게 되는 것 아닙니까?

| 참고 성구 |
대상 29:3; 시 23:6, 84:10; 엡 1:23; 골 1:18,24

주여!

이 죄인을 긍휼히 여겨 주시옵소서. 믿음의 열정을 회복시켜 주시옵소서. 신앙의 뜨거움이 있게 하여 주시옵소서. 교회 나가는 것이 삶의 기쁨과 즐거움이 되게 하여 주시고, 교회에 있는 시간들이 삶에 가장 행복한 시간이 되게 하여 주시옵소서.

교회에서 제가 맡은 직책도 있습니다. 제가 빠지면 안 되는 일도 있습니다. 진실과 성실로 감당할 수 있도록 도와 주시옵소서.

저 때문에 다른 교우까지도 신앙의 피해를 입지 않게 하여 주시고, 실족케 됨으로 넘어지는 일이 없게 하여 주시옵소서. 회복케 하시는 주님의 은총을 믿사옵고 예수 그리스도의 이름으로 기도합니다. 아멘.

미움이 들어올 때

(눅 6:32)

"너희가 만일 너희를 사랑하는 자만을 사랑하면 칭찬 받을 것이 무엇이냐 죄인들도 사랑하는 자는 사랑하느니라."

네 이웃을 네 몸과 같이 사랑하라고 하신 주님!

주님이 벌레만도 못한 저에게 무조건적으로 사랑을 쏟아 부으신 것만 생각하면 사랑에 빚을 진자로서 그 빚을 갚으며 사는 것이 당연한 것인데 이 죄인의 심령 속에는 아직도 사람에 대한 미움으로 가득 차 있는 것을 봅니다.

아무리 상대방을 미워하지 않으려 해도 그 사람에 대하여 조금만 불쾌한 감정이 생겨도 금새 미움으로 바뀝니다. 날마다 미움 앞에 무너지는 제 자신을 봅니다.

주여!

제가 상대방을 미워하는 것은 이해심이 부족하고, 헤아리며, 품어주는 마음이 부족하기 때문이며 더 나아가 아직도 교만으로 똘똘 뭉쳐있기 때문이겠지요.

주여!

어찌할 수 없는 이 죄인을 불쌍히 여기셔서 무조건 사랑할 수 있는 마음을 주시옵소서. 제 마음이 미움에 사로잡혀 있다가 주님까지 미워할까 두렵습니다. 미운감정일랑 조금도 없게 하시고, 누구나 이해하고, 품어주며, 사랑할 수 있게 하여 주시옵소서.

| 참고 성구 |

전 3:8; 암 5:5; 습 3:17; 마 5:43; 눅 6:32 롬 12:9; 고전 13장;
골 3:14; 살전 5:13; 살후 1:3; 벧후 1:7; 요일 4:7

　사랑할 수 없는 사람도 사랑함으로 주님의 형상을 닮아가게 하여 주시옵고, 사랑함으로 주님의 고난을 체험할 수 있는 은혜가 있게 하여 주시옵소서.

　교회에서도 미운 사람이 눈에 보이면 눈이 멀게 해 달라고 기도하게 하여 주시고, 험담하는 말이 귀에 들려오거든 귀를 멀게해 달라고 기도하게 하여 주시옵소서. 미워할 수밖에 없는 사람이 눈에 어른거릴 때마다 제 자신을 온전히 죽여 달라고 기도하게 하여 주시옵소서.

　제게 오직 주님의 사랑만 있게 하시옵고, 주님의 성품만 온전히 닮아가게 하여 주시옵소서. 십자가 위에서 수치와 모욕을 당하시면서도 분노를 쏟지 않으셨던 주님의 그 인자하심을 본받아 이 죄인도 너그러움과 인자로 허리를 동이게 하여 주시옵소서.

　예수 그리스도의 이름으로 기도합니다. 아멘.

교회가 멀리 있을 때

(시 23:6)

"내 평생에 선하심과 인자하심이 반드시 나를 따르리니 내가 여호와의 집에 영원히 살리로다."

사랑이 많으신 하나님 아버지!

죄 많은 저를 천하보다 사랑하셔서 구원 받은 하나님의 백성으로 택하여 주시고, 교회를 통하여 구원의 복된 진리를 배우며 믿음의 길을 달려갈 수 있도록 인도하심을 감사드립니다. 더욱 주님을 사모하게 하여 주시고, 더욱 주님을 따를 수 있는 삶이 되게 하여 주시옵소서.

주님!

교회가 멀리 있음으로 인하여 주님의 몸 된 교회를 섬기는데 많은 어려움을 겪고 있지만 뜻을 정하여 주님의 몸 된 교회를 위하여 충성하는 마음이 변치 않기를 위하여 간구합니다.

먼 거리에서도 한결 같이 주님의 몸 된 교회를 섬기는데 조금도 부족함이 없도록 제 믿음을 굳게 하여 주시옵고, 더욱 뜨거운 마음으로 봉사하고 헌신할 수 있도록 이끌어 주시옵소서.

때때로 교회를 가고 싶지 않은 유혹이 밀려올 때도 있겠지만 그때마다 성령님이 제 마음을 온전히 주장하여 주셔서 기쁨으로 달려갈 수 있는 발걸음이 되게 하여 주시옵소서. 믿음의 조상 아브라함은 삼일이나 걸리는 먼 길을 달려가서 하남이 정하신 한 산에서

| 참고 성구 |
잠 16:15; 롬 12:11; 골 1:24; 딤전 3:15, 4:16; 히 3:14

제사를 드림으로 온전한 순종과 온전한 믿음을 보인 것을 기억합니다.(창22:1절) 또한 그로 인하여 하나님이 아브라함의 순종을 기쁘게 받으시고 그를 더욱 축복하신 것을 기억합니다.

제가 먼 길을 오가며 주님의 몸 된 교회를 섬길 때, 제게도 아브라함과 같은 믿음과 순종이 보여지게 하여 주시고, 저의 신앙과 믿음을 기쁘게 받으시므로 언제나 풍성한 은혜를 누리는 삶이 되게 하여 주시옵소서.

육신적으로 고달플지라도 나태해지거나 게을러지는 마음이 조금도 없게 하여 주시고, 이러한 신앙의 여정을 통하여 주님의 살아계심과 임재를 더욱 뜨겁게 체험하게 하여 주시옵소서.

한계에 부딪칠 때마다 한계를 뛰어넘는 믿음을 주님께 보일 수 있게 하여 주시고, 믿음으로 승리하는 삶이 되게 하여 주시옵소서. 언제나 하나님을 기쁘시게 하는 자로 살기를 소망하오며 예수 그리스도의 이름으로 기도합니다. 아멘.

이 나라에서는

-아이젠 하워-

주여 비옵나이다. 이나라에서는
선악을 밝히 구별할 수 있는 능력을 주시옵고,
우리의 언행이 법에 의한 정치가 될 수 있도록
힘을 주시옵소서.

국가와 종족과 저마다의 사명에 불실하지는 않았나
하는 마음과 온 국민을 향한 관심이 변하지 않았나
하는 가슴으로 기도하옵니다.

서로 협동하여 정치적 신념을 지키고
우리의 헌법정신아래에서 상호 협력하는
삶을 누리게 하여 주시옵소서.

그래서, 우리의 사랑하는 조국에 이바지하는 일을
능히 감당할 수 있게 하여 주시옵소서.
주님의 영광을 받을어 기도하옵니다.
아멘.

교회, 나라와 민족, 이웃을 위한 기도문

 (1) 교회 부흥을 위하여
 (2) 교회의 성장을 위하여
 (3) 목사님을 위하여
 (4) 초신자를 위하여
 (5) 주일학교 교사를 위하여
 (6) 교회의 각 기관과 부서를 위하여
 (7) 교회의 직분자들을 위하여
 (8) 구역 모임을 위하여
 (9) 다른 교우와 불화할 때
(10) 핍박받는 교우를 위하여
(11) 질병으로 고통 당하는 교우를 위하여
(12) 경제적으로 어려운 교우를 위하여
(13) 낙심한 교우를 위하여
(14) 믿음이 흔들리는 교우를 위하여
(15) 믿음이 식어진 교우를 위하여
(16) 나라와 민족을 위하여
(17) 남북통일을 위하여
(18) 민족 복음화를 위하여
(19) 근로자들을 위하여
(20) 불신 이웃을 위하여
(21) 부모 없는 아이들을 위하여

교회 부흥을 위하여

(행 2:47)

"하나님을 찬미하며 또 온 백성에게 칭송을 받으니 주께서 구원 받는 사람을 날마다 더하게 하시니라."

전능하시고 거룩하신 하나님 아버지!
예수 그리스도 안에서 저희를 택하시고 부르시어 하나님의 거룩한 백성으로 삼으시고 주님의 몸 된 교회를 섬길 수 있도록 큰 은총을 베풀어주심을 감사합니다.

주님의 몸 된 교회가 날로 부흥되기를 위하여 기도합니다. 요즈음 성도의 숫자가 날로 줄어들고 있고, 문을 닫고 있는 교회가 점차 많아지고 있다고 합니다. 저희 교회도 부흥이 일어나고 있지 않고 있습니다.

주님을 위한 열정이 사라진 지 이미 오래되었고, 성도들 간의 뜨거운 교제와 주님을 향한 감격의 찬양이 식어진 지 이미 오래 되었습니다. 외식적이고 형식적인 신앙으로 기울어지고 있고, 독선적이고 이기적인 신앙의 형태가 만연되어 가고 있습니다.

자신의 구원의 확고성만을 지키기 위하여 교회를 찾을 뿐, 주님을 위하여 몸을 깨뜨려 충성하고자 하는 사람은 극히 소수에 불과할 뿐입니다.

주여!
주님의 교회에 부흥을 허락하여 주시옵소서. 그 동안 주님의 몸

| 참고 성구 |
사 6:1-8; 마 13:31,31, 28:18-20; 막 16:17,18; 행 1:8

된 교회를 위하여 아무것도 하지 않으려고 했고, 드리려고 하지 않았던 자신의 심령상태를 안타까워하며 영혼을 쏟고 마음을 쏟는 회개가 있게 하여 주시고, 심령의 부흥을 위하여 주님의 은혜를 갈망하는 역사가 있게 하여 주시옵소서.

교회의 지체인 주님의 백성들의 심령에 부흥이 있어야 교회도 부흥되는 줄 믿습니다. 부흥은 주님이 주시는 것인 줄 믿습니다. 이대로 두지 마시옵고, 주님의 몸 된 교회의 부흥을 위하여 각 심령마다 부흥을 허락하여 주시옵소서.

　죄에 대한 깨달음이 있게 하여 주시고, 은혜에 대한 갈급함이 있게 하여 주시옵소서. 그리하여 주님의 몸 된 교회가 저 죽어가는 생명을 구원하는 구명선으로서의 역할을 잘 감당할 수 있는 교회가 되게 하여 주시고, 사단의 권세를 무력화시키고 하늘나라의 지평을 확장해 가는 복음의 전진기지가 되게 하여 주시옵소서.그리하여 주님의 다시 오심을 예비할 수 있는 교회가 되게 하여 주시옵소서.

　예수 그리스도의 이름으로 기도합니다. 아멘.

교회의 성장을 위하여

(딤전 3:15)

"만일 내가 지체하면 너로 하여금 하나님의 집에서 어떻게 행하여야 할지를 알게 하려 함이니 이 집은 살아 계신 하나님의 교회요 진리의 기둥과 터니라."

교회의 머리가 되시는 주님!

저희 교회를 이 지역에 세워 주시고 주님의 은혜 가운데 든든히 서가게 하심을 감사 드립니다.

또한 온 교우들이 한마음 한 뜻이 되어 주님의 몸 된 교회를 잘 섬길 수 있도록 이끌어 주심을 감사 드립니다.

그리고 온 교우들이 교회에서 가르침을 받은 대로 주님의 말씀을 따라 진리 위에 굳게 서서 살아갈 수 있도록 인도하시니 감사합니다.

주님의 교회를 위하여 간구합니다.

항상 말씀이 충만한 교회가 되게 하여 주시옵소서. 인생에 지친 심령들이 말씀을 통하여 새 힘을 얻는 교회가 되게 하여 주시고, 갈한 심령마다 주님의 흘러 넘치는 은혜를 체험할 수 있는 교회가 되게 하여 주시옵소서.

항상 사랑이 넘치는 교회가 되게 하여 주시옵소서. 증오와 미움이 가득한 사람일지라도 교회에 발을 들여놓기만 하면 사랑과 용서의 사람으로 변화를 체험하는 교회가 되게 하여 주시옵소서. 항상 모이기에 힘쓰는 교회가 되게 하여 주시옵소서.

| 참고 성구 |
갈 1:22; 엡 1:22, 2:21, 4:16, 5:29; 골 1:18; 살전 2:14; 벧전 2:5

　함께 모여 말씀을 상고하고 떡을 떼므로 천국의 아름다움을 보여줄 수 있는 교회가 되게 하여 주시옵소서. 항상 깊이 있는 기도가 있는 교회가 되게 하여 주시옵소서. 누구나 이곳에서 기도하면 주님의 음성을 듣기도 하며 주님의 능력을 체험할 수 있는 교회가 되게 하여 주시옵소서.

　항상 찬송과 감사가 넘치는 교회가 되게 하여 주시옵소서. 뜨거운 찬송으로 하늘의 문도 열 수 있는 교회가 되게 하여 주시고, 온전한 감사로 믿음의 역사를 이룰 수 있는 교회가 되게 하여 주시옵소서.

　항상 구제하는 교회가 되게 하여 주시옵소서. 연약한 이웃에게 힘이 되고, 실패한 이웃들에겐 희망을 줄 수 있는 교회가 되게하여 주시옵소서.

　항상 선교하는 교회가 되게 하여 주시옵소서. 주님의 구원의 소식을 힘을 다하여 전하므로 주님이 분부하신 명령을 잘 수행하는 교회가 되게 하여 주시옵소서.

　예수 그리스도의 이름으로 기도합니다. 아멘.

목사님을 위하여

(빌 2:16)

"생명의 말씀을 밝혀 나의 달음질이 헛되지 아니하고 수고도 헛되지 아니함으로 그리스도의 날에 내가 자랑할 것이 있게 하려 함이라."

사랑이 풍성하신 하나님 아버지!

목사님을 통하여 하늘 나라의 진리를 배우고 양육 받게 하여 주시니 감사합니다. 목사님을 영육간에 강건케 하셔서 주님의 몸 된 교회와 양 무리들을 위하여 맡은바 직임을 감당하시는데 조금도 피곤치 않게 붙들어 주시옵소서.

목양 하시는데 사람을 의식하지 않게 하여 주시고, 오직 하나님의 영광만을 위하여 힘쓰실 수 있도록 인도하여 주시옵소서. 오직 주님의 나라와 그 의를 위하여 귀하게 쓰임 받는 목사님이 되게 하여 주시고, 사람을 기쁘게 하기보다는 하나님을 기쁘시게 해드릴 수 있는 목사님이 되게 하여 주시옵소서.

말씀을 준비하실 때 지혜와 능력을 더하여 주셔서 양 무리에게 신령한 꼴을 먹이게 부족함이 없게 하여 주시고, 예수님의 구원의 은총과 천국의 능력을 나타내기에 조금도 부족함이 없게 하여 주시옵소서.

목사님이 외로우실 때 주님이 따뜻한 벗이 되어 주시고, 힘들고 지치셨을 때 위로와 큰 용기를 더하여 주시옵소서. 아무도 알아주는 이 없다고 할지라도 복음을 위해 기꺼이 걸어가실 수 있는 목사

| 참고 성구 |

느 1:5; 시 90:16; 욜 2:29; 마 24:45, 25:21; 막 8:34;
눅 19:17; 고전 7:23; 딤후 2:24; 딛 1:1-3

님이 되게 하여 주시고, 하늘의 상급을 바라보며 힘차게 달려가실 수 있도록 새 힘을 더하여 주시옵소서. 충성과 성실로 겸손과 온유로, 사역을 감당하실 때 주님을 닮아 가는 종이 된 것을 인하여 그 마음속에서 기쁨의 가락이 울려 나게 하여 주시고 넘치는 감사가 있게 하시옵소서.

목사님의 가정도 큰 은혜로 함께 하시기를 원합니다. 사모님께도 더욱 큰 능력으로 함께 하셔서 목사님을 내조하시는데 조금도 부족함이 없게 하여 주시고, 마음 괴롭고 아픈 일이 찾아올 때 영광의 주님을 바라보며 평안과 위로를 얻게 하시옵소서.

자녀들도 주님이 직접 돌보아 주시고 키워 주셔서 주님께 귀하게 쓰임 받는 그릇들이 되게 하여 주시옵소서. 목사님의 가정에 날마다 생활의 필요를 공급하여 주셔서 양 무리들을 성심을 다해 돌보는데 어려움이 없게 하여 주시옵소서.

예수 그리스도의 이름으로 기도합니다. 아멘.

초신자를 위하여

(롬 10:17)

"그러므로 믿음은 들음에서 나며 들음은 그리스도의 말씀으로 말미암았느니라."

사랑이 많으시고 거룩하신 하나님 아버지!

죄 짓고 불의하고 추악하고 버림받아 마땅한 저희들을 주님의 은혜로 수렁에서 건져내고 새사람이 되게 하시니 감사합니다.

이제 신앙의 걸음마를 시작하고 있는 초신자를 위하여 기도하기를 원합니다. 신앙이 성장하려면 말씀을 듣는 기회가 많아야 되는 줄 압니다. 주일예배나 주중예배에 빠지지 않도록 성령님이 그 마음을 주장하여 주시옵고, 말씀을 사모함으로 성경을 읽을 수 있도록 그 생각을 열어 주시옵소서.

교회에서 초신자들의 신앙성숙을 위하여 성경을 공부할 수 있는 프로그램도 실시하고 있습니다. 그 마음에 진리의 말씀을 배우고자 하는 의욕을 허락하여 주셔서 체계적인 양육을 받을 수 있도록 은혜 내려 주시옵소서.

말씀을 대하는 기회가 많아짐에 따라 삶의 놀라운 변화가 있게 하여 주시고, 어린아이와 같은 믿음이 점차 성숙하여 장성한 신앙을 갖출 수 있게 하여 주시옵소서.

그리하여 주님을 모를 때처럼 세상일에 우선권을 두고 사는 모습이 아니라, 주님을 우선권에 두고 사는 삶이 되게 하여 주시고,

| 참고 성구 |
눅 5:32; 요 1:12, 14:27; 행 4:12; 고전 3:2; 엡 4:22

 세상일로 인해서 기쁨을 구하기 보다는 주님이 채우시는 평강으로 하늘의 기쁨을 맛보며 사는 삶이 되게하여 주시옵소서.
 사탄의 유혹에 걸려 넘어지지 않도록 늘 하나님 중심적이며, 말씀 중심적인 삶을 살 수 있도록 성령님이 이끌어 주시옵소서.
 영혼 구원에 대한 소중함도 알게 하여 주셔서 가족은 물로 이웃의 불신자들도 주님께로 인도할 수 있는 전도의 사명을 감당할 수 있게 하여 주시옵소서.
 교회 봉사에도 관심을 갖게 하셔서 주님이 귀히 쓰시는 훌륭한 일꾼으로 성장하기에 부족함이 없게 하여 주시옵소서.
 날마다 새롭게 하시는 주님의 사랑과 은혜를 체험하는 삶이 되게 하여 주실 것을 믿사옵고 예수 그리스도의 이름으로 기도합니다.
 아멘.

주일학교 교사를 위하여

(딤전 4:16)

"네가 네 자신과 가르침을 살펴 이 일을 계속하라 이것을 행함으로 네 자신과 네게 듣는 자를 구원하리라."

은혜로우신 하나님 아버지!

택한 백성에게 항상 좋은 것을 주시되 풍성히 주시며 생명을 얻되 넘치도록 얻게 하심을 감사하오며 찬양 드립니다. 또한 주님의 몸 된 교회를 사랑하셔서 각 기관과 부서를 세우시고 든든히 서갈 수 있도록 축복하심을 감사드립니다.

주님!

특별히 교회학교를 지도하고 있는 선생님들을 위하여 기도합니다. 주님이 맡겨주신 귀한 생명들을 주님의 귀한 말씀으로 잘 가르치고 양육할 수 있는 선생님들이 되게 하시기를 원합니다.

주님이 맡겨주신 귀한 직분과 사명을 건성으로 감당하는 선생님들이 되지 말게 하시고, 충실히 감당할 수 있는 선생님들이 되게 하여 주시옵소서.

행여 무의식중에라도 어린 생명들에게 잘못된 모습을 보임으로 실망을 안겨주거나 상처를 주는 일이 없게 하여 주시고, 어린 심령들에게 언제나 바른 신앙의 모범을 보일 수 있는 선생님들이 되게 하여 주시옵소서.

개인의 영성을 위하여 경건훈련을 게을리 하지 않는 선생님들이

| 참고 성구 |
마 28:20; 행 18:11, 20:20, 28:31; 골 3:16;
딤전 4:9-13; 딤후 2:24; 딛 1:9

되게 하여 주시고, 어린 생명들을 위해서도 항상 기도하는 선생님들이 되게 하여 주시옵소서. 개인의 실력과 능력만 믿고 준비를 소홀이 하는 선생님들이 되지 말게 하여 주시고, 언제나 준비된 모습으로 소중한 어린 생명들 앞에 설 수 있는 선생님들이 되게 하여 주시옵소서.

어린 생명들이 자신의 손에 달려 있다는 사실을 기억하여 한 영혼이라도 곁길로 나가지 않도록 잘 보살필 수 있는 선생님들이 되게 하여 주시옵소서. 특별히 열악한 환경 속에서도 교사의 직분과 사명을 잘 감당하고자 힘쓰고 있는 선생님들을 기억하시기를 원합니다.

그들의 수고가 헛되지 않게 하여 주시고, 넘치는 위로와 은혜로 함께하여 주셔서 항상 기쁨이 충만한 삶이 되게 하여 수시옵소서.

예수 그리스도의 이름으로 기도합니다. 아멘.

교회의 각 기관과 부서를 위하여

(엡 4:13)

"우리가 다 하나님의 아들을 믿는 것과 아는 일에 하나가 되어 온전한 사람을 이루어 그리스도의 장성한 분량이 충만한 데까지 이르리니."

사랑의 주님!

주님의 몸인 교회에 각 기관을 세우셔서 든든히 서 갈 수 있도록 인도하심을 감사 드립니다. 주님의 몸 된 교회가 더욱 부흥하는 교회가 되기를 간절히 소망하여 각 기관과 부서를 위하여 기도하기를 원합니다.

먼저 교회학교를 기억하시옵소서. 어릴 때부터 교회생활을 열심히 함으로 키가 자라듯 믿음도 쑥쑥 자랄 수 있도록 붙들어 주시고, 주님 안에서 아름다운 꿈을 키워갈 수 있도록 생각을 지켜 주시옵소서.

학생회를 위하여 기도합니다.

아직 가치관이 미성숙한 때입니다. 길과 진리가 되시고 생명이 되신 우리 주님께서 여리고 연약한 학생들의 마음을 강하게 붙들어 주셔서 주의 법도를 익혀가며 불의에 흔들리지 않고 주님께 영광 돌리는 믿음의 사람으로 성장할 수 있도록 도와 주시옵소서.

청년회를 위하여 기도합니다.

젊을 때에 주님을 위하여 더욱 헌신할 수 있는 청년들이 되게 하여주시고, 모든 일에 성실한 자세를 잃지 아니함으로 존귀한 사람

| 참고 성구 |
출 15:21; 대상 6:31-32; 대하 20:19; 욥 36:24; 시 110:3; 전 11:9-10;
마 11:25, 18:2-6, 19:13-15; 막 9:36-37, 10:14-17;
롬 15:9,11; 고전 13:11, 14:20; 엡 4:14, 5:19

으로 불려지기에 합당한 청년들이 되게 하여 주시옵소서.

남, 여 전도회를 위하여 기도합니다.

주님의 영광을 위하여 선한 청지기의 삶을 살 수 있도록 인도하여 주시고, 주님의 몸 된 교회를 위하여 교우를 섬기고 교우를 위로하는 봉사와 헌신에 몸을 드릴 수 있는 회원들이 되게 하여 주시옵소서.

또한 주님이 분부하신 지상 명령을 잘 받들어 전도에 힘을 씀으로 영혼이 구원되는 믿음의 열매를 풍성히 맺는 남녀 전도회가 되게 하여 주시옵소서.

성가대를 위하여 기도합니다.

성가 대원들이 다 성령 충만하여 인간의 자랑이나 즐거움이 아니라 성령으로 말미암아 지극히 높으신 하나님을 높이고 경배하며 하나님을 영화롭게 하는 찬양을 드리게 하시옵소서.

예수 그리스도의 이름으로 기도합니다. 아멘.

교회의 직분자들을 위하여

(마 25:21)

"그 주인이 이르되 잘하였도다 착하고 충성된 종아 네가 적은 일에 충성하였으매 내가 많은 것을 네게 맡기리니 네 주인의 즐거움에 참여할지어다 하고."

사랑이 많으시고 자비로우신 하나님 아버지!
예수 그리스도의 보배로운 피로 값 주고 사신 교회에 성령으로 말미암아 하나님의 구원과 복의 은혜를 충만하게 부어주심을 감사드리고 찬양합니다.

오늘도 주님의 몸 된 교회를 통해 모든 권속들의 영혼과 생활에 하나님 나라의 통치가 임함을 믿습니다. 천국의 능력이 모든 권속들에게 충만히 임하게 하여 주시옵소서.

교회의 직분자들을 위하여 간구합니다

주님의 거룩한 피흘림이 있었기에 오늘 저희가 여기 있게 되었고 주님의 희생사역이 있었기에 오늘 저희들이 주님이 쓰시는 영광된 일꾼으로 부름 받게 된 것을 믿습니다.

주님이 맡기신 영광된 직분에 열과 성을 다하여 충성되고 헌신된 직분자들이 되게하여 주시고, 주의 종을 위하여 기도하며 사역을 돕는 직분자들이 되게 하여 주시옵소서.

주님의 교회를 위하여 주님께 충성하듯 믿음의 권속들을 위하여 시중드는 직분자들이 되게 하여주시고 어렵고 힘든 일일수록 앞장서서 일할 수 있는 직분자들이 되게 하여 주시며, 주님을 기쁘시게

| 참고 성구 |
마 24:25; 눅 16:10, 19:17; 고전 4:2; 갈 5:22;
딤전 3:11; 딛 2:10; 히 3:5; 계 2:10

하는 일이라면 불 속에라도 들어갈 수 있는 직분자들이 되게 하여 주시옵소서.

또한 주님의 몸 된 교회를 든든히 세우는 일꾼들이 되게 하여주시고 주님의 향기를 드러내는 일이라면 물질도 아끼지 않고 깨뜨릴 수 있는 일꾼들이 되게 하여 주시옵소서.

"인자가 온 것은 섬김을 받으려 함이 아니라 도리어 섬기려 하고 자기 목숨을 많은 사람의 대속물로 주려 함이니라"(마20:28)고 하셨사오니 언제나 자기를 낮추게 하시고, 언제나 겸손하게 하시옵소서.

믿음이 연약한 자를 사랑으로 이끌어 주며, 고난 중에 있는 형제를 위해 기도하고 권면하고 도와주는 일에 열심을 다하게 하여 주시옵소서. 언제나 사랑과 은혜로 충만한 직분자들이 되게 하여 주실 줄 믿사옵고 예수 그리스도의 이름으로 기도합니다. 아멘.

구역 모임을 위하여

(마 13:33)

"또 비유로 말씀하시되 천국은 마치 여자가 가루 서 말 속에 갖다 넣어 전부 부풀게 한 누룩과 같으니라."

사랑의 주님!

구역모임을 갖게 하셔서 가정마다 주님께 예배하는 가정교회로 축복하심을 감사합니다. 주님이 축복하신 이 가정 예배 처소를 소홀히 하지 않는 권속들이 되게 하여 주시옵소서.

자비로우신 주님!

저희 교회에 속한 구역을 위하여 기도하기를 원합니다. 시대가 악하여 갈수록 모이기에 힘쓰는 것이 둔화되어가고 있습니다.

주님의 교회도 예배드리는 것이 점차 둔화되어가고 있고, 구역 모임도 모임을 갖는 구역이 점차 줄어들고 있습니다.

"모이기를 폐하는 어떤 사람들의 습관과 같이 하지 말고 오직 권하여 그 날이 가까움을 볼수록 더욱 그리하자"(히10:25)는 주님의 말씀을 생각할 때 너무도 안타깝고 부끄럽습니다.

주님!

이 악하고 패역한 때에 믿음을 강화하고 지키기 위하여 더욱 힘써서 모이는 구역원들이 되게 하여 주시고, 악한 사단의 꾐임에 넘어가지 않도록 성령의 음성에 귀 기울이는 구역원들이 되게 하여 주시옵소서. 구역 모임을 가질 때마다 주님의 사랑과 은혜가 더욱

| 참고 성구 |
막 16:20; 행 2:42,47

넘쳐 나게 하시옵고 주님의 몸 된 교회를 세우고 가정을 세우는 구역모임이 되게 하여 주시옵소서. 특별히 구역을 통하여 주변에 믿지 않는 사람들에게 구원의 문이 열려지게 하여 주시고, 구역원들 모두가 복음증거에 힘쓰는 뜨거움이 있게 하여 주시옵소서.

구역을 책임지고 있는 구역의 지도자들을 붙들어 주셔서 주님의 사랑으로 구역 식구들을 돕고, 격려하며 믿음으로 이끌어줄 수 있는 지도자들이 되게 하여 주시옵소서.

또한 구역원들마다 성령의 능력과 은사를 충만하게 부어주셔서 주님의 일에 적극적으로 헌신 봉사할 수 있는 일꾼들이 되게 하여 주시옵소서. 그로인해 가정 같은 교회, 교회 같은 가정의 모습이 나타나게 하여 주시옵소서.

예수 그리스도의 이름으로 기도합니다. 아멘.

다른 교우와 불화할 때

(엡 2:19)

"그러므로 이제부터 너희는 외인도 아니요 나그네도 아니요 오직 성도들과 동일한 시민이요 하나님의 권속이라."

십자가로 화목케 하시고 화평을 이루신 주님!

지금 이 못난 죄인이 십자가의 원수가 되는 행동을 하고 있습니다. 다른 교우와 연합하여 주님의 몸 된 교회를 섬기고 주님의 뜻을 높이는 삶을 살아야 하는데 교우와 불화한 상태에 있으니 이것이 어찌 십자가의 원수가 되는 행동이라 말하지 않을 수 있겠습니까?

주여!

십자가의 원수로 행하는 이 못난 죄인을 용서하여 주시옵소서. 다른 교우와 잘 해보려고 몇 번이고 다짐을 하고 또 다짐을 하는데도 이 죄인이 아직도 온전히 죽지 못하여 십자가의 원수로 행하고 있나이다.

주여!

이 죄인이 아직도 시퍼렇게 살아있나이다. 이죄인의 잘못된 성품을 수술하여 주시고, 이 죄인의 잘못된 성격을 고쳐주시옵소서.

이 죄인으로 인하여 다른 교우가 은혜 받지 못하고, 주님을 멀리하고, 교회를 멀리하게 된다면 얼마나 주님의 마음을 괴롭게 하고 아프게 하는 것입니까?

주님의 십자가의 피로 이 죄인에게 있는 모든 쓴 뿌리들을 완전

| 참고 성구 |
잠 16:32; 마 5:9, 23-24, 9:13; 롬 12:18-21; 갈 5:19-20;
엡 4:25-27; 딤전 6:3-4; 히 2:11; 약 3:18; 벧전 5:8

히 녹여 주셔서 주님의 몸 된 교회를 위하여 제 자신을 온전히 드릴 수 있는 믿음의 종이 되게 하여 주시옵소서.

다른 교우와 불협화음이 발생하면 제가 먼저 손 내밀게 하여주시고, 제가 먼저 화해하게 하여주시고, 제가 먼저 용서하게 하여 주시고, 제가 먼저 져줄 수 있게 하시옵소서.

다른 교우를 이해하고, 높여주고, 섬기는 일에 익숙해지게 하여 주시옵소서. 주님을 위해서라면 철저히 낮아지는 자리에 있게 하여 주시고, 손해 보는 자리에 있게 하여 주시옵소서.

주님의 형상을 온전히 닮아가는 이 죄인이 되게 하시옵고, 주님이 지신 수치의 십자가가 영광의 십자가가 되게 하여 주시옵소서.

예수 그리스도의 이름으로 기도합니다. 아멘.

핍박받는 교우를 위하여

(마 5:10)

"의를 위하여 박해를 받은 자는 복이 있나니 천국이 그들의 것임이라."

전능하신 하나님 아버지!

하나님의 구원하심과 능력을 찬양합니다. 세상의 핍박과 유혹 가운데서 날마다 저희를 지켜 주시고 승리를 주시는 하나님께 감사와 찬송을 드립니다.

주님!

신앙의 핍박을 받고 있는 OO 교우를 위하여 기도합니다.

OO 교우에게 위로와 평강을 주시고, 담대한 믿음을 주시옵소서. 부름 받고 주님 앞에 나온 지 얼마 되지 않은 때에 남편의 반대와 핍박으로 신앙의 위기를 맞게 되었습니다.

처음 겪게 되는 신앙의 핍박으로 인하여 이제 막 자라기 시작한 믿음의 싹이 시들어지지 않기를 원합니다. 그 심령에 심겨진 믿음의 씨앗을 결코 상하지 않게 하시는 주님이심을 믿습니다.

넘어지거나 실족치 않게 하여 주시고, 이겨낼 수 있는 담대함을 주시고, 승리할 수 있도록 믿음을 강화시켜 주시옵소서.

이번 계기를 통하여 더욱 성숙된 믿음의 자리로 나아갈 수 있게 붙들어 주시고, 고난과 시련 속에서 피울 수 있는 믿음의 꽃이야말로 그리스도의 진한 향기를 발할 수 있음을 깨닫게 하여 주시옵소서.

| 참고 성구 |
욥 23:10; 마 5:44, 24:13; 행 4:22, 5:41; 딤후 4:12; 히 11:25, 12:2

　성경을 읽으며 환난과 핍박 중에도 신앙을 지켰던 믿음의 선배들을 만나며 위로를 얻게 하여 주시고, 끝까지 견디는 자는 더욱 큰 주님의 구원하심과 능력을 체험할 수 있다는 사실을 느낄 수 있게 하여 주시옵소서.
　눈물의 기도를 통하여 주님의 음성을 들을 수 있는 계기가 되게 하여 주시고, 말로만 듣던 하나님을 직접 눈으로 보게 되는 믿음의 눈이 열려지게 하여 주시옵소서.
　○○ 교우의 남편과 가족들을 위해서도 기도합니다. 어서 속히 그들의 어두운 눈을 열어 주시어서 ○○ 교우와 함께 하고 계시는 주님을 볼 수 있게 하여 주시고, 회개하고 주님 앞에 돌아올 수 있도록 구원의 은혜 베풀어 주시옵소서.
　그 가정을 사랑하고 계심을 믿습니다. 온 가족이 예수님을 영접하고 주님의 구원의 은혜가 넘치는 복된 가정이 되게 하여 주실 것을 믿습니다. 합력하여 선을 이루시는 하나님이 주님께 영광이 되도록 인도하실 것을 믿습니다.
　예수 그리스도의 이름으로 기도합니다. 아멘.

질병으로 고통 당하는 교우를 위하여

(약 5:15)

"믿음의 기도는 병든 자를 구원하리니 주께서 그를 일으키시리라 혹시 죄를 범하였을지라도 사하심을 받으리라."

사랑의 하나님 아버지!

주님은 재앙을 내리기도 하시고 거두기도 하시는 분이심을 믿습니다. 병들게도 하시고 낫게도 하시는 분이심을 믿습니다.

간구 하옵기는 OO 교우가 뜻하지 않은 질병으로 고통을 당하고 있습니다. 저희들은 OO 교우에게 향하신 주님의 뜻이 무엇인지 전혀 알지를 못하오나 OO 교우가 뜻하지 않은 질병으로 고통 당할 때 세상의 기준으로 자기를 판단하여 낙심하지 말게 하시옵고, 오히려 고통 속에 숨겨진 하나님의 뜻을 찾는데 힘쓸 수 있는 OO 교우가 되게 하시옵소서.

질병 중에 있을 때 인생의 모든 것과 바꿀 수 있는 영원한 보물을 찾고 기뻐하며 믿음 위에 더욱 굳게 설 수 있는 OO 교우가 되게 하여 주시옵소서. 언제까지일지는 모르오나 질병으로 인하여 비록 몸은 고통스럽고 불편한 가운데 있을지라도 주님의 강한 빛을 늘 받게 하시고, 성도의 기쁨을 누리게 하시옵소서.

또한 육신이 건강한 사람과 비교함으로 낙심가운데 처하지 않게 하여 주시고, 고통 가운데서 하나님이 바라시는 것이 무엇인지 그 뜻을 영혼 깊숙이 깨닫게 되는 은혜가 있게 하여 주시옵소서.

| 참고 성구 |
출 23:25; 욥 23:10; 시 41:1-3, 119:67,71;
사 53:6; 마 8:16-17; 롬 8:28; 벧전 2:24

　몸의 불편함을 불평하는 대신 ○○ 교우가 가지고 있는 능력으로 주님의 뜻을 나타낼 수 있는 은사를 찾게 되기를 원합니다.
　질병도 그 가운데서 주님의 영광을 나타낼 수 있다면 불행이 아니라 복이요, 재앙이 아니라 주님이 주신 은사임을 깨닫습니다.
　이제 의사를 통하여 치료를 받을 때에 하루 빨리 회복될 수 있도록 은혜를 베풀어 주셔서, 장기적으로 병원에 입원하는 일이 없게 하여 주시고, 병을 이겨낼 수 있도록 도와 주시옵소서.
　만병의 의원이시고 치료자이신 예수 그리스도의 이름으로 기도합니다. 아멘.

경제적으로 어려운 교우를 위하여

(고후 8:9)

"우리 주 예수 그리스도의 은혜를 너희가 알거니와 부요하신 이로서 너희를 위하여 가난하게 되심은 그의 가난함으로 말미암아 너희를 부요하게 하려 하심이라."

만복의 근원이 되시는 하나님 아버지!

예수님의 십자가 보혈의 공로로 저희의 모든 죄악과 저주와 질병과 가난을 속량하시고 영생과 치료와 복으로 채우심을 감사 드립니다.

주님!

예수 그리스도께서 부요하신 자로서 가난하게 되심은 그의 가난함을 인하여 저희를 부요케 하려 하심이라고 하셨습니다. 물질의 어려움을 당하고 있는 ○○ 교우를 생각할 때 그 가정을 묶고 있는 가난이 너무도 안타깝기만 합니다.

가난함 가운데서도 주님께 영광 돌릴 수 있는 삶을 살 수만 있다면 그 영광이 부자가 돌리는 영광에 조금도 부족함이 없다는 것을 깨닫습니다. 하오나 물질로 인하여 그 고통이 너무 오래 지속되다 보니 가난이 그 가정을 묶고 있는 저주처럼 느껴질 때도 있습니다.

그러나 이미 주님께서 피로 값 주고 사신 주님의 백성들에게는 모든 저주에서 해방 받았음을 알고 있습니다. 모든 것을 다 하실 수 있는 주여, 하실 수 있거든 ○○ 교우의 가정을 불쌍히 여겨주셔서 물질의 은사를 더하여 주시옵소서.

| 참고 성구 |
창 1:28, 8:17, 12:2; 출 23:25; 레 26:9; 민 10:29; 신 6:3,24;
대상 4:10; 욥 22:21; 시 2:12, 16:2, 21:6; 잠 10:6, 11:28;
렘 17:7; 말 3:10; 눅 11:28; 갈 3:9; 빌 4:7; 히 6:14

　○○ 교우가 매일 새벽마다 눈물로 기도하고 있고, 사랑하시는 자에게 좋은 것을 아낌없이 주시는 좋으신 주님의 은총을 바라보고 있습니다. 혹여 ○○ 교우가 가난함으로 인하여 시험 드는 일이 없게 하여 주시고, 차별 없으신 주님의 사랑을 의심하는 자리까지 나아가지 않도록 필요한 물질을 더하여 주시옵소서.
　그 가정에 걱정과 염려가 다 떠나고 평안과 믿음이 꽉 들어차게 하셔서 주님을 위하여 사는 즐거움이 더 없는 행복이 되게 하여 주시옵소서.
　주님께 죽도록 충성할 수 있는 가정이 되게 하여 주시고, 교회에서 봉사하는 일에도 적극참여 할 수 있도록 도와주시옵소서.
　어려움 가운데서도 성실하게 일하며 주님을 소망하며 꿈을 가지고 있는 그 가정을 주님이 넘치는 복으로 함께하여 주실 것을 믿사옵고 예수 그리스도의 이름으로 기도합니다. 아멘.

낙심한 교우를 위하여

(히 2:18)

"그가 시험을 받아 고난을 당하셨은즉 시험 받는 자들을 능히 도 우실 수 있느니라."

전능하신 하나님 아버지!
예수 그리스도를 통하여 저희를 구원하시고 늘 보호 하여 주시며 은혜의 길로 인도하여 주심을 감사 드립니다. 이제 영원한 나라를 바라보며 믿음으로 나아가는 저희들을 굳세게 붙들어 주셔서 좌로 나 우로나 치우치지 않게 하여 주시옵소서.

긍휼이 많으신 주님!
실망하고 낙심가운데 놓여 있는 교우를 위하여 간구합니다.
○○ 교우를 불쌍히 여기시고, 긍휼히 여기셔서 상처 난 마음을 치료하여 주시옵소서. 이번 일로 인하여 마음이 몹시 상하여 있고 그토록 주님을 잘 믿었는데 왜 자신에게 이런 시련과 아픔이 찾아 왔는지를 이해할 수 없다고 괴로워하고 있습니다.
우리 주님이 그 마음을 밝혀주셔서 하늘이 땅보다 높음같이 하나님의 생각은 인간의 생각보다 높으시다는 것을 깨달을 수 있게 하여 주시고 하나님의 선하심과 인자하심을 깨달아 합력하여 선을 이루시는 하나님의 손길을 느낄 수 있게 하여 주시옵소서.
이번 일로 인하여 실족하여 넘어진 상태에 있는 것이 아니라 더욱 주님을 힘써 찾으므로 이전에 만나지 못했던 주님을 만나게 하

| 참고 성구 |
사 42:1-5, 105:8; 마 11:28-30; 고후 4:7-12; 빌 4:6

여 주시고, 이전에 듣지 못했던 주님의 음성을 들을 수 있는 은혜가 있게 하여 주시옵소서.

이번에 아픔과 괴로움이 오래도록 머무는 것이 아니라 더욱 성숙된 믿음을 갖도록 하기 위하여 주님이 보내신 천사의 손길임을 알게 하여 주시옵소서.

그의 아픔이 변하여 치료가 되게 하여 주실 것을 믿습니다. 그의 절망이 변하여 소망이 되게 하여 주실 것을 믿습니다. 성령님이 그 마음을 밝혀 주셔서 하나님의 영광을 보게 하여 주실 것을 믿습니다. 믿음의 용기를 주셔서 담대한 믿음으로 이기게 하시고 승리하게 하여 주시옵소서.

의롭고 선한 길로 인도하시는 예수 그리스도의 이름으로 기도합니다. 아멘.

믿음이 흔들리는 교우를 위하여

(롬 14:1)

"믿음이 연약한 자를 너희가 받되 그의 의견을 비판하지 말라."

살아 계신 하나님 아버지!

죄로 인하여 죽을 수밖에 없는 저희를 긍휼히 여기셔서 십자가의 대속을 이루어주신 예수 그리스도를 통하여 죄 씻음 받게 하시고 거룩한 하나님의 백성으로 삼아 주심을 감사 드립니다. 또한 주님을 영접하게 하셔서 믿음의 길, 영생의 길을 걸어가게 하심을 감사 드립니다.

은혜로우신 주님!

믿음이 흔들이고 있는 OO 교우를 위하여 간구합니다. 주일도 잘 지키지 않고 있고, 예배시간도 지키지 않고 있습니다. 구역모임도 자주 빠지고 있고, 다른 모임에도 참석하지 않고 있습니다.

핑계 대기 일쑤이고, 변명하기 일쑤입니다. 믿음의 권면을 불쾌하고 귀찮다는 듯이 생각하고 있고, 충고도 전혀 받아들이지 않고 있습니다.

OO 교우를 불쌍히 여겨주셔서 강하게 붙들어 주시기를 원합니다. 주님이 피로 값 주고 사신 천하보다 귀한 생명이 아닙니까?

무슨 이유인지는 저로서는 잘 알 수 없사오나 주님을 멀리하는 OO 교우를 불쌍히 여겨주셔서 그 심령에 흘러 넘치는 은혜가 있

| 참고 성구 |
레 16:1-10; 시 32:5-11; 사 43:1-7; 마 24:44-46;
롬 12:11; 빌 3:7-10; 벧전 1:13-17

게 하여 주시옵소서. 깨닫게 하여 주시옵소서. ○○ 교우를 생각하면 제 마음이 이토록 아프고 안타깝기만 한데 주님의 마음은 얼마나 안타까우시겠습니까?

주여!

어서 속히 자신의 죄를 깨닫게 하셔서 죄인의 자리에 있었던 것을 후회하며 참회할 수 있게 하시옵소서. 어서 속히 악인의 자리에서 돌이키게 하여 주시어 더 이상 악인의 꾀를 좇지 않게 하여 주시고 하나님을 가까이 할 수 있는 ○○ 교우가 되게 하여 주시옵소서.

마귀의 달콤한 유혹을 이길 수 있게 하여 주시고 더 이상 마귀의 미혹에 걸려 넘어져서 주님을 배반하며 사는 ○○ 교우가 되지 말게 하여 주시옵소서.

믿음의 주요 온전케 하시는 예수님을 바라보게 하여 주시고, 시냇가에 심은 나무가 시절을 좇아 풍성한 과일을 맺듯이 믿음의 열매를 많이 맺어 주님께 기쁨을 드릴 수 있는 ○○ 교우가 되게 하여 주시옵소서. 회복케 하시는 주님이심을 믿습니다. 예수 그리스도의 이름으로 기도합니다. 아멘.

믿음이 식어진 교우를 위하여

(히 10:39)

"우리는 뒤로 물러가 멸망할 자가 아니요 오직 영혼을 구원함에 이르는 믿음을 가진 자니라."

잃은 양을 찾되 끝까지 찾으시는 주님!

길 잃고 방황하며 사망의 음침한 골짜기를 가고 있는 저희를 목자 되신 주님이 구원하여 주셔서 쉴만한 물가, 푸른 초장에서 살게 하여 주심을 감사 드립니다.

목자 되신 주님의 그 큰 사랑을 잊어버리고 주님 곁을 떠난 교우를 위하여 기도합니다. 다짐이라도 한 것처럼 다시는 교회에 나오지 않겠다고 말하고 있습니다. 주님을 믿어보았자 자신에게 달라진 것이 아무것도 없고, 교회에 다녀 보았자 아까운 시간만 낭비할 뿐 이라고 말하고 있습니다.

주여!

○○ 교우의 영혼을 불쌍히 여겨 주시옵소서. 너무도 안타깝습니다. 태연스럽게 주님의 존재하심을 부인하며 주님을 능욕하는 그를 보고 있노라면 그 영혼이 너무도 불쌍하여 견딜 수가 없습니다. 그도 만세 전부터 주님이 작정하시고 택하신 주님의 백성이 아닙니까? 이미 하늘나라의 생명책에 기록된 천국 백성이 아닙니까?

주님을 믿지 못하는 그 강퍅한 마음을 성령의 불로 녹여 주셔서 진정으로 예수 그리스도를 영접할 수 있게 하여 주시고, 그 어두운

| 참고 성구 |
막 13:9-14; 눅 9:62, 24:13-14; 요 12:4-6; 고전 12:21; 히 6:9-12

　마음에 강한 빛을 비추어 주셔서 빛이신 주님을 보게 하여 주시옵소서. 자신의 행동이 얼마나 미련한 행동이요, 어리석은 행동인지를 깨닫게 하여 주시옵소서.
　그 완악한 마음에 회개의 문을 열어주셔서 자신의 죄를 깨달을 수 있게 하여 주시고 주님을 불신하는 죄악의 길에서 돌이키게 하여 주시옵소서.
　○○ 교우가 믿음을 배반하였을지라도 우리 주님은 끝가지 찾아가셔서 강권하시는 주님이심을 믿습니다. 돌이킬 수 있도록 참고 또 참으시며 은혜 베푸시는 주님이심을 믿습니다.
　그 심령이 주님의 사랑을 깨닫고 돌아올 때까지 끝까지 기다리시는 주님이심을 믿습니다. 그 심령을 긍휼히 여겨 주시고, 불쌍히 여겨 주시옵소서.
　선한 목자이신 예수 그리스도의 이름으로 기도합니다. 아멘.

나라와 민족을 위하여

(잠 21:3)

"공의와 정의를 행하는 것은 제사 드리는 것보다 여호와께서 기쁘게 여기시느니라."

사랑이 풍성하신 하나님 아버지!

오늘도 이 나라, 이 민족을 권고하여 주셔서 주님의 큰 은총 속에 복을 받으며 살게 하여 주심을 감사 드립니다.

장구한 세월동안 주님을 모르는 가운데 전쟁과 분단과 가난으로 상처입고 눌려있던 이 민족이 주님의 은혜로 큰복을 받고 번영하게 되었음을 감사 드립니다.

또한 주님의 말씀과 성령의 역사하심이 이 땅의 교회에 있게 하시고 세계 열방에 주의 복음을 널리 증거 하게 하여 주심을 감사드립니다.

주님!

이 나라, 이 민족을 위하여 간구합니다. 국가의 지도자인 대통령을 사랑하시고 붙들어 주시기를 원합니다. 대통령에게 사람의 지식과 경험을 의지하기보다는 주님을 의지하고 주님께 지혜와 지식을 구하는 경건한 지도자가 되게 하여 주시옵소서.

권력과 탐욕에 빠져 부패하지 않도록 보호하여 주시고, 오직 그 마음 가운데 주님의 공의와 정직을 간직하고 깨끗한 마음으로 민족을 위해 헌신할 수 있는 지도자가 되게 하여 주시옵소서.

| 참고 성구 |
삼상 9:16; 왕상 18:5-6; 시 33:16, 44:4,
84:11, 99:4, 138:4; 잠 16:10, 17:23

　국회의원들도 하나님을 두려워하고 책임의식을 가지고 일하는 충성 된 일꾼들이 되게 하여 주시고, 국민을 위하여 정직하고 진실하게 일하는 일꾼들이 되게 하여 주시옵소서.
　입법부의 지도자들도 권력과 명예에 집착하여 공의를 흐리거나 부패하지 않도록 붙들어 주시고, 공의를 행하고 정직한 마음으로 민족을 사랑하게 하여 주시옵소서.
　사법부들도 이 땅의 재판장들이 하나님께 심판이 있음을 기억하고 공의와 공평을 행하게 하시며, 양심을 속이고 불의의 이익을 탐하는 어리석은 자들이 되지 않게 하여 주시옵소서.
　공무원들도 나라와 민족에 대해 사랑과 책임의식을 가지고 일하게 하시고, 정직과 성실로 민족 앞에 거리낌 없는 양심을 보일 수 있는 충성 된 사람들이 되게 하여 주시옵소서.
　우리 주 예수 그리스도의 이름으로 기도합니다. 아멘.

남북 통일을 위하여

(마 6:10)

"나라가 임하시오며 뜻이 하늘에서 이루어진 것 같이 땅에서도 이루어지이다."

자비로우신 하나님 아버지!

이 민족을 사랑하여 주셔서 고난과 시련과 아픔의 역사 속에서도 부강한 나라로 성장하게 하여 주신 은혜를 감사드립니다.

많은 위기 속에서도 다시 일어서게 하시고 전쟁의 위험 속에서도 발전을 거듭할 수 있게 하시니 감사 드립니다.

그러나 아직까지 남과 북이 냉전 상태에 놓여져 있고, 서로를 향하여 총부리를 겨누고 있습니다. 국가나 여러 단체들이 남북통일을 위하여 온갖 노력을 다하고 있지만 아직도 뚜렷한 열매가 없음을 절감합니다.

이 민족을 사랑하시는 주님!

그 옛날 이 강토에 복음을 심어주시고, 놀라운 영적 대각성 운동이 일어나게 하셔서 팔도강산에 부흥의 불길이 활활 타오르게 하셨던 주님, 이 민족을 불쌍히 여기셔서 어서 속히 남과 북이 하나가 되게 하여 주시고, 민족통일을 이루게 하여 주시옵소서.

전 세계에 유일한 냉전국가는 저희 민족 밖에 없습니다. 언제까지 이 민족이 내 동포, 내 혈육을 향하여 총부리를 겨누고 있어야만 하겠습니까?

| 참고 성구 |
사 9:3, 26:2; 히 12:28

　이 민족이 통일을 이룰 수 있는 것은 인간의 수단과 방법에 달려 있는 것이 아니라 전적으로 하나님의 손에 달려 있사오니 온 백성이 그토록 목말라 하는 통일을 허락하여 주시기를 원합니다.
　더 이상 이 백성이 무고한 피를 흘려야만 하는 전쟁이 일어나서는 안되겠습니다. 더 이상 전쟁의 폐허 속에서 헐벗고 굶주리며 방황하는 일들이 있어서는 안되겠습니다.
　더 이상 생이별하는 이산가족의 아픔이 있어서는 안되겠고, 더 이상 총탄에 희생된 자녀들을 가슴에 묻고 쓰라린 아픔을 추스르며 살아야 하는 부모들이 있어서는 안되겠습니다.
　주여!
　전쟁의 쓰라린 아픔이 후손들에게 계속 대물림 되지 않도록 이 나라에 통일을 주시고, 진정한 평화를 주시옵소서. 남과 북이 하나 되어 손에 손을 붙잡고 감격의 노래를 부를 수 있도록 크신 은총을 허락하여 주시옵소서. 예수 그리스도의 이름으로 기도합니다.
　아멘.

민족 복음화를 위하여

(행 1:8)

"오직 성령이 너희에게 임하시면 너희가 권능을 받고 예루살렘과 온 유대와 사마리아와 땅 끝까지 이르러 내 증인이 되리라 하시니라."

능력의 하나님 아버지!

많은 열방중에서 이 민족을 빼내시고 사랑하사 온 땅에 주님의 복음과 은혜가 편만하게 하심을 감사 드립니다. 장구한 역사동안 하나님을 알지도, 예배하지도 못했던 이 민족에게 복음을 주시고 번영케 하시고 이제 성령의 역사로 말미암아 전 세계 열방을 향해 복음을 증거 하는 민족이 되게 하여 주심을 감사합니다.

그러나 이 땅에 아직도 수많은 백성들이 주님께로 나오지 못하고 있습니다. 주님의 교회들마다 성령을 물 붓듯이 쏟아 부어 주셔서 저 죽어 가는 생명들을 건져낼 수 있는 구명선이 되게 하여주시고, 이 민족을 영적으로 지도하는 사명을 다하게 하여 주시옵소서.

북한 땅에도 함께 하여 주셔서 잘못된 이데올로기로 꽁꽁 얼어붙은 저들의 심령이 복음의 능력으로 녹아지게 하시고, 주님의 구원의 은혜가 있게 하여 주시옵소서.

아직도 북한 땅에는 신앙을 굽히지 아니하고 결연한 각오로 신앙을 지키고 있는 성도들이 있는 줄 믿사오니, 지하에서 또는 은밀한 장소에서 애통한 마음으로 부르짖는 기도를 들으시고 어서 속히 북녘 땅에도 교회가 재건되고 찬송과 말씀이 울려 퍼지게 하시

| 참고 성구 |
에 4:14; 마 28:18-20

며, 그 옛날 한국 강산에 부흥의 불길이 타오르게 했던 영적 대각성 운동이 평양에서 다시 한 번 재현될 수 있도록 은혜를 베풀어 주시옵소서.

교회들도 우리나라 곳곳에 교회가 세워진 것을 인하여 만족해 할 것이 아니라 북한 땅 곳곳에 주님의 교회가 세워지기까지 절박한 심정을 가지고 부르짖는 교회들이 되게 하여 주시고, 북한 선교를 위하여 마음을 쏟을 수 있는 교회들이 되게 하여 주시옵소서.

그리하여 그곳에서도 구원이 기쁜 소식을 알릴 수 있는 헌신 된 일꾼들이 많이 나와서 구원받는 사람이 있게 하시고, 주님의 나라가 임하게 하여 주시옵소서.

예수 그리스도의 이름으로 기도합니다. 아멘.

근로자들을 위하여

(잠 22:1)

"많은 재물보다 명예를 택할 것이요 은이나 금보다 은총을 더욱 택할 것이니라."

온 천지만물을 창조하시고 주관하시는 하나님 아버지!

온 땅의 백성들이 하나님께서 주신 만물을 통해 일용할 양식과 필요를 채우며 살게 하여 주심을 감사합니다. 또한 이 민족이 가난에서 벗어나 번영하고 풍요로운 삶을 누리게 하여 주심을 감사합니다.

이렇게 이 민족이 경제적으로 번영하고 부요를 누릴 수 있게 된 것은 정부와 기업인들의 끊임없는 연구와 노력 때문이기도 하겠지만 이 땅의 근로자들이 성실하고 충성된 마음, 선한 양심을 가지고 각자의 본분에서 최선을 다한 것도 무시될 수 없음을 깨닫습니다. 하오나 아직도 근로자들 중에는 가난을 면키 어려운 수 많은 형제자매들이 있습니다.

주님!

가난하게 자랐기 때문에 근로자가 되었고, 근로자가 되었기 때문에 가난을 면키 어려운 저들을 기억하시옵소서. 남달리 노력을 해도 불공정한 분배를 비롯한 사회의 구조적 문제들 때문에 최소한의 인간다운 삶조차도 보장받지 못하고 사는 저 임금의 근로자들이 아직도 이 땅에 많음을 기억하시기를 원합니다.

| 참고 성구 |

시 84:1; 잠 1:19; 사 56:11; 합 2:9; 마 24:45; 눅 19:17; 갈 5:13; 엡 6:6-7; 골 4:1; 딤전 6:1; 딛 1:11; 약 4:13-14; 벧전 2:18

　힘있는 사람들과 가진 자들이 먼저 근로자들을 소중히 여기고 고마움을 느끼게 도와 주시옵소서.
　기술자와 전문가들, 그리고 사용자와 경영인만으로는 이 사회가 지탱될 수 없음을 깨닫고 근로자들의 존재를 재인식하도록 도와주시옵소서.
　저 임금 근로자들의 피땀 흘린 노동의 대가를 착취하는 기업인들이 없게 하여주시고, 자신들만 생각하는 탐욕과 이기주의도 없게 하여 주시옵소서.
　정부의 근로 정책도 저 임금의 근로자들을 위한 복지정책이 확실하게 수립될 수 있게 하여 주셔서 근로자들이 자신이 맡은 일에 마음놓고 최선을 다하여 떳떳하게 종사할 수 있게 하여 주시옵소서. 이 땅의 근로자들을 긍휼히 여기시기를 원하오며 예수 그리스도의 이름으로 기도합니다. 아멘.

불신 이웃을 위하여

(행 13:48)

"이방인들이 듣고 기뻐하여 하나님의 말씀을 찬송하며 영생을 주시기로 작정된 자는 다 믿더라."

자비로우신 하나님 아버지!

독생자 예수 그리스도를 이 땅에 보내셔서 죽을 수 밖에 없는 저희가 예수님의 보혈의 공로로 죄 사함 받고, 구원받은 하나님의 자녀의 권세를 누리며 살게 하여 주신 은혜를 감사 드립니다.

천하보다 한 생명을 귀하게 여기시는 주님!

제 이웃사촌 중에 주님을 모르는 형제(자매)를 위하여 기도합니다. 그 영혼과 가족들의 영혼을 불쌍히 여기사 주님께로 돌아올 수 있도록 구원의 은혜를 베풀어 주시옵소서.

그 영혼들이 반드시 지옥 가서는 안 될 영혼들임을 믿습니다. 반드시 천국 가야만 할 영혼들임을 믿습니다. 만세전부터 택하시고 부르시기로 작정하신 영혼들임을 믿습니다.

어서 속히 믿음의 눈을 열어 주시어서 구원의 주님을 만나게 하여 주시옵고, 하나님의 자녀의 권세를 누릴 수 있는 은혜를 베풀어 주시옵소서.

예수 그리스도 외에는 천하 인간에 구원을 얻을 만한 다른 이름을 우리에게 주신 일이 없음을 깨닫게 하셔서 더 이상 마귀의 권세 아래서 죄에게 종노릇하며 사는 영혼들이 되지 않도록 건져주시옵

| 참고 성구 |
마 28:18-20; 행 4:12, 16:31; 갈 6:9

소서. 성령님이 그들의 마음을 깨닫게 하셔서 주님 앞으로 돌아오게 하여 주실 것을 믿습니다. 회개할 수 있는 기회와 은총을 베풀어 주실 것을 믿습니다.

　예수 그리스도 안에서 생명을 얻되 넘치도록 얻는 삶을 살게 하여 주실 것을 믿습니다. 주님의 십자가와 사랑을 체험케 하여 주실 것을 믿습니다. 천국 백성이 되게 하여 주실 것을 믿습니다.

　저와 함께 한 믿음 안에서 한 교회를 섬기고, 함께 예배드리며, 교제하며, 하나님께 영광 돌리는 복된 자녀가 되게 하여 주실 것을 믿습니다.

　예수 그리스도의 이름으로 기도합니다. 아멘.

부모 없는 아이들을 위하여

(시 68:5)

"그의 거룩한 처소에 계신 하나님은 고아의 아버지시며 과부의 재판장이시라."

고아를 신원 하시는 하나님 아버지!

부모 없이도 꿋꿋하게 살고 있는 아이들을 위하여 기도합니다. 부모의 사랑 속에서 보살핌을 받으며 성장해야 할 미래의 꿈나무들이 부모 없이 살고 있는 것을 볼 때 참으로 안타깝고 가슴이 저며 옴을 감출 길 없나이다. 너무나 측은하고 너무나 불쌍합니다.

부모에게 응석과 투정을 부리며 천진난만하게 뛰어 놀 어린 나이에 성숙한 어른도 감당하기 힘든 어렵고 힘든 삶을 살아야만 합니다. 모든 것을 부모에게 의존하며 살아야 하는 시기인데 저 아이들은 험한 삶과 싸워나가야만 하고 초조함으로 불안한 미래를 걱정해야만 합니다.

또한 어떻게 먹고살아야만 하는지 하루의 양식을 걱정해야만 하는 무거운 짐을 안고 있습니다.

주여!

부모 없이 홀로 살아야만 하는 아이들을 불쌍히 여겨 주시옵소서. 불꽃같은 눈동자로 지키시고 보호하여 주시옵소서. 따뜻한 부모의 품이 얼마나 그립겠으며, 부모 없이 잠자리에 드는 것이 얼마나 두렵겠습니까?

| 참고 성구 |
시 10:14, 82:3, 146:9; 약 1:27

　부모 없는 식탁이 얼마나 쓸쓸하겠으며, 학교를 갔다 와도 반겨주는 부모가 없으니 얼마나 서럽겠습니까?
　주님!
　모든 것이 서럽게 느껴지고 불안한 이 아이들을 꼭 붙들어 주시옵소서. 행여 곁길로 나가지 않도록 그 생각을 붙들어 주시며, 험한 길을 잘 헤쳐 나갈 수 있도록 지혜를 칠 배나 더하여 주시옵소서.
　어렵고 힘든 삶이라고 하여 생명을 경히 여기는 일이 없게 하여 주시고, 꿈을 포기한 채 되는 대로 막 살지 않도록 그 마음을 지켜 주시옵소서.
　자녀를 두고 있는 모든 그리스도인들이 어려움 당하고 있는 아이들에게 친근한 벗이 되어주고 따뜻한 위로가 되어 줄 수 있는 아름다운 손길이 되게 하여 주시옵소서.
　교회는 구제 하는 일에 더욱 힘쓰게 하여 주시고 부모의 사랑 보다 더 큰 예수님의 사랑을 보여줄 수 있는 공동체가 되게 하여 주시옵소서. 예수 그리스도의 이름으로 기도합니다. 아멘.

개인기도와 중보기도문

재판 10쇄 · 2025년 8월 20일(개정판)

지은이 · 노진향
펴낸이 · 황경자
펴낸곳 · 도서출판 두돌비

주　소 · 서울특별시 중랑구 동일로 107길 12
전　화 · (02)964-6993 / Fax (02) 2208-0153
등　록 · 2008. 4. 30 제21호
메　일 · books153@hanmail.net

ISBN 978-89-85583-13-8

* 이 책의 저작권은 저자가 소유하고 있습니다.
  저자와 출판사의 사전 승인없이 책의 내용이나
  표지 등을 복제, 인용할 수 없습니다.
* 잘못된 책은 바꿔 드립니다.